Mark Zahel

Rund um Sterzing

Wipptal – zwischen Brenner und Brixen

57 ausgewählte Touren

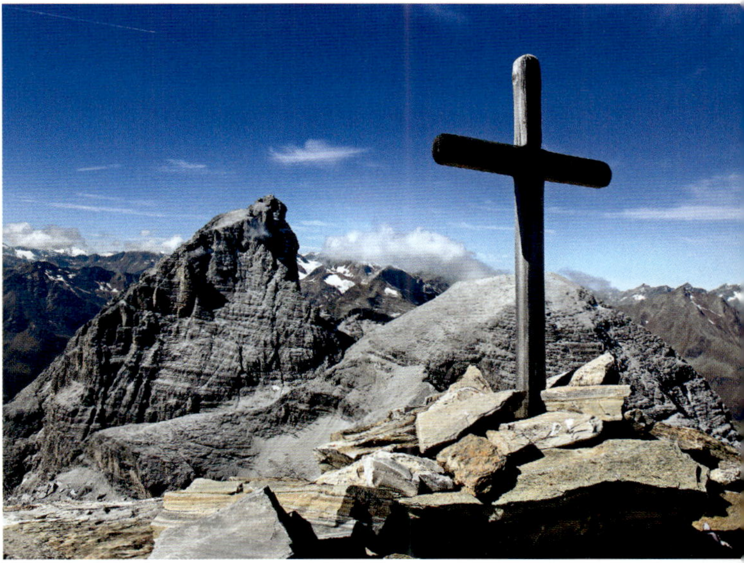

ROTHER
BERGVERLAG

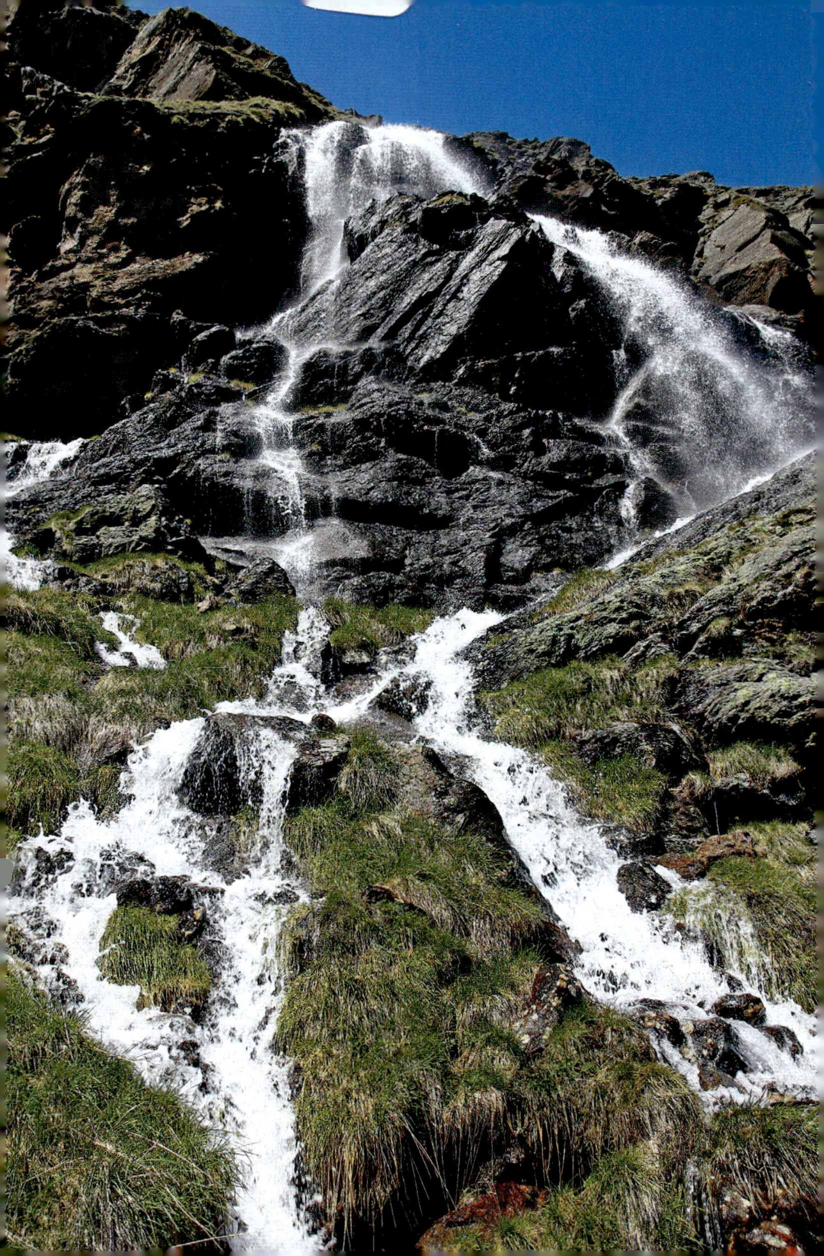

VORWORT

Direkt am Brennerpass, der klassischen Eintrittspforte von Norden ins gepriesene Ferienland Südtirol, beginnt das Tourengebiet dieses Führers. Mit dem Fuggerstädtchen Sterzing im Zentrum erstreckt es sich vom Alpenhauptkamm südwärts bis gegen Brixen hin und umfasst neben dem Wipptal (respektive oberen Eisacktal) vor allem auch die attraktiven Seitentäler von Pflersch, Ridnaun, Ratschings und Pfitsch mit ihren anmutigen Bergbauernlandschaften. Kulturelle Schätze liegen in dieser geschichtsträchtigen Gegend ebenso verborgen wie ein weiträumiges, überraschend vielseitiges und kaum überlaufenes Wanderrevier.
Mit der 3. Auflage habe ich die Autorenschaft übernommen und den Wanderführer vollkommen neu konzipiert, verfasst und bebildert. Für die vorliegende 4. Auflage sind alle Aktualisierungen berücksichtigt. In dichter Auswahl werden 57 Touren vorgestellt, die sämtliche Wünsche von der einfachen Talwanderung bis zur hochalpinen Gipfelbesteigung bedienen. Ob die Gischt in der imposanten Gilfenklamm oder die malerische Idylle am Sieben-Seen-Weg, ob genussvolles Einkehren auf den zahlreichen Almen und Hütten oder bergsteigerische Hochgefühle am Wilden Freiger und Hochfeiler – Spannung und Abwechslung bieten die Wanderungen rund um Sterzing in Hülle und Fülle. Die Gegend besitzt geografisch Anteile an den Stubaier, Zillertaler und Sarntaler Alpen und erhebt sich bis in Höhen von 3500 Metern. Ausführliche Charakterisierungen und Routenbeschreibungen bilden den inhaltlichen Kern des Führers. Dabei wird dezidiert auf die Anforderungen eingegangen, unter anderem mit einer differenzierten Bewertungsskala. So kann sich jeder Leser aus den Begleitinfos schon ein gutes Bild von der jeweiligen Tour machen. Wie gewohnt gewährleisten zudem Kartenausschnitte, Höhenprofile und GPS-Daten einen hohen Nutzwert.
Die Region um Sterzing ist mir während vieler Aufenthalte in den vergangenen zwei Jahrzehnten sehr ans Herz gewachsen. Den »Süden« erahnt man hier allenfalls verhalten, dafür erscheint das Gepräge noch zu zentralalpin und dementsprechend klimatisch rau. Doch die Spannbreite zwischen den eisbewehrten Dreitausendern am Alpenhauptkamm und dem milden Brixner Becken, wo bereits Weinreben gedeihen, erscheint natürlich enorm. Und die Mischung aus geschichtlichen Zeugnissen seit dem Mittelalter und typischem Tiroler Flair von den Höfen bis zu den schroffen Bergspitzen, ist einfach unwiderstehlich. Wer es nicht glaubt, mache die Probe aufs Exempel, schnüre die Wanderschuhe und tauche ein in die Stille abseits der viel befahrenen Brenner-Transitstrecke. Es gibt dort unglaublich viel zu entdecken. Jede Menge Freude dabei wünscht

Frühjahr 2023 Mark Zahel

Wilde Wasser im inneren Ridnauntal.

INHALTSVERZEICHNIS

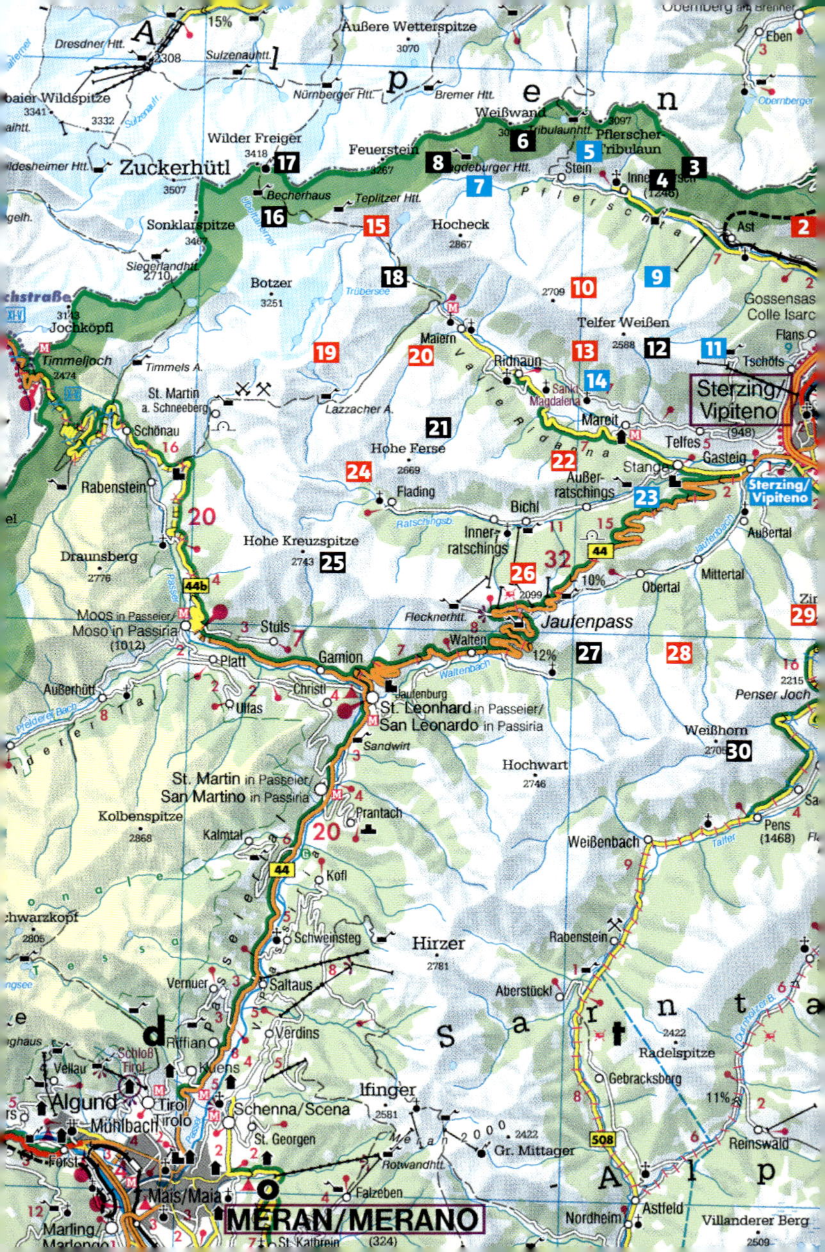

Zuckerhütl
Wilder Freiger
Sonklarspitze
Botzer
Hocheck
Telfer Weißen
Sterzing/Vipiteno
Timmeljoch
St. Martin a. Schneeberg
Schönau
Rabenstein
Hohe Ferse
Flading
Hohe Kreuzspitze
Draunsberg
Moos in Passeier/Moso in Passiria
Stuls
Platt
Gamion
Jaufenpass
Walten
St. Leonhard in Passeier/San Leonardo in Passiria
St. Martin in Passeier/San Martino in Passiria
Kolbenspitze
Hochwart
Weißhorn
Penser Joch
Weißenbach
Pens
Hirzer
Saltaus
Riffian
Algund
Schenna/Scena
Ifinger
Gr. Mittager
Rabenstein
Radelspitze
Gebracksberg
Reinswald
Astfeld
Nordheim
Villanderer Berg
MERAN/MERANO
Mais/Maia
Tirol/Tirolo
Ridnaun
Mareit
Telfes
Gasteig
Stange
Außerratschings
Innerratschings
Bichl
Pflerschtal
Jaufenburg
Sandwirt
Prantach
Kofl
Schweinsteg
Verdins
Kuens
Vernuer
Aberstückl
Falzeben
Rotwandhtt.
Flecknerhtt.
Gossensass/Colle Isarco
Ast
Stein
Außere Wetterspitze
Feuerstein
Pflerscher Tribulaun
Weißwand
Becherhaus
Teplitzer Htt.
Nürnberger Htt.
Bremer Htt.
Dresdner Htt.
Jochköpfl
Mühlbach
Forst
Marling
St. Kathrein
Sarntal
Alpen

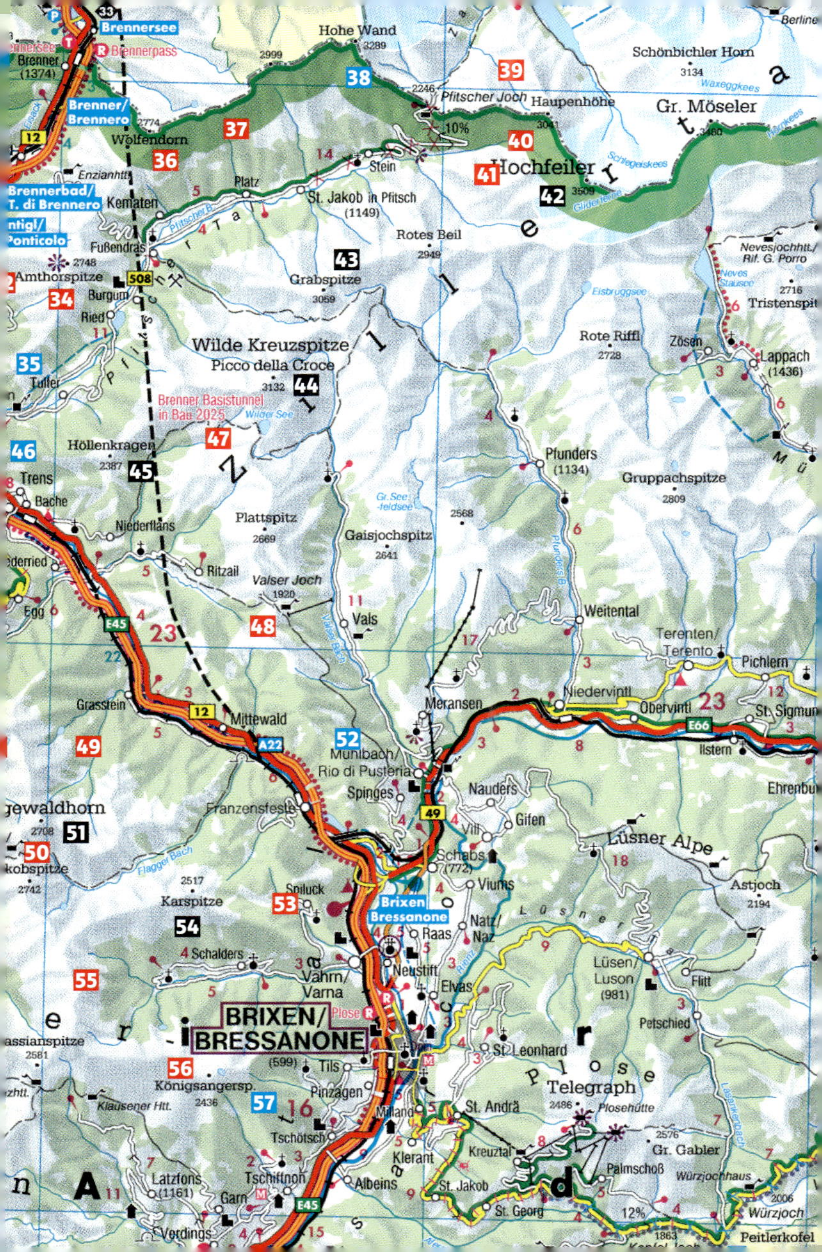

Brennersee
Brennerpass
Brenner (1374)
Hohe Wand
Schönbichler Horn
Pfitscher Joch
Haupenhöhe
Gr. Möseler
Brenner/ Brennero
Wolfendorn
Hochfeiler
Stein
St. Jakob in Pfitsch (1149)
Brennerbad/ T. di Brennero
Kematen
Platz
Fußendraß
Rotes Beil
Amthorspitze
Burgum
Grabspitze
Ried
Nevesjochhtt./ Rif. G. Porro
Tristenspitze
Wilde Kreuzspitze
Picco della Croce
Rote Riffl
Zösen
Lappach (1436)
Brenner Basistunnel in Bau 2025
Wilder See
Tulfer
Höllenkragen
Trens
Pfunders (1134)
Gruppachspitze
Niederflans
Plattspitz
Gaisjochspitz
Ritzail
Valser Joch
Vals
Weitental
Egg
Terenten/ Terento
Pichlern
Grasstein
Mittewald
Meransen
Niedervintl
Obervintl
St. Sigmund
Mühlbach/ Rio di Pusteria
Ilstern
Spinges
Nauders
Franzensfeste
Gifen
Lüsner Alpe
Schabs (772)
Vill
Vlums
Astjoch
Karspitze
Spiluck
Brixen Bressanone
Raas
Natz/ Naz
Schalders
Neustift
Lüsen/ Luson (981)
Vahrn/ Varna
Elvas
Flitt
BRIXEN/ BRESSANONE
Plose
Petschied
St. Leonhard
Tils
Telegraph
Plosehütte
Königsangersp.
Pinzagen
Milland
St. Andrä
Klausener Htt.
Tschötsch
Kreuztal
Gr. Gabler
Palmschoß
Würzjochhaus
Latzfons (1161)
Tschiffnon
Klerant
Albeins
St. Jakob
St. Georg
Garn
Würzjoch
Verdings
Peitlerkofel

TOP-TOUREN

Pflerscher Höhenweg
Bemerkenswerter Höhensteig quer durch den Südabsturz der Tribulaungruppe. In den Steilflanken teils ausgesetzte Routenführung, aber gut gesichert *(Tour 4, 7.10 Std.)*.

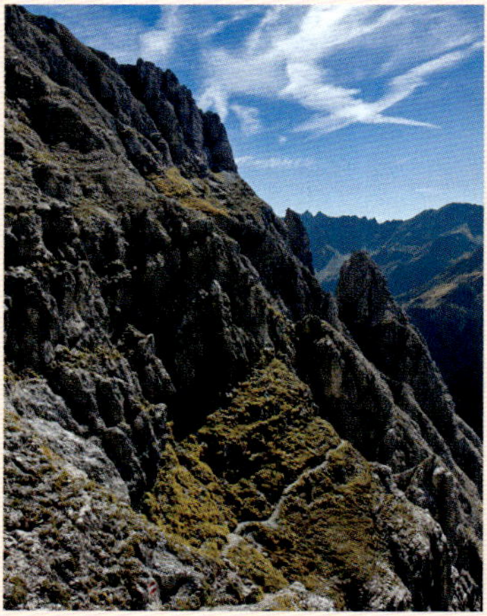

Becherhaus/Wilder Freiger
Die höchste Berghütte Südtirols mit einem der längsten Zustiege aus dem Ridnauntal und als Zugabe der imposante Hausberg am Stubaier Hauptkamm – für erfahrene Bergfexe ein Gustostück *(Tour 16 und 17, insgesamt etwa 13 Std.)*.

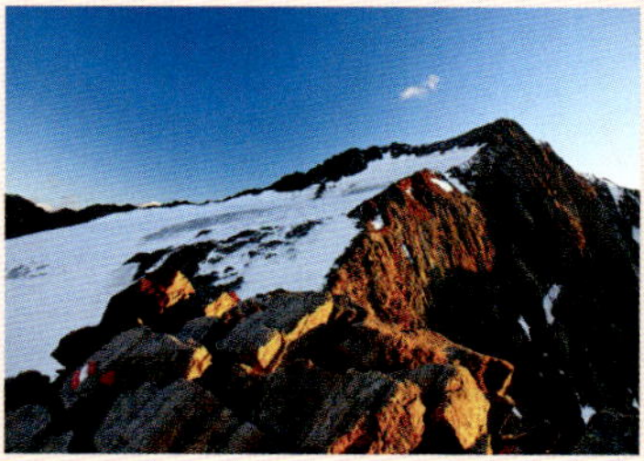

Sieben-Seen-Weg
Ausschweifende Rundtour im Ridnauner Talschluss, die ganz im Zeichen des Wassers, insbesondere der zahlreichen pittoresken Bergseen, steht *(Tour 19, 8 Std.)*.

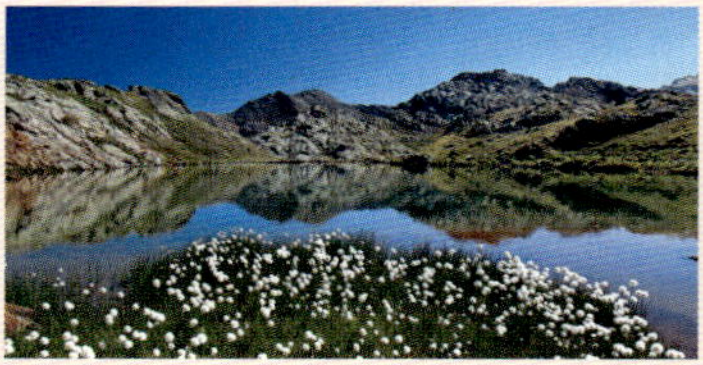

Gilfenklamm
Der Klammsteig am Ausgang des Ratschingstals zählt zu den absoluten Naturattraktionen der Region. Die Wanderung ist kurz, aber intensiv *(Tour 23, 2 Std.)*.

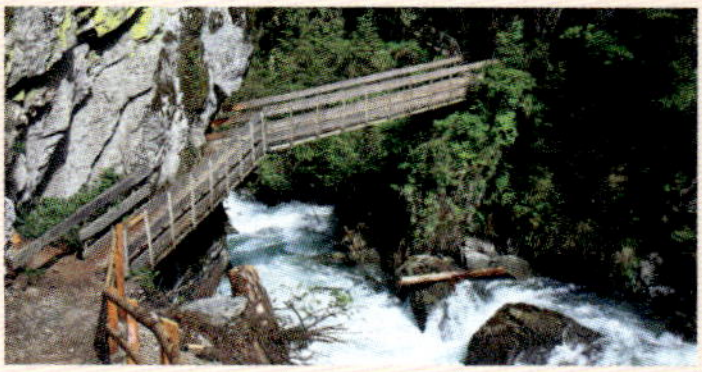

Hohe Kreuzspitze
Der höchste Gipfel am Jaufenkamm ermöglicht eine ideale Überschreitung aus dem inneren Ratschingstal. Vor allem die Passeirer Bergwelt kommt prima zur Geltung *(Tour 25, 6.40 Std.)*.

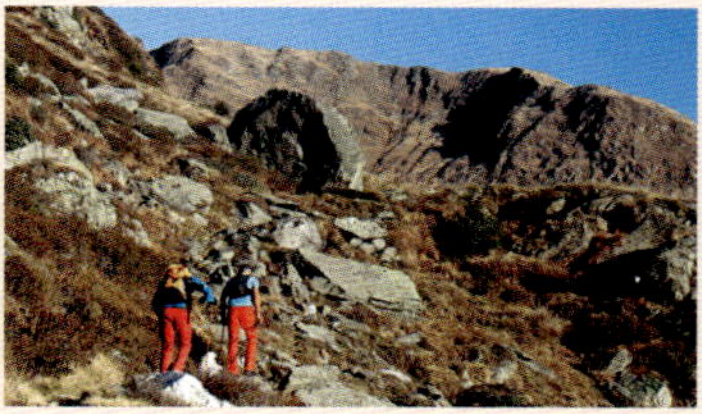

Tatschspitze
Rund um das Penser Joch gibt es eine Reihe relativ rasch erreichbarer und doch stattlicher Gipfel. Von Anfang bis Ende aussichtsreich und ohne besondere Hürden geht es auf die Tatschspitze *(Tour 31, 3.40 Std.).*

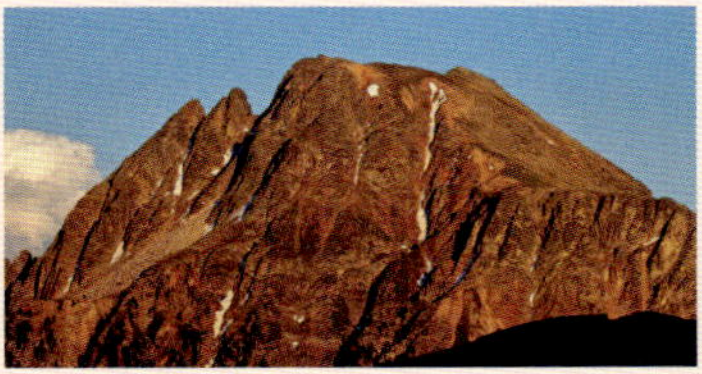

Landshuter Höhenweg
Wenig schwieriger Panoramaweg im inneren Pfitscher Tal, der eine außergewöhnlich gelegene Hütte zum Ziel hat *(Tour 38, 5.30 Std.).*

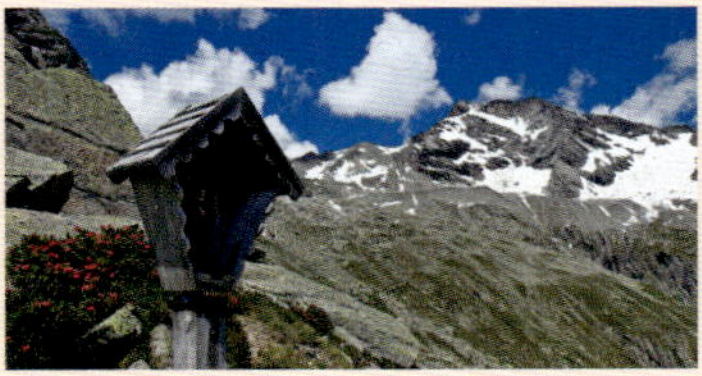

Hochfeilerhütte mit Hochfeiler
Der höchste Berg im gesamten Einzugsgebiet ist naturgemäß ein Highlight. Für Normalwanderer ist schon der Hüttenweg lohnend; hochalpin Erprobte erleben am Hochfeiler eine Sternstunde *(Touren 41 und 42, insgesamt rund 10 Std.).*

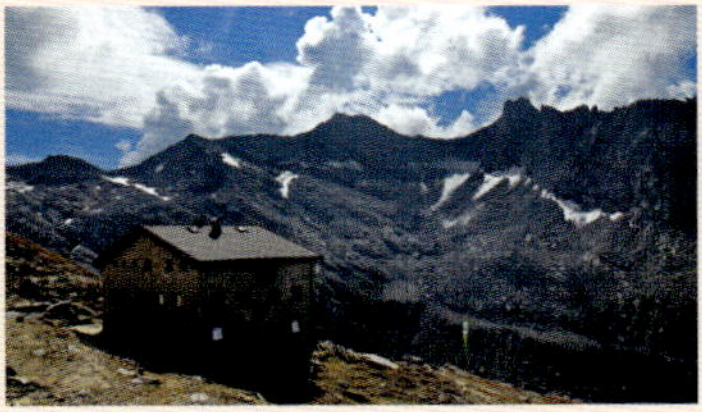

Puntleider See
Malerischer Bergsee in einem der vielen stillen Winkel oberhalb des Eisack. Man kann gemütlich hinaufwandern oder eine größere, pfiffige Runde unternehmen *(Tour 49, 5.30 Std.).*

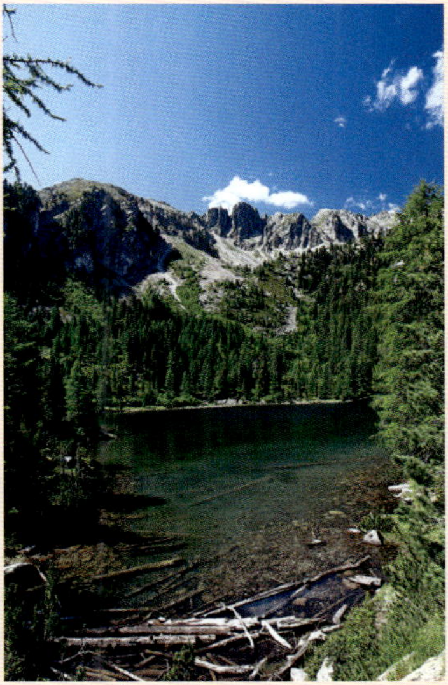

Karspitze und Kasebacher Hörndl
Einsame Kammwanderung im Schalderer Tal über eine Handvoll Gipfel – eine Tour für Bergindividualisten *(Tour 54, 6.30 Std.).*

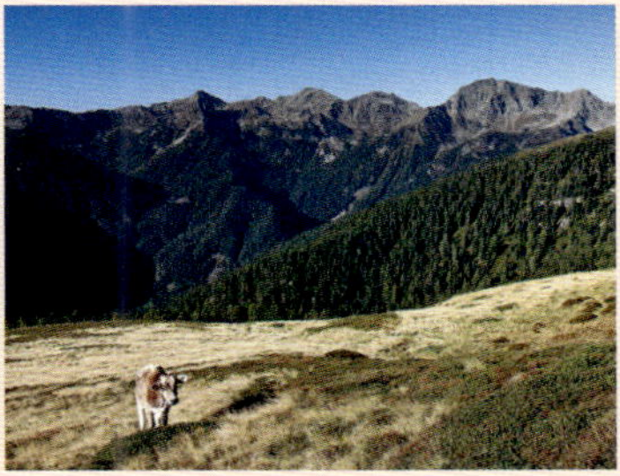

ZUM GEBRAUCH DES BUCHES

Schwierigkeitseinstufung

Die in diesem Band vorgestellten Touren richten sich hauptsächlich an Bergwanderer und verlaufen zumeist auf markierten, mehr oder weniger gut ausgebauten Wegen und Steigen. Dennoch gibt es aufgrund der Steilheit und Beschaffenheit des Geländes, der Höhenlage und der Länge eine erhebliche Spannbreite in den Anforderungen. Die Farbe der Tourennummer in der Titelzeile vermittelt einen groben Hinweis auf das Schwierigkeitsniveau. Es werden drei Kategorien unterschieden:

SCHWIERIGKEITSKATEGORIEN

■ = Leicht

Bergwanderung auf gut ausgebauten und markierten Wegen von meist nur mäßiger Steilheit. Passagen in abschüssigem Gelände sind selten. Ein Grundmaß an Trittsicherheit kann vorteilhaft sein, sonst stellen sich aber keine besonderen Anforderungen. Auch konditionell nicht überdurchschnittlich anstrengend.

■ = Mittel

Wege und Bergpfade, die solide Trittsicherheit erfordern, in ausgesetztem Gelände auch Schwindelfreiheit. Sie sind in der Regel ebenfalls ausreichend markiert, besitzen aber nicht selten schmalen Verlauf und können gesicherte Stellen aufweisen. Im alpinen Gelände nimmt die Abhängigkeit von den herrschenden Verhältnissen zu. Ist bei technisch leichteren Routen allein der konditionelle Anspruch hoch, wird ebenfalls in diese Kategorie eingestuft.

Anspruchsvoll ist der Ostgrat zur Hohen Kreuzspitze (T4).

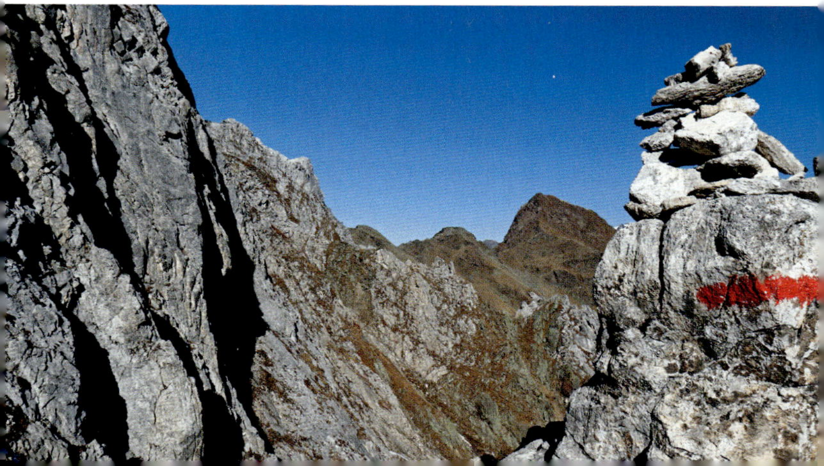

■ = **Schwierig**
Anspruchsvollere Routen in oft hochalpinem, beschwerlichem Gelände. Eventuell kann eine erkennbare Trasse am Boden fehlen, außerdem ist mit einfachen Kletterstellen zu rechnen. Absolute Trittsicherheit und Schwindelfreiheit sind ebenso unerlässlich wie eine umfassendere alpine Erfahrung. Die Abhängigkeit von Wetter und Verhältnissen ist umso mehr zu beachten.

Im Zuge einer nutzwertigen differenzierten Bewertungspraxis soll in diesem Führer zusätzlich auf die ursprünglich vom Schweizer Alpenclub entworfene »T-Skala« zurückgegriffen werden. Bis T2 gilt üblicherweise die Einstufung »blau«, spätestens ab T4 »schwarz«. Nachfolgend die maßgeblichen Definitionen in angepasster Form:

DIE SCHWIERIGKEITSSKALA NACH MUSTER DES SAC

Grad	Weg, Gelände	Anforderungen
T1 Wandern	Weg gut gebahnt, Gelände flach oder leicht geneigt, keine Absturzgefahr.	Keine Anforderungen, auch mit Turnschuhen geeignet, Orientierung problemlos.
T2 Bergwandern	Weg mit durchgehender Trasse, Gelände teilweise steil, Absturzgefahr nicht völlig ausgeschlossen.	Etwas Trittsicherheit, Trekkingschuhe empfehlenswert, elementares Orientierungsvermögen.
T3 Anspruchsvolles Bergwandern	Weg nicht unbedingt durchgehend, ausgesetzte Stellen evtl. gesichert, ggf. etwas Händeunterstützung, Geröllflächen, einfache Schrofen.	Gute Trittsicherheit, Trekkingschuhe, elementare alpine Erfahrung, durchschnittliches Orientierungsvermögen.
T4 Alpinwandern	Weg nicht zwingend vorhanden, stellenweise leichte Kletterei, Gelände recht exponiert, heikle Grashalden, Schrofen, Firnfelder.	Vertrautheit mit exponiertem Gelände, solide alpine Erfahrung, gutes Orientierungsvermögen.
T5 Anspruchsvolles Alpinwandern	Teils weglos mit Kletterpassagen im I. Grad, evtl. nicht markiert. Häufig exponiertes bzw. heikles Gelände.	Gute alpine Erfahrung und sicheres Beurteilungsvermögen auch im hochalpinen Gelände.
T6 Schwieriges Alpinwandern	Meist weglos und in der Regel nicht markiert. Kletterpassagen bis II bei diffizilen Rahmenbedingungen.	Umfassende alpine Erfahrung inkl. grundlegender Kletterkenntnisse.

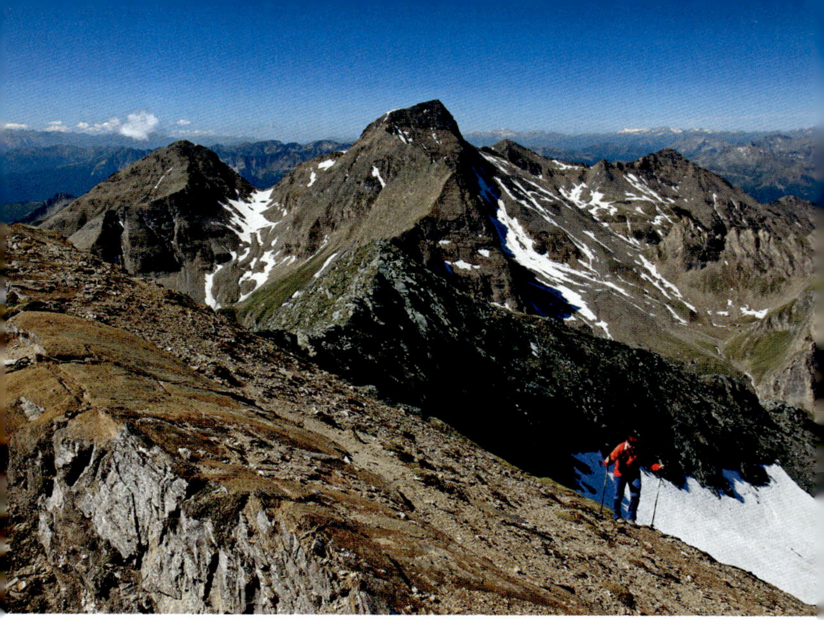

Die Grabspitze in den Pfunderer Bergen reicht bis über 3000 Meter Seehöhe. Im Hintergrund dominiert die Wilde Kreuzspitze.

Gehzeiten

Maßgeblich ist immer die reine Gehzeit ohne Pausen, wobei in der Praxis abhängig von diversen Faktoren, besonders natürlich der Leistungsfähigkeit jedes einzelnen, eine breite Streuung auftreten kann. Die Angaben orientieren sich an berggewohnten, ausdauernden Wanderern ohne erhöhten sportlichen Anspruch, die im Aufstieg normalerweise 300 bis maximal 400 Höhenmeter pro Stunde zurücklegen, im Abstieg etwa das 1,5-fache. Bei flachem, hindernisarmem Gelände – das im Hochgebirge freilich selten in Reinkultur zu finden ist – kalkuliert man etwa vier Streckenkilometer pro Stunde, was auf typischen Höhenwegen normalerweise aber schon deutlich zu reduzieren ist, selbst wenn der Steig phasenweise quasi horizontal verlaufen mag. Die Gesamtgehzeit, die mitunter von Wegweisern oder anderswo veröffentlichten Angaben abweichen kann, steht als wichtige Größe sofort erkennbar in der Titelzeile.

Höhenunterschiede

Damit sind die insgesamt zu bewältigenden Höhenmeter gemeint. Die Angaben berücksichtigen ein zwischenzeitliches Auf und Ab so genau wie möglich und sinnvoll.

SYMBOLE

	Symbole im Tourenkopf		
🚌	Mit Bahn/Bus erreichbar	🚌 🚆	Bus- bzw. Bahnanschluss
✂	Einkehrmöglichkeit unterwegs	🚡	Fahrt mit Seilbahn/Sessellift
👪	für Kinder geeignet	†	Gipfel
	Symbole im Höhenprofil	)(	Pass, Sattel
	Ort mit Einkehrmöglichkeit		Kirche, Kapelle, Marterl/Bildstock
	Einkehrmöglichkeit		Burg, Schloss, Ruine
	Schutzhaus, Unterstand		Aussichtsplatz
P	eingerichteter Parkplatz		Wasserfall
		)(	Brücke

Der Tourensteckbrief

In jedem Kapitel wird vorab auf Besonderheiten, Hintergründiges und den jeweiligen Grundcharakter eingegangen. Darunter steht der Tourensteckbrief als wichtigstes Werkzeug zur konkreten Planung. Folgende Elemente sind üblicherweise enthalten:

- **Ausgangspunkt:** Hier beginnt die Tour. Gewöhnlich wird eine Parkmöglichkeit empfohlen und auch auf öffentliche Verkehrsmitteln hingewiesen (zumindest zu einem vertretbar nahe gelegenen Ort). Sofern der Endpunkt abweicht, wird dieser ebenfalls genannt.
- **Anforderungen:** Es wird über Beschaffenheit der Wege bzw. des Geländes, über besonders relevante Schwierigkeiten sowie an die Begeher gestellte Voraussetzungen Auskunft gegeben. All dies gründet sich allein auf objektive Kriterien und daher immer auf die Annahme günstiger Verhältnisse. Dass z.B. Schlechtwetter die Anforderungen spürbar erhöhen kann, muss zusätzlich einkalkuliert werden. Die Summe dieser hier präzisierten Fakten drückt sich letztlich auch in der Farbe der Tourennummer und der Einordnung in die Wanderskala (siehe S. 10/11) aus.

In der Gilfenklamm.

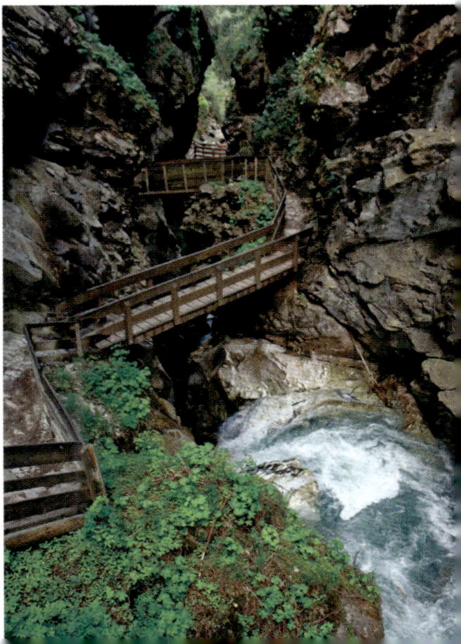

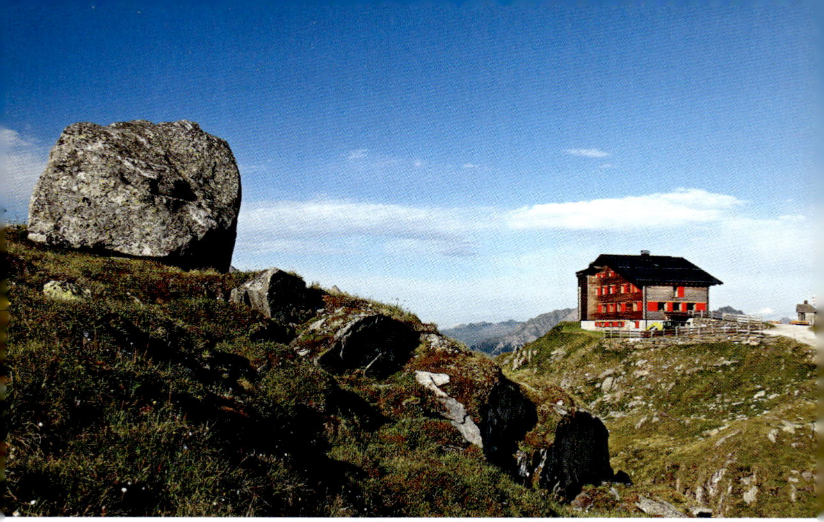

Am Pfitscher Joch befindet sich eine Berghütte.

- **Einkehr/Unterkunft:** Aufgeführt werden sämtliche Stationen, die Verpflegung bzw. Übernachtungsmöglichkeit anbieten. Bei Berghütten werden ungefähre Bewirtschaftungszeiten und die Telefonnummer genannt, um ggf. Erkundigungen einholen oder einen Schlafplatz reservieren zu können.
- **Beste Jahreszeit:** Diese Angabe beruht auf Erfahrungswerten und ist als Tendenz zu verstehen. Natürlich geben immer die aktuellen Bedingungen den Ausschlag für die Durchführbarkeit einer Tour.

GPS-TRACKS UND KOORDINATEN DER AUSGANGSPUNKTE

Auf **gps.rother.de** stehen zu diesem Wanderführer GPS-Tracks und die Koordinaten der Ausgangspunkte zum kostenlosen Download bereit. Dieser QR-Code führt direkt zum Download.
4. Auflage, Passwort: **452004mpz**
Die GPS-Tracks können in die **Rother App** importiert werden. In der App kann man unterwegs stets sehen, wo man gerade ist und wo es langgeht. **Anleitungen dazu: rother.de/gps**
Trotz sorgfältiger Prüfung können wir Fehler und zwischenzeitliche Veränderungen nicht ausschließen. Verlassen Sie sich für die Orientierung niemals einzig und allein auf die GPS-Daten, sondern beurteilen Sie die Verhältnisse vor Ort.

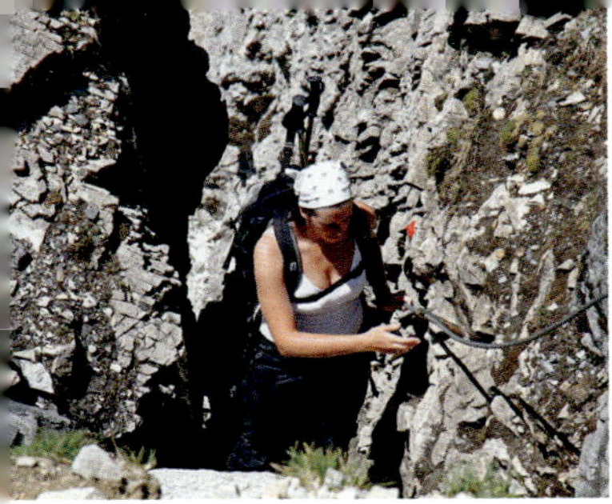

Im Gipfelbereich der Telfer Weißen ist Einsatz gefragt.

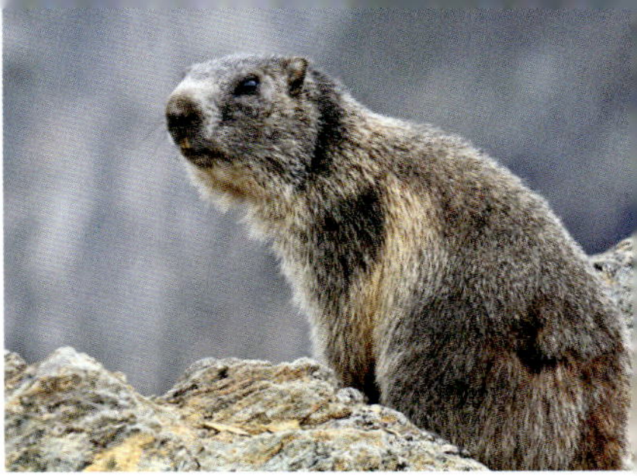

Murmeltiere sind in den alpinen Lagen anzutreffen.

- **Varianten:** Viele Unternehmungen bieten Spielraum zur individuellen Gestaltung, z.B. Abkürzungen, Abstecher, Erweiterungen und Kombinationsmöglichkeiten mit anderen Touren. Darauf wird in knapper Form hingewiesen.

Routenbeschreibungen

Der Autor ist um angemessene Ausführlichkeit bemüht, damit die Route an Zwischenpunkten oder auch an Wechseln der Geländebeschaffenheit gut nachzuvollziehen ist. Jedes denkbare Detail zu erwähnen, würde den Rahmen aber sprengen und auch im Sinne der Übersichtlichkeit eher kontraproduktiv sein. Gleichwohl kann man sagen, dass die Beschreibungen wesentlich akribischer ausfallen als in Veröffentlichungen der Tourismuswerbung – ein essenzieller Mehrwert für den Nutzer!

Über dem Sengestal (Pfunderer Berge).

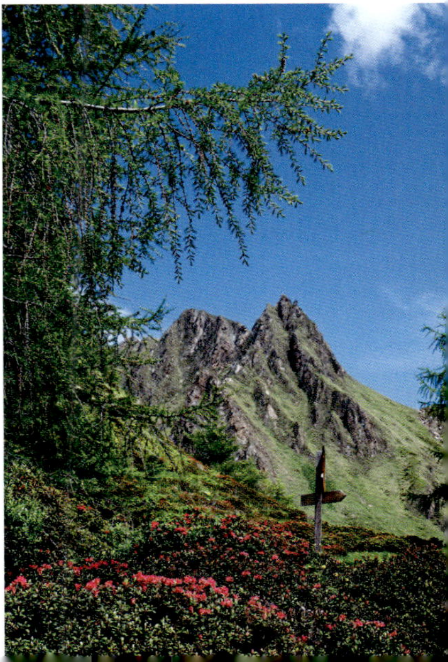

Kartenausschnitte und Profile

Weitere visuelle Planungshilfen sind der Kartenausschnitt sowie das Höhenprofil, das die wesentlichen Steigungsverläufe wiedergibt und den Überblick über die Gehzeiten (einschließlich Zwischenwerte) enthält. Zudem sind jeweils wichtige Wegpunkte, die auch in der Routenbeschreibung kenntlich gemacht werden und mit dem GPS-Track korrespondieren, verortet.

ALLGEMEINE HINWEISE

Ausrüstung

Wichtigster Ausrüstungsgegenstand ist das Schuhwerk, das möglichst robust sein soll, ohne dabei den Tragekomfort zu vernachlässigen. Bei hochalpinen Touren sollte man Schuhe mit festerem Schaft bevorzugen. Von den Herstellern wird heutzutage eine schier unüberschaubare Auswahl an outdoortauglicher Kleidung angeboten. Prinzipiell gilt Analoges zu den Schuhen, nämlich in Abstimmung auf den Charakter der Tour sowie der Witterung ein zweckmäßiges und gleichzeitig bequemes Material. Die Mitnahme von Regen- und Kälteschutz ist im Hochgebirge Standard, auch wenn ein sonniger, warmer Tag avisiert wird. Freilich hat man dann auch gern einmal die kurze Hose zur Hand, will man nicht über Gebühr schwitzen.

Das Vorhandensein von bewirtschafteten Hütten oder Jausenstationen gibt den Ausschlag über die Bemessung des Proviants. Etwas für zwischendurch sollte zumindest bei tagfüllenden Wanderungen nie fehlen, vor allem sollte immer an ausreichend Flüssigkeit gedacht werden. Sonnenbrille und Sonnenschutzcreme, ein Taschenmesser und eine kleine Notfallapotheke gehören zum wichtigen »Kleinkram«, ebenso wie die Wanderkarte und natürlich dieser Führer. Ein GPS-Gerät kann optional nützlich sein, ist aber sicher nicht essenziell für Wanderungen auf markierten Wegen. Über die Verwendung von Teleskopstöcken scheiden sich die Geister. Vorteile

Wollgrasböden am Sieben-Seen-Weg im Ridnaun.

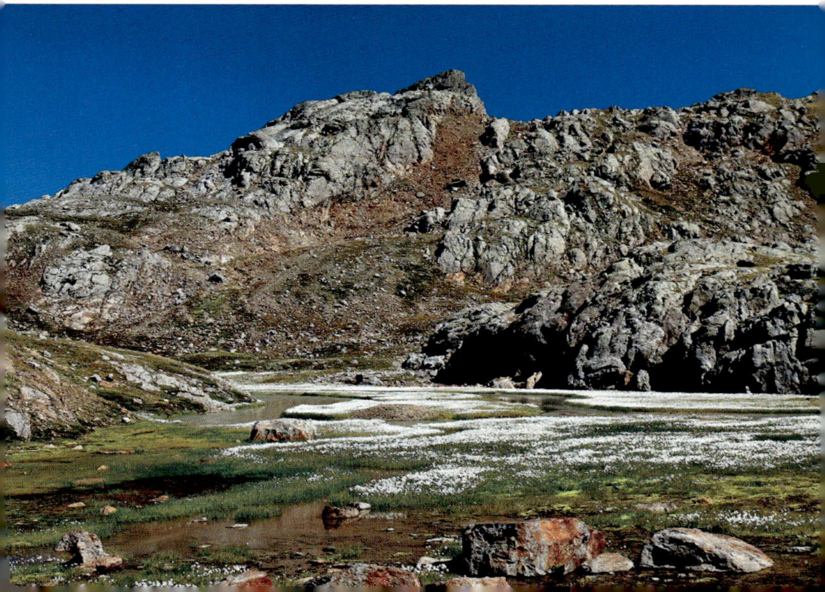

gewähren sie durch eine Entlastung der Gelenke (vor allem im Abstieg) sowie zur Unterstützung der Balance. In manchem Gelände sind sie allerdings hinderlich und können schlimmstenfalls sogar selbst zur Stolperfalle werden. Man sollte Stöcke deshalb nicht zwanghaft, sondern der Situation angepasst einsetzen. Bei wenigen hochalpinen Touren kann sich – abhängig von den herrschenden Verhältnissen – die Mitnahme von Steigeisen, eventuell auch eines Pickels, empfehlen.

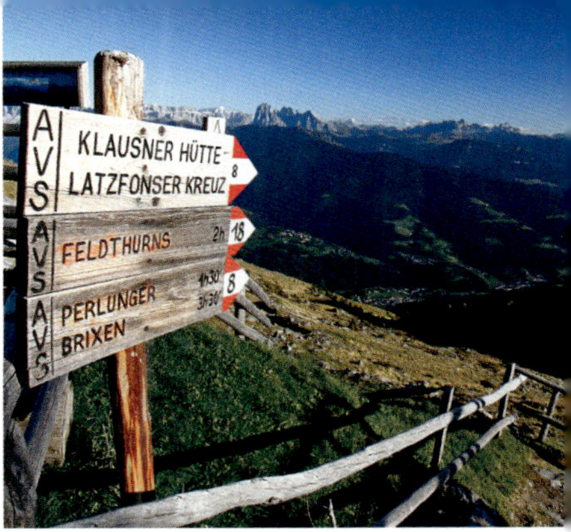

Die Wege sind normalerweise gut beschildert.

Wanderkarten

Die Kartenausschnitte in diesem Führer stammen aus der Wanderkarte von Freytag & Berndt, die jedoch – außer bei Blättern, die von Nordtirol knapp über den Alpenhauptkamm hinausreichen – im Handel nicht mehr verfügbar ist. Für den praktischen Gebrauch unterwegs empfiehlt sich vor allem die Topografische Wanderkarte von Tabacco, der in der Regel auch die Höhenangaben in den Tourenbeschreibungen entnommen sind. Im Maßstab 1:25.000 sind folgende Blätter relevant: 030 »Brixen – Villnöss«, 037 »Hochfeiler – Pfunderer Berge« und 038 »Sterzing – Stubaier Alpen«. Verbreitete Nutzung finden auch die Karten von Kompass, etwa mit dem zentralen Blatt 44 »Sterzing«.

Wetter

Das grundsätzlich Schöne am Bergwandern ist das Draußensein in der Natur, womit natürlich eine gewisse Abhängigkeit vom Wetter besteht. Denn der berühmte Satz »es gibt kein schlechtes Wetter, sondern nur falsche Kleidung« besitzt für Gebirgstouren angesichts potenzieller Gefahren nur eingeschränkte Gültigkeit. Unser Tourengebiet befindet sich unmittelbar südlich des Alpenhauptkamms und erhält durch dessen Abschirmungseffekte gegen Fronten, die aus West bis Nord kommen, eine gewisse Begünstigung. Diese ist allerdings nicht so ausgeprägt wie weiter südlich in Südtirol, denn das Schlechtwetter greift oft auch ein wenig über. Bei Südwestlagen ist es ohnehin wechselhaft und im Sommer gewitterträchtig. In Sterzing werden pro Jahr durchschnittlich gut 700 Millimeter Niederschlag registriert; die Berglagen erhalten natürlich teils erheblich mehr und können je nach Witterung im Winter durchaus schneereich sein. Häufig sind Tage mit Nordföhn, der im oberen Eisacktal über den Brenner leicht und ungehindert durchbrechen kann.

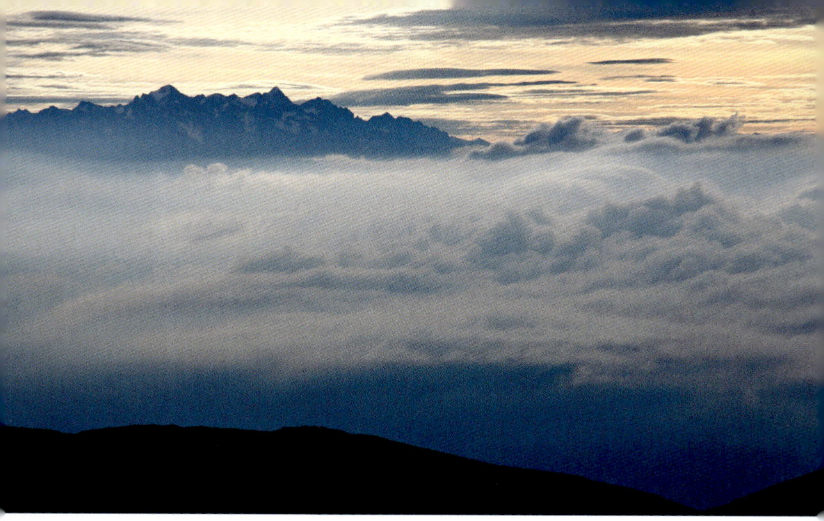

Über den Wolken: am Königsanger bei Brixen.

Es gehört also zum Elementaren, sich mit der Wetterprognose gründlich auseinanderzusetzen. Diverse Medien überfluten uns mittlerweile mit derartigen Informationen – leider nicht immer in hoher Qualität –, doch die schlechteste aller Varianten wäre, gar keine Information zu haben und aufs Geratewohl loszulaufen. Die Standard-Website für das Wetter in Südtirol lautet: wetter.provinz.bz.it. Auch unter www.alpenverein.at bzw. www.alpenverein.de gibt es gute, professionelle Vorhersagen.

Gefahren

Auch wenn man die alpinen Gefahren in einem Wanderführer wie diesem keinesfalls hochstilisieren muss, so gilt es doch daran zu erinnern, dass jedwedes Unterwegssein im Gebirge mit einem Restrisiko verbunden ist. Eine der häufigsten Ursachen für eine Notsituation oder gewisse Unannehmlichkeiten liegt bei Bergwanderungen wohl in der Selbstüberschätzung. Diese kann sich sowohl auf den geländebedingten als auch auf den konditionellen Anspruch beziehen, ist aber durch eine sorgfältige Vorbereitung und umsichtige Durchführung der Tour vermeidbar. Mit reifender Erfahrung tut man sich diesbezüglich leichter. Nicht zu vernachlässigen ist auch der Einfluss einer etwaigen Gruppendynamik mit ihren (scheinbaren) Zwängen. Daneben gibt es aber auch objektive Gefahren, die das Gebirge an sich mitbringt, vor allem im Zusammenspiel mit dem Wetter. Dazu eine kurze Auflistung:

- **Absturzgefahr:** In ausgesetztem Gelände müssen Trittsicherheit und Schwindelfreiheit entsprechend ausgelegt sein, was eine verantwortungsvolle Selbsteinschätzung erfordert. Konzentrierte Fortbewegung und erhöhte Vorsicht speziell bei brüchigem Fels, instabilen Geröllhalden und nassen Grashängen sind angezeigt.

- **Schneefelder:** Diese treten hauptsächlich im Frühsommer auf und können – falls hartgefroren – sehr tückisch sein. Teleskopstöcke bieten nur in mäßig steilem Gelände eine gewisse Hilfe, andernfalls muss mit Pickel und Steigeisen vorgesorgt werden. Im Falle eines Sturzes sofort in die bremsende Liegestützhaltung gehen, bevor der Körper beschleunigt. Besser man unternimmt die Tour erst, sobald der Altschnee vom letzten Winter weithin abgeschmolzen ist. Im Fall eines Kaltlufteinbruchs mit Neuschnee ist besonders kritisches Beurteilungsvermögen gefragt, je nach Intensität bleibt manchmal nur ein Verzicht bzw. Abbruch.
- **Wildbäche:** Ohne Brücken oder Stege können diese je nach Wasseraufkommen ein erhebliches Hindernis bedeuten. Man sucht geduldig eine geeignete Stelle zum Queren (bei Blöcken auf deren Stabilität achten!) und setzt mit Vorteil Stöcke zum Abstützen ein.
- **Steinschlag:** Dieser tritt vor allem in steilen, brüchigen Fels- und Schrofenzonen, besonders im Bereich von Rinnen, auf und wird von Wanderern nicht selten selbst ausgelöst. Die gefährdeten Passagen sind rasch, aber konzentriert hinter sich zu bringen.
- **Gewitter:** Es besteht unmittelbare Lebensgefahr durch Blitzschlag, daher sind exponierte Punkte und Gerinne unverzüglich zu verlassen. Am besten deutet man die Warnsignale (zunehmende Quellbewölkung, schwüle Luft, Fallen des Luftdrucks) und sucht rechtzeitig Schutz auf. Lokalen Wärmegewittern, die bevorzugt in der zweiten Tageshälfte auftreten, lässt sich recht effektiv durch frühen Aufbruch begegnen. Frontgewitter werden indes in der Regel gut vorhergesagt, sodass wir Gelegenheit haben, unsere Taktik danach auszurichten. Man bedenke stets auch die mittelbaren Gefahren wie Nässe, Abkühlung und mögliche Vermurungen bei Starkregen.
- **Schlechte Sicht:** Dadurch verkompliziert sich speziell auf weniger gut markierten Routen die Orientierung. Hilfsmittel wie Kompass, Höhen-

Schneerosen und Alpenrosen.

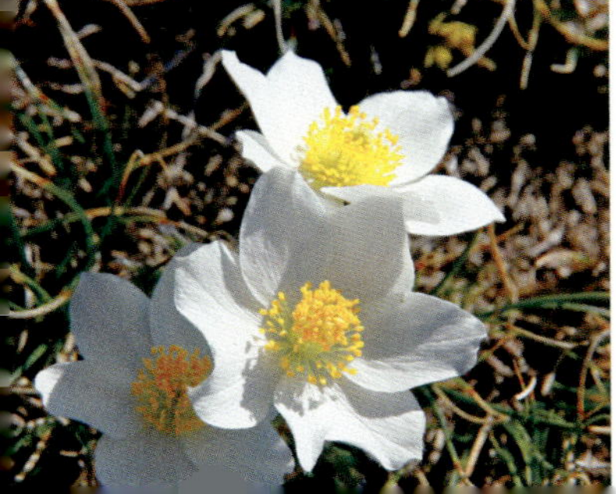

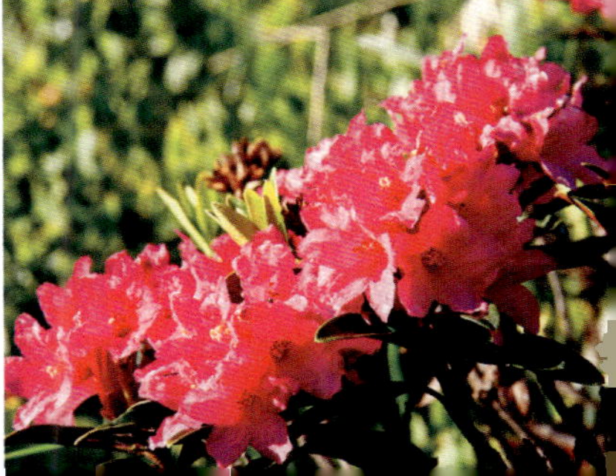

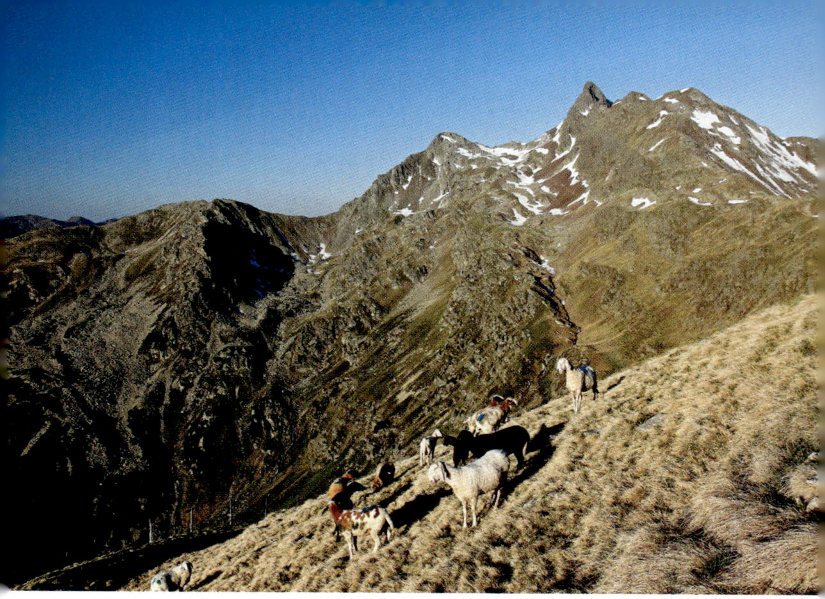

Das Sarner Weißhorn ist ein Paradeziel vom Penser Joch aus.

messer oder GPS können nützlich werden. Wegloses Gelände sollte bei anhaltend dichtem Nebel tabu sein. Bei Verlust der Markierung gehe man zurück bis zum letzten bekannten Punkt.

Notsituationen

Falls man in eine Notlage gerät oder sich sogar ein ernsthafter Unfall ereignet hat, gilt es zunächst Ruhe zu bewahren und Verletzten Erste Hilfe zu leisten. Mit einem Mobiltelefon lässt sich direkt die Rettung verständigen. Die allgemeine Notrufnummer lautet 112. Diese integriert mittlerweile auch die Bergrettung, obgleich die alte Nummer 118 ebenfalls weiterhin gewählt werden kann.

Sollte eine direkte Verbindung nicht möglich sein, muss das alpine Notsignal abgegeben werden: 6-mal pro Minute ein optisches oder akustisches Zeichen. Mit je einer Minute Pause dazwischen wird dies so lange wiederholt, bis man Antwort erhält. Diese besteht aus 3-maligem Zeichen innerhalb einer Minute.

Anreise und öffentliche Verkehrsmittel

Von Norden wird unser Tourengebiet mautpflichtig via Inntal- und Brenner-Autobahn erreicht. Auf Südtiroler Seite nutzt man je nach Ziel die Ausfahrten Brenner, Sterzing oder Brixen-Pustertal. Eine mautfreie Alternative bietet in Nordtirol die parallele Bundesstraße B182, die jenseits des Brenners in die italienische Staatsstraße SS12 übergeht. Aus Richtung Süden (Bozen) ebenfalls über die A22 Brenner-Autobahn (oder die SS12), aus Osten gegebenenfalls durchs Pustertal.

Bei Gossensaß zweigt das Pflerschtal ab, bei Sterzing Ridnaun- und Ratschingstal einserseits sowie das Pfitscher Tal andererseits, außerdem die Passstraßen via Jaufen und Penser Joch. Auf die zahlreichen Bergstraßen zu den Weilern oberhalb der Haupttäler kann aus Platzgründen nicht dezidiert eingegangen werden. Etwas bedeutender ist weiter südlich noch das bei Vahrn abzweigende Schalderer Tal.

Sowohl Fern- als auch Regionalzüge verkehren über den Brenner.

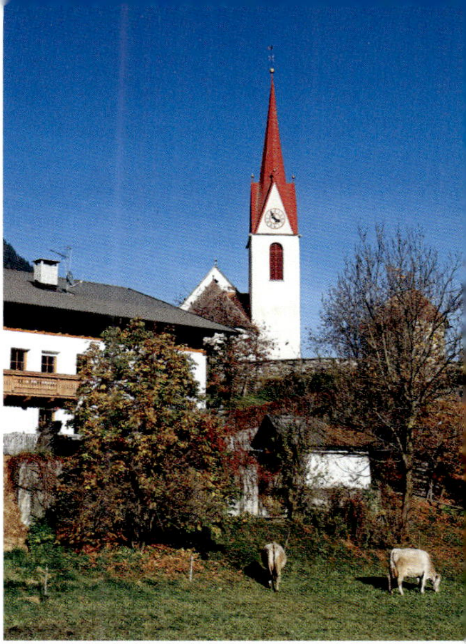

Bichl im Ratschingstal.

Zu den höchsten Bergen der Region gehört der Hochferner.

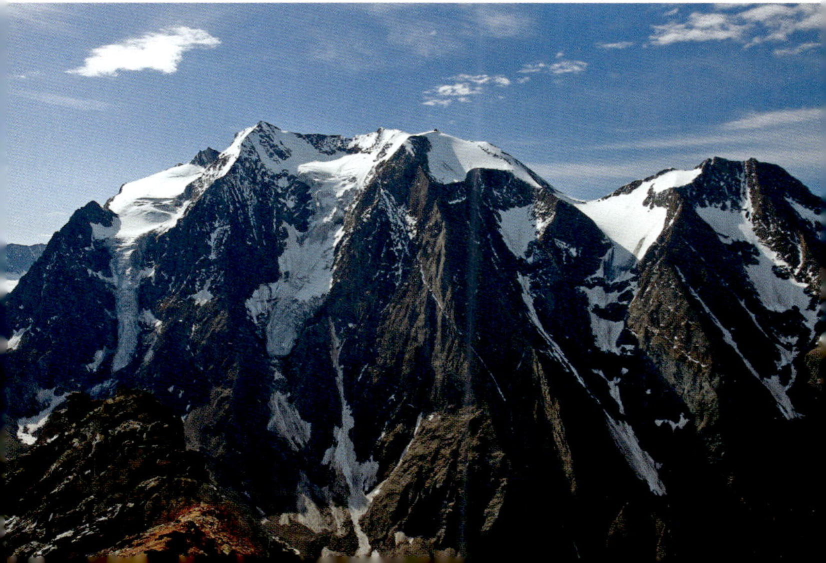

Der Umwelt zuliebe ...

Auch beim Wandern hinterlassen wir einen ökologischen Fußabdruck, aber im Einklang mit der Natur unterwegs zu sein, ist gar nicht so schwer!

VORBEREITUNG UND ANFAHRT

- Sich vorab informieren, worauf in Bezug auf Natur und Umwelt in der jeweiligen Wanderregion besonders zu achten ist.
- Soweit möglich mit Bahn und Bus anreisen, Wander- und Rufbusse nutzen.
- Ist eine Anfahrt mit dem Auto nötig, Fahrgemeinschaften bilden.
- Bei weiten Anfahrten Mehrtagestouren planen oder von einem Quartier vor Ort aus mehrere Touren absolvieren.
- Flugreisen möglichst reduzieren und durch Beiträge zu Klimaschutzprojekten kompensieren.

KLEIDUNG UND AUSRÜSTUNG

- Beim Kauf von Outdoor-Kleidung auf umweltfreundliche und faire Herstellung achten und Kleidungsstücke möglichst viele Jahre nutzen.
- Ausrüstung kann man eventuell auch gebraucht kaufen oder ausleihen.
- Reparieren statt neu kaufen.

VERPFLEGUNG

- Beim Einkauf Bio-Ware, regionale und saisonale Erzeugnisse bevorzugen.
- Hütten und Gasthäuser auswählen, die regionale Produkte verwenden.
- Auf Einwegflaschen und Plastikverpackungen verzichten, stattdessen wiederverwendbare Trinkflaschen und Brotzeitboxen benutzen.

ÜBERNACHTUNG

- Bei lokalen Anbietern buchen, damit Menschen vor Ort profitieren.
- Auf Hütten und in anderen Unterkünften Strom und Wasser sparen.

UNTERWEGS

- Wege benutzen und Abkürzer vermeiden.
- Sperrungen von Wegen und Schutzgebieten respektieren.
- Keine Blumen pflücken und keine Pflanzen entnehmen.
- Waldbrandgefahr beachten.
- Müll wieder mit nach Hause nehmen und dort entsorgen.
- Toilettengänge in freier Natur möglichst vermeiden.
- Lärm vermeiden.
- Hunde an die Leine nehmen.

ROTHER
BERGVERLAG

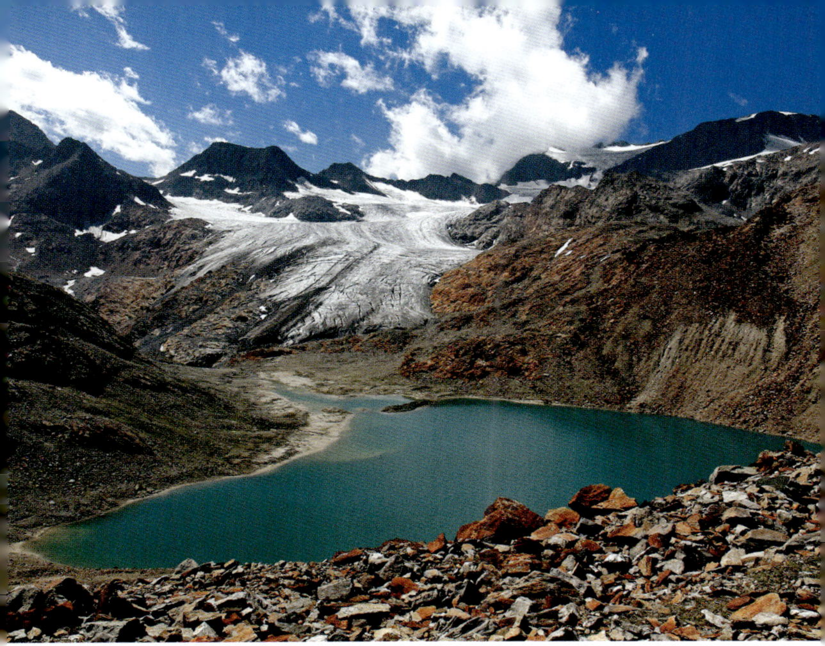

Die hochalpine Tour zum Becher führt am Vogelhüttensee vorbei.

Die Bahnhöfe lauten von Nord nach Süd: Brenner, Gossensaß, Sterzing, Freienfeld-Trens, Franzensfeste und Brixen. Ein gut ausgebautes Busnetz erschließt die Seitentäler – hier sind zum Nutzen der Wanderer vor allem am Wochenende mittlerweile zusätzliche Kurse eingerichtet worden. Auch Überschreitungen, etwa zwischen Pflersch und Ridnaun, werden damit praktikabel. Höher gelegene Weiler werden aber normalerweise nicht bedient, ebenso wenig der Ratschinger Talschluss (Flading). Vereinzelt gibt es besondere Shuttle-Busse wie zum Pfitscher Joch. Nähere Auskünfte über die Mobilität vor Ort erteilen die Tourismusbüros.

Touristische Informationen

- Tourismusgenossenschaft Sterzing – Pfitsch – Freienfeld, Stadtplatz 3, 39049 Sterzing, Tel. +39 0472 765325, www.sterzing.com
- Tourismusverein Gossensaß, Ibsenplatz 2, 39041 Brenner, Tel. +39 0472 632372, www.gossensass.org
- Info Ratschings, Gasteig, Jaufenstraße 1, 39040 Ratschings, Tel. +39 0472 760608, www.ratschings.info
- Brixen Tourismus, Regensburger Allee 9, 39042 Brixen, Tel. +39 0472 275252, www.brixen.org

EINFÜHRUNG IN DAS GEBIET

Die alte Handelsstadt Sterzing bildet den Dreh- und Angelpunkt in unserem Tourengebiet, das im Norden am Brennerpass beginnt und südwärts etwa bis Brixen reicht. Was topografisch in diesem Einzugsbereich liegt, also im Wesentlichen die Seitentäler von Pflersch, Ridnaun, Ratschings und Pfitsch, ist Gegenstand in diesem Büchlein. Der westliche Sektor gehört nach gängiger Einteilung zu den Stubaier und Sarntaler Alpen (beide getrennt durch den Jaufenpass), der östliche zu den Zillertalern. Mitten hindurch führt das Tal des Eisack, das vordergründig als Verkehrsachse wahrgenommen und genutzt wird. In der Tat ist es Teil der wichtigsten und mit Abstand meistfrequentierten Transitstrecke über die Alpen. Doch auch der Bergwelt kommt hier seit Jahrhunderten wirtschaftliche Bedeutung zu, einst vor allem als Bergbauregion und neuzeitlich im Rahmen des Fremdenverkehrs. Sie mag diesbezüglich nicht ganz die Popularität einiger anderer Destinationen Südtirols besitzen, muss sich davor aber auch keinesfalls verstecken. Immerhin liegen hier einige der größten Gletscher, erheben sich Gipfel bis 3500 Meter Höhe, können die Tribulaune problemlos auch mit den berühmten Dolomiten konkurrieren, gibt es abseits der bekannten Plätze noch jede Menge ursprüngliche Winkel und authentisches Tiroler Flair zu entdecken … Breiten wir ein paar Streiflichter über die einzelnen Talschaften aus.

Am Rosskopf hoch über Sterzing.

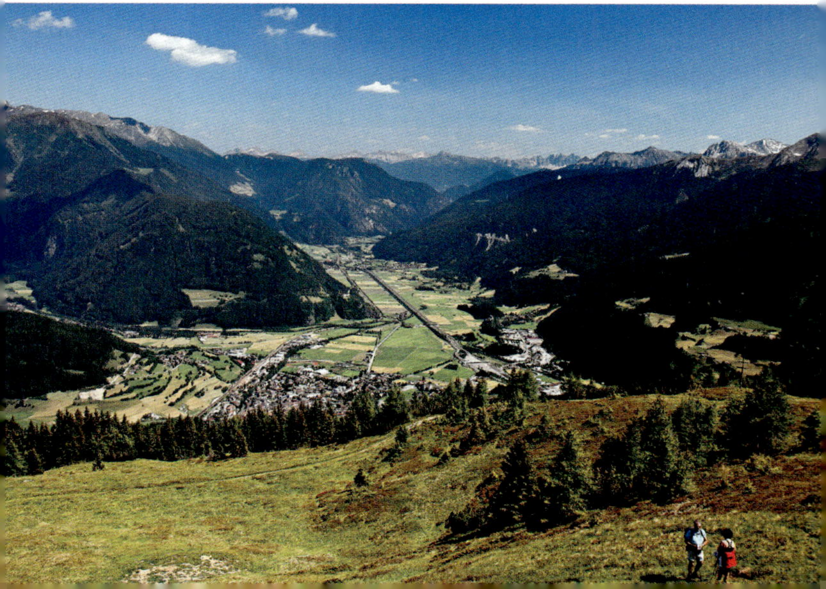

Wipptal und Eisacktal

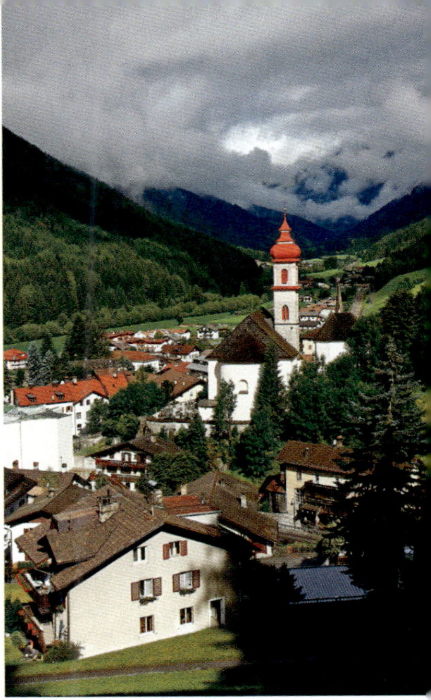

Gossensaß ist der erste größere Ort südlich des Brenners.

Zunächst zur Begrifflichkeit: Als Wipptal wird gleichsam brennerübergreifend und historisch nachvollziehbar – denn bis zum Ersten Weltkrieg gab es ja nur ein Tirol – das Tal zwischen Innsbruck und der Sachsenklemme respektive Franzensfeste bezeichnet. Es ist hydrografisch zweigeteilt, wird von der Sill gen Norden entwässert und vom Eisack nach Süden. Unser Augenmerk konzentriert sich ausschließlich auf den Südtiroler Teil (im Norden schließt der WF Stubai – Wipptal an). Man kann hierfür demzufolge auch die Bezeichnung Eisacktal verwenden, doch dieser Name bezieht sich traditionsgemäß eher nur auf den Bereich ab der Sachsenklemme oder dem Brixner Becken südwärts. Diese Deutung wird auch verwaltungspolitisch durch die Bezirksgemeinschaften untermauert. Der Leser sehe es dem Autor nach, wenn nicht immer streng unterschieden wird.

Immerhin entspringt der Eisack nahe dem Brenner am Sattelberg und durchfließt dann einen relativ engen obersten Abschnitt, vorbei am alten Brennerbad sowie am Kurort Gossensaß, wo der Autobahnviadukt zum Wahrzeichen avanciert und gen Westen das Pflerschtal abzweigt. Bis ins Sterzinger Becken beträgt das Gefälle bereits über 400 Meter auf 14 Kilometern. Sterzing, das römische »Vipitenum«, ist heute die nördlichste Stadt Italiens und das kulturelle wie wirtschaftliche Zentrum im Südtiroler Wipptal. Die restaurierte Altstadt mit vielen schmucken Bürgerhäusern, Lauben und dem Zwölferturm als Wahrzeichen ist bei Touristen beliebt. Trotz der unübersehbaren Verkehrswege ergibt sich ein malerischer Anblick von außen. Dazu trägt natürlich auch die vielgestaltige Bergumrahmung mit den Tälern hinein nach Ridnaun und Pfitsch sowie die am Hang klebenden Weiler und Höfe bei. Tschöfs, Schmuders und Thuins heißen einige von ihnen. Der Rosskopf ist mittels Seilbahn und Skiliften erschlossen und damit hauptsächlicher Anziehungspunkt in der Höhe.

Nach der Talweitung von Sterzing und den Burgen Sprechenstein und Reifenstein verengt sich die Furche allmählich wieder, mutet streckenweise

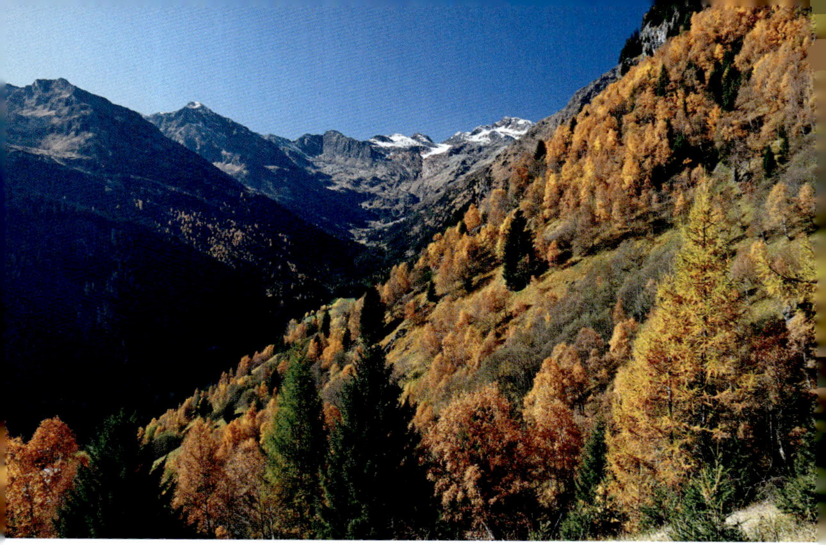

Herbst im Pflerschtal.

sogar fast schluchtartig an, etwa auf Höhe der Sachsenklemme. Verstärkt wird der Eindruck wohl auch durch das dunkle Grün der waldbestandenen Flanken, wie sie zwischen den Gemeinden Freienfeld und Franzensfeste das Bild prägen. Freienfeld besteht aus den etwas größeren Dörfern Stilfes, Trens und Mauls sowie etlichen kleinen Weilern; zu Franzensfeste zählen auch die Fraktionen Grasstein und Mittewald. Südlich des Ortes liegen ein Stausee (1935 angelegt) sowie die mächtige Wehranlage von 1833-39, ehe von Osten her das Pustertal mit der Rienz einmündet und die Verbindung zum Brixner Talkessel herstellt.

Über rund 1000 Jahre besaß Brixen – heute die drittgrößte Stadt Südtirols – als Bischofssitz besondere kulturelle Bedeutung. Um das einstige geistliche Machtzentrum am Dom entwickelte sich ein sehenswertes Stadtbild. Im Brixner Talbecken spürt man den Hauch des Südens schon deutlicher als um Sterzing. Die Berge gehen in diesem Bereich des Eisacktals ziemlich auf Distanz und weisen meist rundliche, behäbige Formen auf, wenn man beispielsweise den Königsanger oder die schon zu den Dolomiten gehörende Plose betrachtet. Einen Besuch wert sind auch einige Dörfer der Umgebung, etwa das Hangdorf Spinges auf 1100 Metern, die Hochfläche von Natz, Neustift mit seinem prachtvollen Augustinerstift oder Schalders im gleichnamigen Seitental, das von Vahrn aus in die Sarntaler Alpen hineingreift und schöne Bergbauernhöfe zeigt. Ohne ganz scharfe Zäsur schließt unser Tourengebiet in diesem Bereich ab (Anschluss im WF Bozen – Kaltern).

Pflerschtal

Pflersch ist das erste Seitental südlich des Brenners. Es zieht von Gossensaß westwärts in die Stubaier Alpen und darf ohne zu zögern als kleines Bergsteigerparadies bezeichnet werden. Stark wirkt der Kontrast zwischen dem Dolomit der Tribulaungruppe und dem ansonsten vorherrschenden zentralalpinen Kristallin. Im Detail ist die geologische Situation hier ziemlich vielseitig und kompliziert, was die Umgebung einerseits für den Naturwissenschaftler interessant macht, andererseits für uns Wanderer immer wieder besondere optische Reize schafft. Auch die zahlreichen Wasserfälle gehören dazu. Pflersch ist mit seinen kleinen Streusiedlungen nur dünn bewohnt und gehört politisch zur Gemeinde Brenner. Grob wird in der Talschaft zwischen Außerpflersch und Innerpflersch (St. Anton) unterschieden. Bei Ladurns gibt es ein kleines Skigebiet.

Ridnauntal und Ratschingstal

Zwei weitere Täler der südlichen Stubaier Alpen sind Ridnaun und Ratschings. Sie greifen vom Sterzinger Becken nordwest- bzw. westwärts aus, wobei das Ratschingstal bei der Ortschaft Stange mit der Gilfenklamm ins Ridnauntal einmündet. Letzteres erscheint länger und touristisch etwas bedeutsamer. Hier staffeln sich locker verstreute Siedlungsgebiete von Mareit über die markante Talstufe einwärts bis nach Maiern hintereinander, wunderbar am Sonnenhang liegt Telfes. Im Talschluss sind noch die Relikte aus der regen Bergbauzeit am Schneeberg allgegenwärtig, unter anderem die ehemalige Erzaufbereitungsanlage, die mittlerweile in das Südtiroler

Schloss Wolfsthurn bei Mareit.

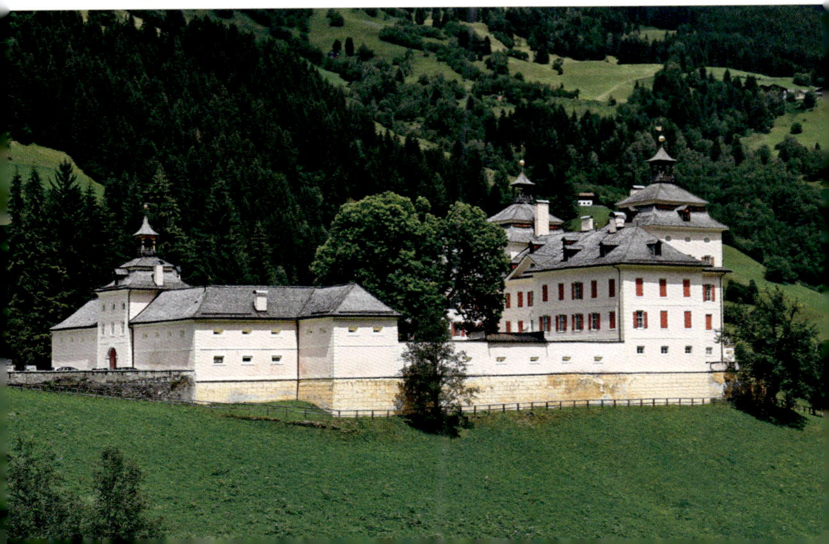

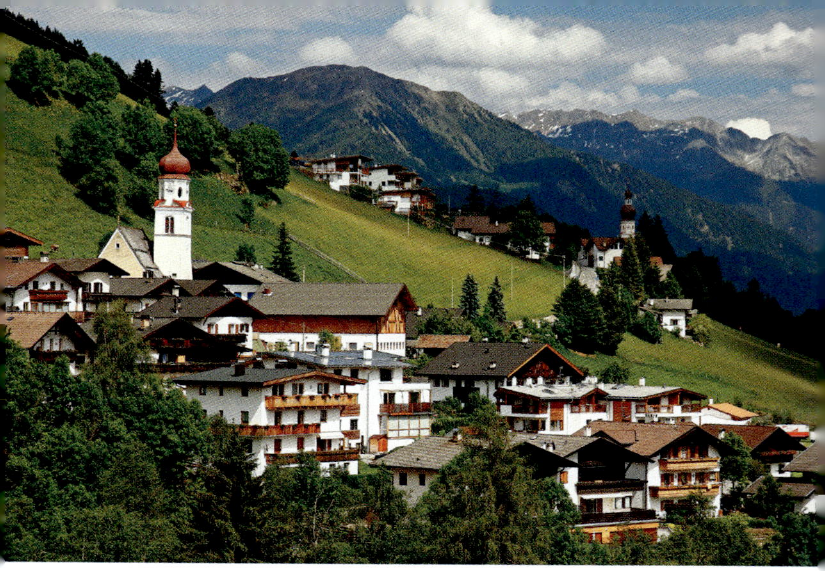

Unter- und Obertelfes über dem vorderen Ridnaun.

Bergbaumuseum überführt wurde. Seit dem Mittelalter hat man hier Silber, Kupfer und Zinkblende abgebaut; erst 1985 erlosch der Betrieb wohl endgültig.

Verwaltungspolitisch sind jedoch alle Siedlungen zur Gemeinde Ratschings zusammengefasst, zu der übrigens auch noch das bei Gasteig abzweigende Jaufental gehört, das wir an der Grenze zu den Sarntaler Alpen keineswegs übersehen wollen. Gut 4000 Menschen bevölkern eine beachtliche Fläche von über 200 Quadratkilometern, wobei ein Großteil freilich dem alpinen Bereich zuzuordnen ist. An den Kämmen zwischen Pflersch und Ridnaun sowie zwischen Ridnaun und Ratschings herrscht oft bis in die Gipfellagen – zuweilen steiles und steilstes – Mattengelände vor, da und dort auch von Felsen durchsetzt. Berge wie Wetterspitze und Hohe Ferse sind typische Vertreter. Auch der Ratschinger Talschluss und der Jaufenkamm am Übergang ins Passeiertal sind mit ihren hohen Zweitausenderlagen landschaftlich ähnlich geprägt, wobei die relativ sanfte Nordabdachung oberhalb des Ortes Bichl als Skigebiet genutzt wird. Im Gegensatz dazu kommt über dem innersten Ridnauntal mit dem Gletschereis ein weiteres Element dazu. Hier füllt der riesige Übeltalferner den Kessel zwischen Botzer, Sonklarspitze, Pfaff und Freiger aus und verströmt ein unwiderstehlich hochalpines Charisma. Natürlich hat der Alpenverein in diesem Tourenrevier einst auch bevorzugt seine Hütten positioniert – mit Becherhaus und Müllerhütte übrigens rekordverdächtig hoch. Hier spielt die 3000er-Liga …

Pfitscher Tal

Auf der anderen Seite des Sterzinger Beckens reicht das Pfitscher Tal rund 20 Kilometer bis ins Herz der Zillertaler Alpen. Mit Wiesen liegt der größte Ort gleich ganz vorn. Die Stufe beim Höfeweiler Tulfer steigt dann deutlich bis auf rund 1400 Meter Seehöhe an, um sich weiter einwärts in einem typischen alpinen Bilderbuch-Trogtal zu manifestieren. Hier ist der Talboden kilometerweit ganz eben, besiedelt mit zahlreichen kleinen Ortschaften und Weilern, unter denen die Kirchdörfer Kematen und St. Jakob am wichtigsten sind. Insgesamt leben rund 3000 Einwohner im Tal.

Eingerahmt wird Pfitsch hauptsächlich vom Tuxer Kamm im Norden sowie den stärker gegliederten Pfunderer Bergen auf der Südseite. Zuhinterst dominiert der höchste Bergstock der gesamten Zillertaler Alpen mit dem Hochfeiler und dem benachbarten Hochferner. Vielgestaltige Bergformen verleihen dem Tal ein ähnlich starkes Charisma wie es auch Pflersch oder Ridnaun zu eigen ist. Die Straße steigt hinter dem letzten Weiler Stein als einst vom Militär errichtete Trasse noch bis zum Pfitscher Joch an (öffentlich befahrbar jedoch nur bis ca. 1800 Meter Höhe). Dieser Übergang ermöglicht Wanderern und Mountainbikern eine leichte Verbindung ins hintere Zillertal. Ansonsten sind es oft auch ziemlich zünftige und anstrengende Touren, die Pfitsch in petto hat. Vor allem auf den Zugängen in die Pfunderer Berge ist es noch sehr still geblieben.

Der Kirchturm von Kematen im Pfitschtal.

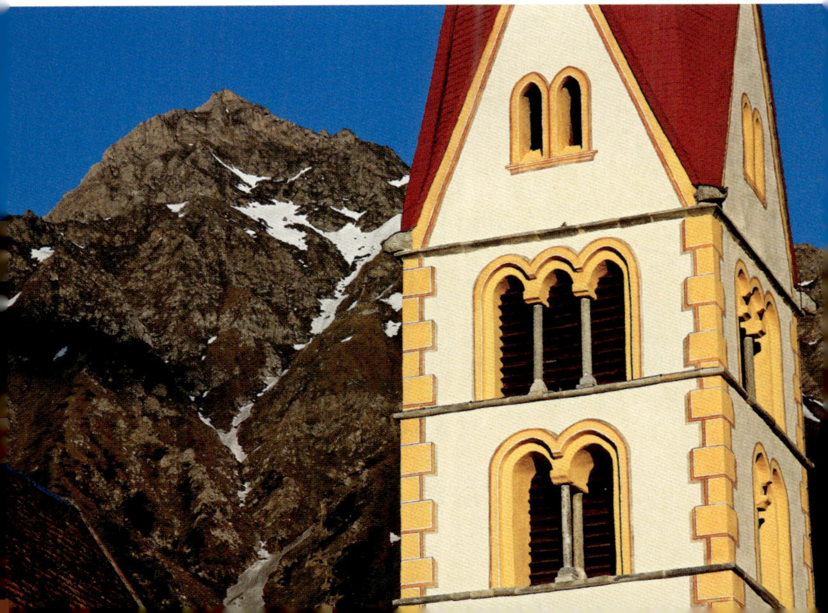

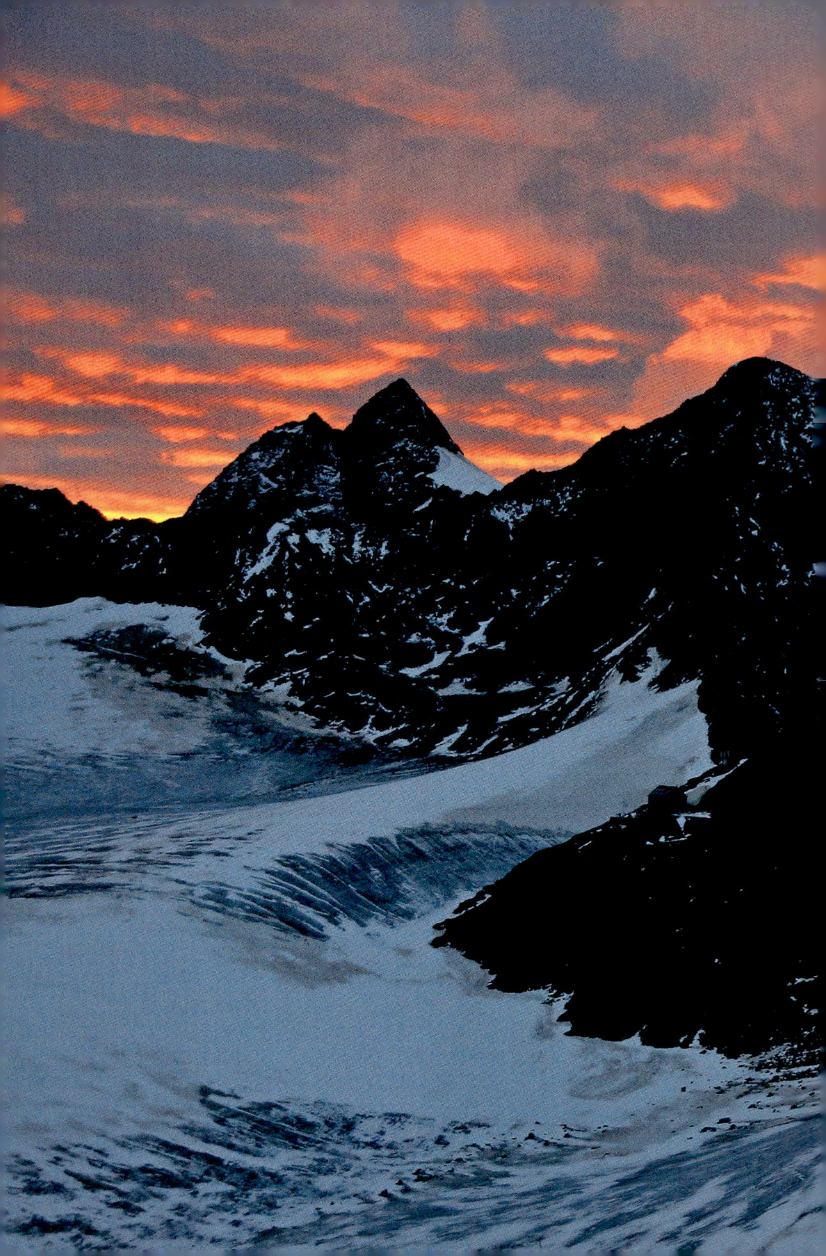

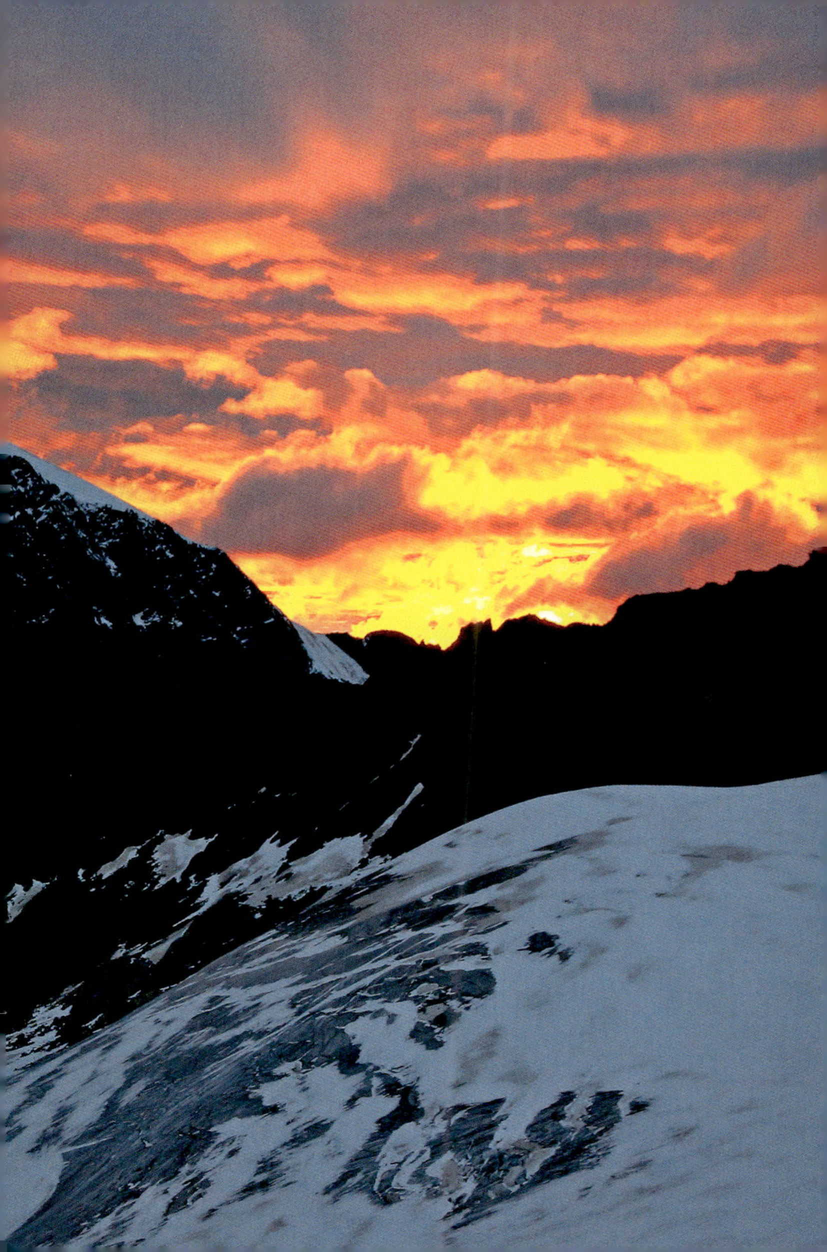

↗ 870 m | ↘ 870 m | 13.5 km

1 Sattelberg, 2113 m

5.00 h

Ungeahnte Idyllen über dem Brenner

Der laute, frequentierte Brennerpass erscheint vorderhand nicht wie ein Startpunkt für eine idyllische Bergwanderung. Doch tatsächlich findet man eine Etage höher viel Auslauf und am Sattelberg ein wunderbares Panorama auf der Schwelle zwischen Nord- und Südtirol. Verbreitet treten in diesem Gebiet Militärtrassen aus der Mussolinizeit auf – angelegt zur damaligen »Sicherung des Alpenwalls«. Sie werden heutzutage auch gern von Mountainbikern befahren.

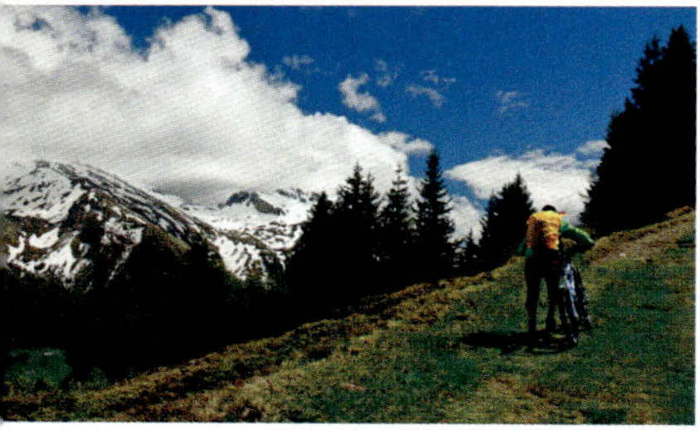

Ein Mountainbiker schiebt am Sattelberg.

Ausgangspunkt: Brenner, 1375 m, Parkplatz unweit der Kirche. Bahnverbindungen von Innsbruck und Bozen.
Anforderungen: T2. Teils kleinere Steige, die kurzfristig elementare Trittsicherheit erfordern, teils breite Karrenwege oder ehemalige Militärtrassen. Nicht immer gut bezeichnet (gilt speziell für den Abstieg zur Steinalm). Moderates Tagespensum.
Einkehr: Keine am Weg.
Beste Jahreszeit: Ab Mai oder Juni bis Oktober.

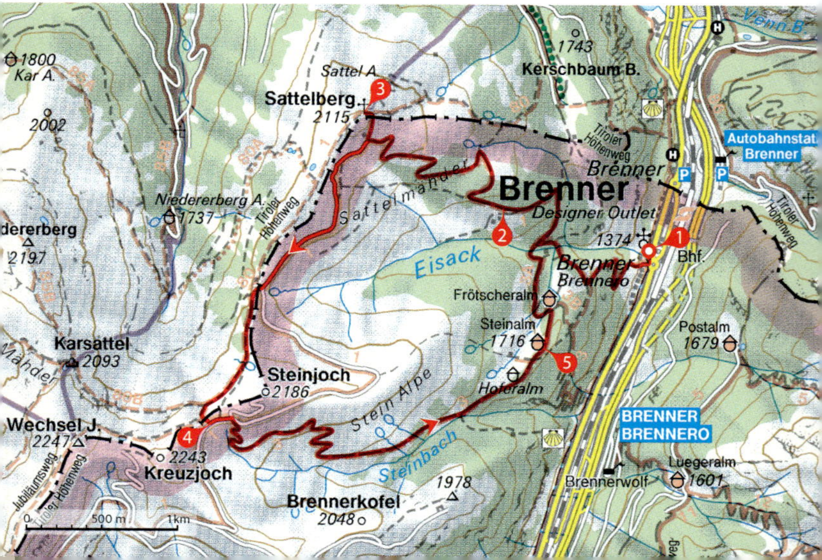

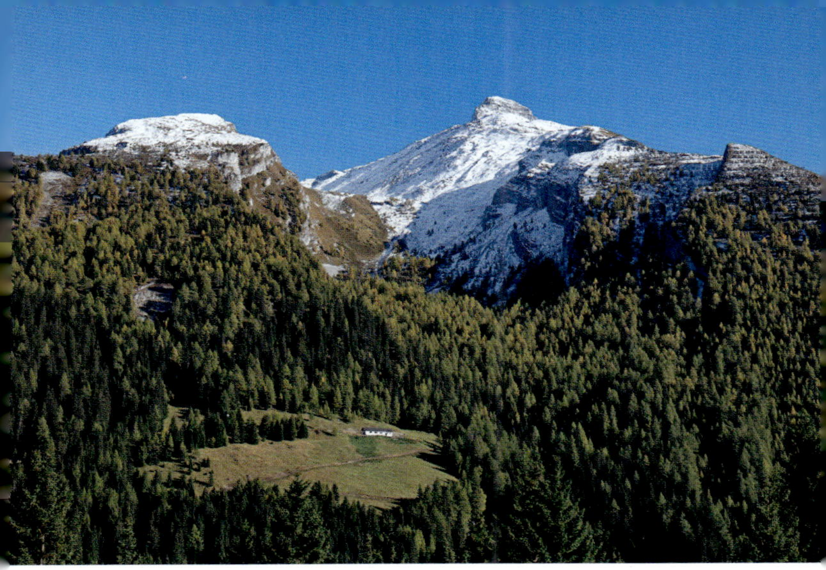

Auf der anderen Talseite zeigt sich der Wolfendorn herbstlich angezuckert.

Von der Kirche in der Ortschaft **Brenner** ①, 1375 m, geht es mit Nr. 1 an der bewaldeten Berglehne sogleich in Kehren steil aufwärts, später dann deutlich gemäßigter. Man kommt auf eine erste Lichtung; nach der zweiten wird der Eisack überschritten. Über eine Linkskehre folgen wir der Forststraße Richtung **Sattelalm** ②, 1747 m, ehe sich die Route im Bereich der Sattelmöser eher als schottrig-bewachsener Karrenweg fortsetzt und an der Südostflanke emporschraubt. Allmählich aus der Waldzone tretend gegen den **Sattelberg** ③, 2113 m, hinauf und zuletzt von einem Bunker in kurzem Abstecher zum Gipfel.

Für den Weiterweg folgt man entweder dem Jubiläumsweg (Nr. 80) über die Kammlinie oder zügiger der alten, bequemen Militärstraße knapp unterhalb. Diese schlägt später einen weiten Bogen um das Steinjoch, weshalb

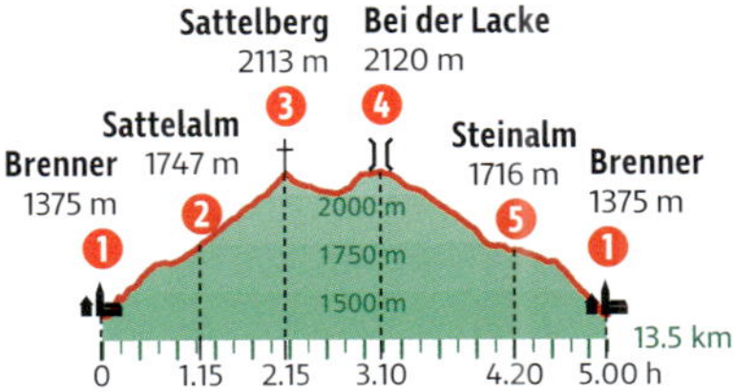

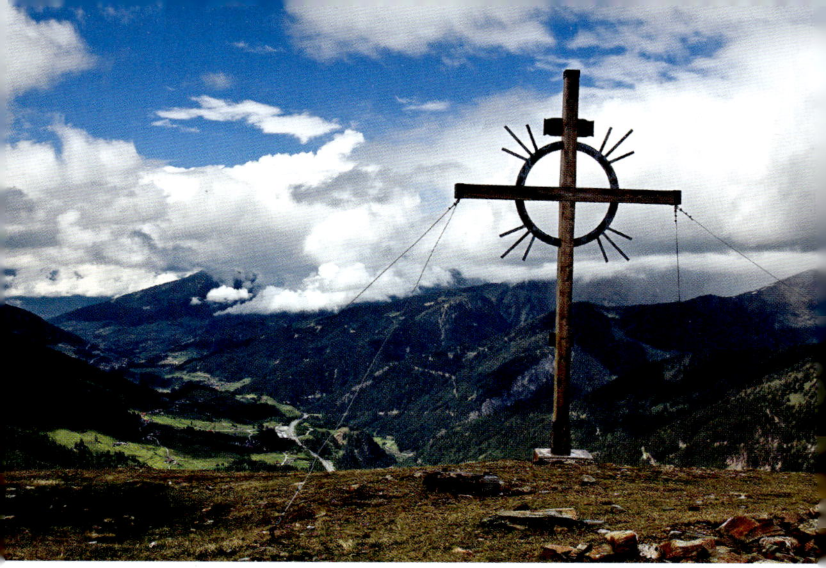

Vom Sattelberg ergibt sich auch ein großartiger Blick auf die Nordtiroler Seite.

Die Sattelalm oberhalb des Brenners.

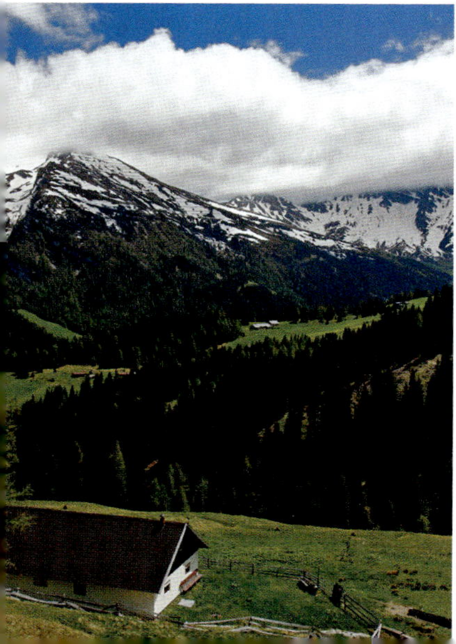

es ab dem Sattel P. 2024 effektiver ist, auf dem kleinen Steig Nr. 80B die Nordwestseite des Steinjochs zu traversieren. Achtgeben, dass man **»Bei der Lacke«** ❹, ca. 2120 m, also in der nächsten Einsattelung, wieder die Seite wechselt. Ganz in der Nähe schlagen wir den unbeschilderten Kehrenweg in der Südflanke ein, der später in eine lange Diagonale zur **Steinalm** ❺, 1716 m, übergeht. Ein Stück davor gibt es eine etwas abschüssige, mürbe Traverse am Brandbach (Steinbach). Ab Steinalm ist Nr. 3 Richtung Brenner ausgewiesen, doch weil diese Route am Ende rund 1 km vom Ausgangspunkt entfernt herauskommt, erscheint es vorteilhaft, zunächst mit Nr. 3A oder 3B zum Aufstiegsweg hinüberzuqueren und auf diesem die Tour zu vollenden.

↗ 1200 m | ↘ 1200 m | 15.0 km

6.10 h

Hoher Lorenzenberg, 2315 m, und Grubenkopf, 2337 m

2

Sanfte Aussichtsberge im Herzen Tirols

Die Grenzgipfel unmittelbar westlich des Brenners weisen – wie wir am Sattelberg schon gesehen haben – einen eher mugeligen Charakter auf. Freilich sind es dankbare, kaum überlaufene Wanderziele mit vielseitiger Schau gen Nord und Süd. Oberhalb von Gossensaß können der Hohe Lorenzenberg und der Grubenkopf gut miteinander kombiniert werden. Russen- und Schatzgrubenweg besitzen militärhistorischen Hintergrund und sind bequem angelegt, außerdem noch nicht allzu sehr verwachsen.

Ausgangspunkt: Giggelberg, 1354 m, Höfeweiler über dem oberen Wipptal. Die Zufahrt zweigt von der Pflerscher Straße 2 km hinter Gossensaß ab. Parkmöglichkeit bei Innergiggelberg, kein Busverkehr.
Anforderungen: Maximal T2–3. Bestens dem Gelände angepasste Wege mit moderaten, oft gleichmäßigen Steigungen, nur im Gipfelbereich teils kleinere Pfade mit kurzfristig steileren Abschnitten. Etwas Bewuchs auf den alten Militärtrassen stört nicht. Tagfüllende Tour, daher Ausdauer nötig. Bis zum Lorenzenberg 960 Hm.
Einkehr: Keine.
Beste Jahreszeit: Juni bis Oktober.
Variante: Mit Öffis fällt der Zugang von Gossensaß über Weg Nr. 1 mit 1 Std. zusätzlich ins Gewicht.

Im Frühjahr sind manche Stellen von Bergprimeln übersät.

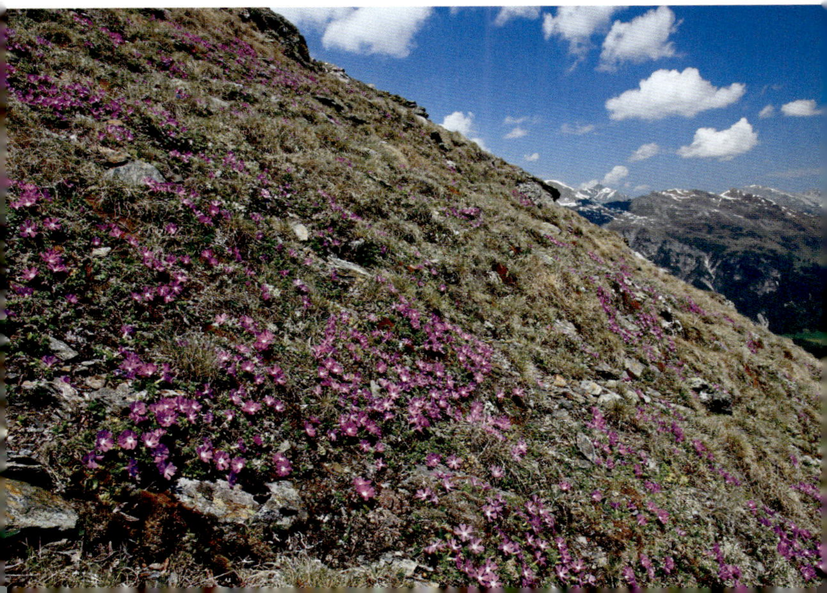

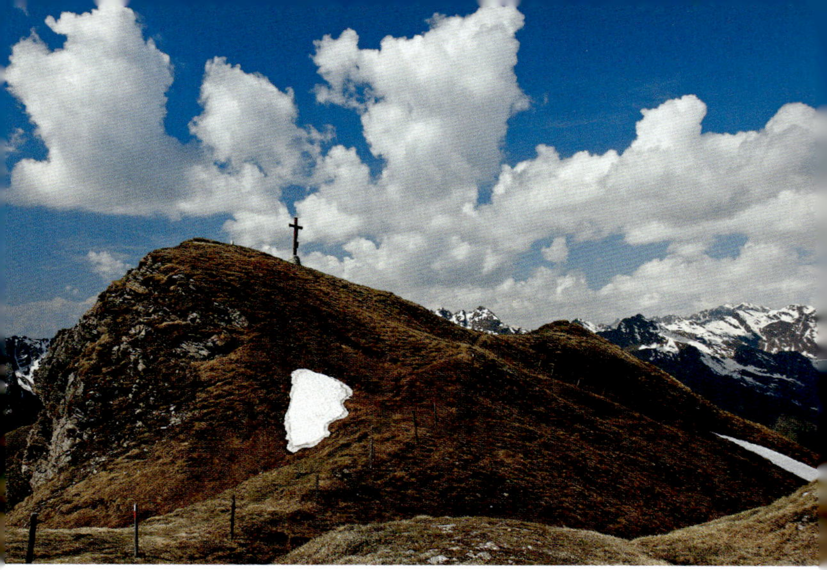

Am Weg zum Grubenkopf.

Von **Giggelberg** ❶, 1354 m, folgen wir dem mit Nr. 1 bezeichneten Russenweg, der im Forchwald windungsreich bergauf zieht. Markantes gibt es zunächst kaum. Nach ungefähr anderthalb Stunden lichtet sich der Bergwald, die Ausblicke öffnen sich allmählich. Auf rund 1900 Metern ❷ gabelt sich die Route: rechter Hand Nr. 1 zum Sandjöchl, links Nr. 32A Richtung Portjoch (unser späterer Abstiegsweg). In der ostexponierten Flanke über dem Kaunergraben weiter sachte aufwärts, womit wir Anschluss zu den hoch gelegenen ehemaligen Militärstraßen gewinnen. Wenige Minuten später stehen wir am **Sandjöchl** ❸, 2165 m, und damit auf der Grenze zu Nordtirol. Nun nach rechts im Bereich des weitläufigen Kammes, teils auch in den Flanken, durch eine weitere Senke und am Ende etwas steiler hinauf zum **Hohen Lorenzenberg** ❹, 2315 m.

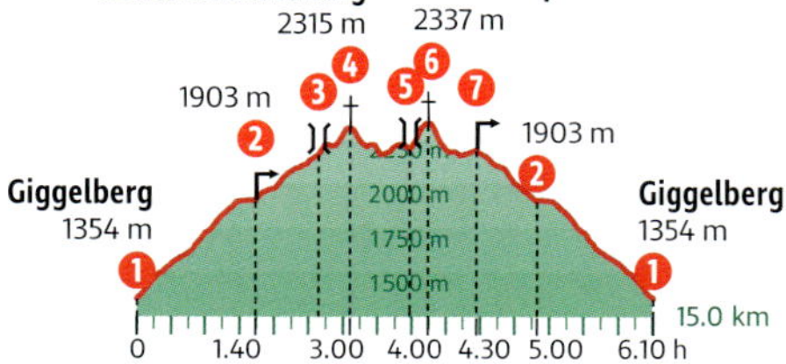

Nach ausgiebiger Panoramaschau verlassen wir die geräumige Kuppe wieder Richtung **Sandjöchl** ❸, traversieren dann aber mit Nr. 1A den Geierskragen, 2309 m, nordseitig und gelangen so rasch hinüber ins **Grubenjoch** ❺, 2196 m. Von dort führt abermals ein steilerer Pfad bis auf den **Grubenkopf** ❻, 2337 m, der seltener Besuch erhält als der Hohe Lorenzen.

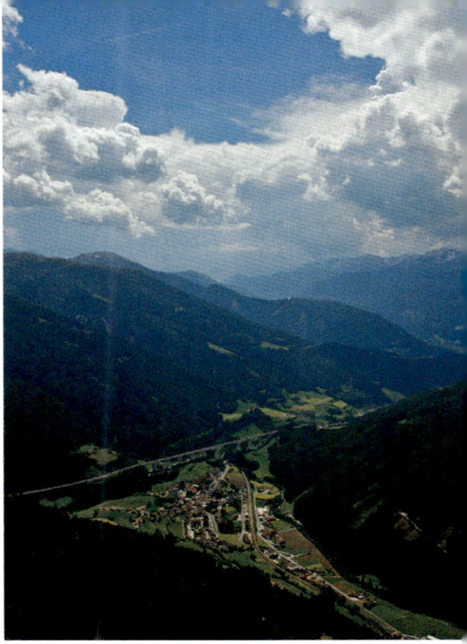

Blick ins Wipptal bei Gossensaß.

Beim Abstieg zweigen wir am Grubenjoch auf die Südtiroler Seite ab und stoßen in Kürze auf die alte, quer verlaufende Militärstraße (Nr. 32A). Ein Weilchen folgen wir dieser, gewinnen sogar nochmals ein paar Höhenmeter, ehe unterhalb des Geierskragens der Hinweis »Gossensaß« zu beachten ist ❼. Dieser Weg schraubt sich an der rechten Seite des Schatzgrubenrückens in typischer Manier tiefer, dreht später nach Osten ein und vereinigt sich auf 1900 Metern ❷ wieder mit der Aufstiegsroute, die uns in einer guten Stunde zurück nach **Giggelberg** ❶ bringt.

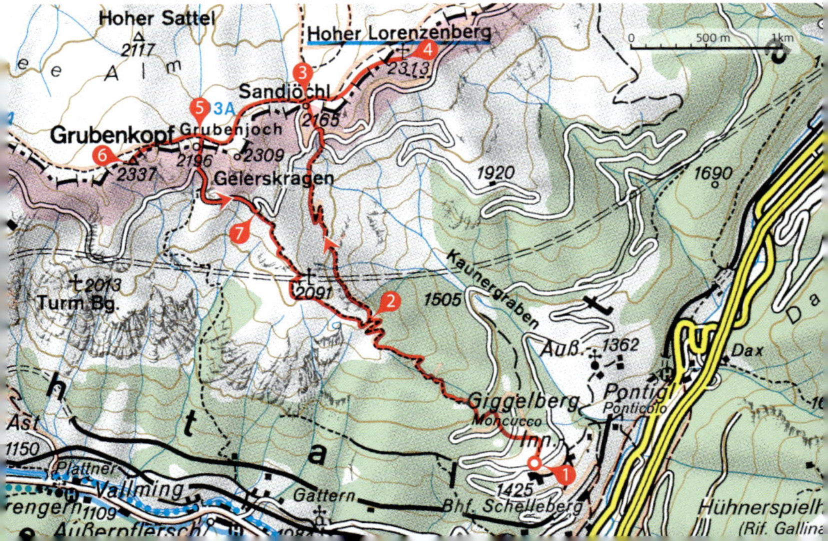

↗ 1950 m | ↘ 1800 m | 17.5 km

3 Schwarze Wand, 2917 m

9.00 h

Zünftige Kost im wilden Reich der Tribulaune

In der Tribulaungruppe wird man auf Schritt und Tritt an die Dolomiten erinnert. Eigentlich wurde das maßgebliche Gestein aus der Epoche der Trias vom französischen Mineraloge und Geologen Déodat de Dolomieu ja sogar hier entdeckt! Im Mittelpunkt steht der wuchtige Pflerscher Tribulaun, der nur auf waghalsigen Kletterrouten zu erreichen ist. Doch auch der Ausläufer namens Schwarze Wand, die mit markierten Routen auch den »Normalo« anlockt, ist ein ordentliches Kaliber, vor allem konditionell. Als ausgiebiges »Warm-up« dürfen bereits volle 1000 Höhenmeter bis zum Portjoch absolviert werden. Weiter oben treten wir ein in eine Fels- und Schuttlandschaft von häufig bizarrer Ausstrahlung. Flächen von losen Felsplatten, kegelstumpfartige Formationen, aber auch brachiale Wände und Abbrüche lassen uns immer wieder staunen. Und manchmal findet der Steig überraschende Durchschlupfe über Schichtbänder oder wartet mit ambitionierten Klettereinlagen auf. Jedenfalls sollte man sein Rüstzeug beisammen haben für diese herausfordernde Bergtour über dem Pflerschtal!

Ausgangspunkt: Haltestelle »Abzweigung Ast« beim Pflerscher Weiler Kiesergern, 1109 m. Geringer Parkraum bei der Kapelle neben der Straße. Buslinie von Sterzing.
Endpunkt: St. Anton, 1246 m, in Innerpflersch (gleiche Buslinie).
Anforderungen: T4–5. Überschreitung

Die Überschreitung der Schwarzen Wand (rechts) zählt zu den anspruchsvollsten Touren unserer Auswahl. Nach links staffeln sich Gschnitzer und Pflerscher Tribulaun.

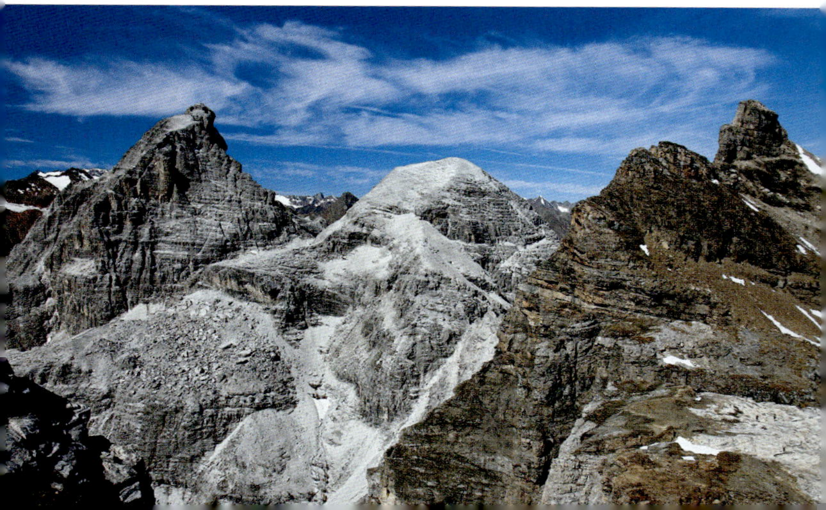

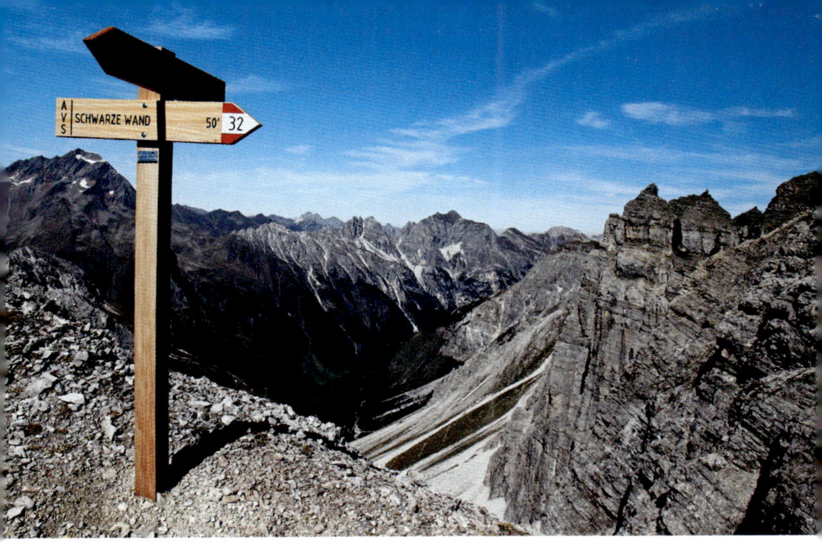

In der Schneetalscharte.

in vielseitigem Fels-, Schutt- und Schrofengelände mit einzelnen – teils gesicherten – Kletterstellen sowie ausgesetzten Traversen. Trittsicherheit und Schwindelfreiheit unerlässlich. Zustieg zum Portjoch und Abstieg von der Schneetalscharte auf gut angelegten Serpentinensteigen merklich leichter. Bomben-Kondition für eine große Bergtour ohne Stützpunkt!
Einkehr: Keine am Weg.

Kurz hinter **Kieserengern** ❶, 1109 m, schlagen wir das Sträßchen Richtung Ast ein und kommen nach wenigen Minuten an den Beginn des Weges Nr. 32. Aus dem Forstweg wird bald ein Steig, der sich an der steilen, bewaldeten Südflanke kehrenreich emporschraubt und sich dabei stets gut dem Gelände anschmiegt. Eine interessante Passage mit einzelnen Drahtseilen erwartet uns an einer kleinen Felsbarriere entlang; immer wieder ergeben sich schöne Ausblicke über das Pflersch-

Beste Jahreszeit: Juli bis September.
Variante: Der Pflerscher Höhenweg ist in Kapitel 4 detailliert beschrieben.

Es legt sich so manches Felshindernis in den Weg.

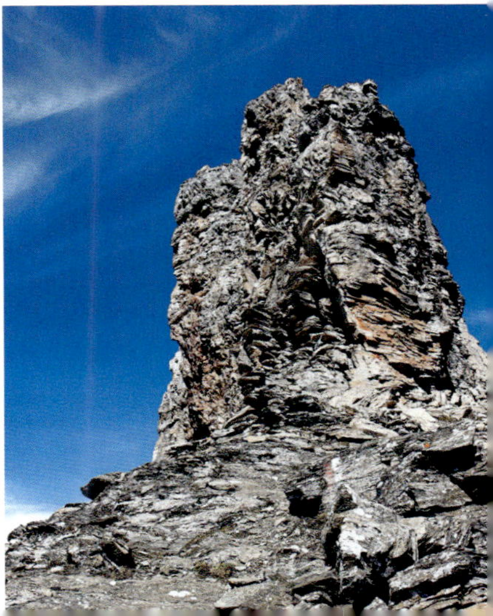

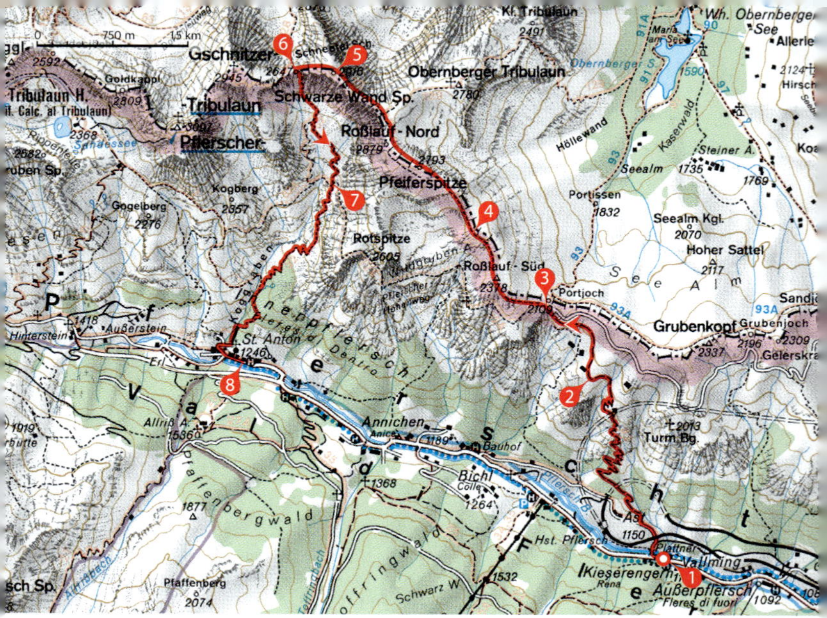

tal. Weiter oben zieht die Spur nach links und tangiert den **Wieskopf** ❷, 1957 m, dessen Graskuppe einen kleinen Abstecher wert ist. Anschließend quer durch die grasige Hangbucht des Portkessels und mit letzten Kehren zum **Portjoch** ❸, 2109 m, wo sich mehrere Routen verzweigen.

Wir orientieren uns weiterhin bergwärts und passieren das **Kreuzjoch**, 2378 m, knapp rechts. Die nächste markante Schulter ❹ wird auf etwa 2580 Meter Höhe erreicht. Drüben tut sich der Wildgrabenkessel auf. Auf Schuttsteig höher, dann über die vorübergehend schmale, luftige Felsbarriere der **Pfeilerspitze**, 2793 m, mit einigen Sicherungen auf einen breiten Plateaurücken. Im Anschluss wird der Gipfelaufbau des **Rosslauf**, 2879 m, ostseitig gequert. Wir steigen in eine schwache Senke ab und überschreiten den nächsten Kopf zu einem schuttig-plattigen Rücken. Plötzlich tut sich ein tiefer Spalt auf: die Scharte vor dem Gipfelmassiv der Schwarzen Wand. An Klammern geht es steil in diese hinab, auf der anderen Seite über ein Band nach rechts (Drahtseile) und anschließend wieder über Schutt aufwärts.

Urtümliches Ambiente beim Abstieg durch den Koggraben.

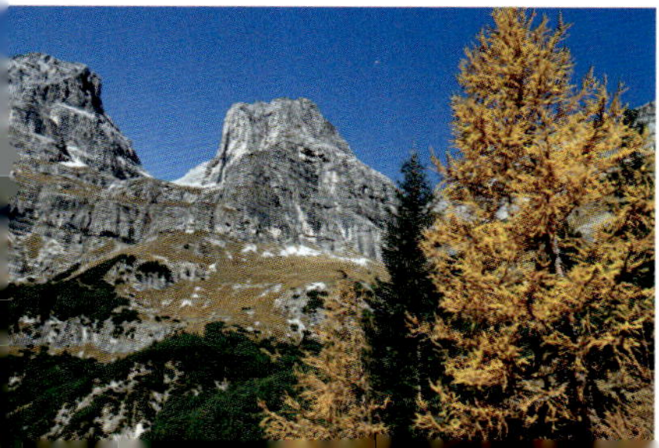

An der Gratkante folgt nochmals eine kurze Kletterstelle, danach ein weiteres abschüssiges Schuttband und schließlich die Gipfelfelsen der **Schwarzen Wand** ❺, 2917 m.

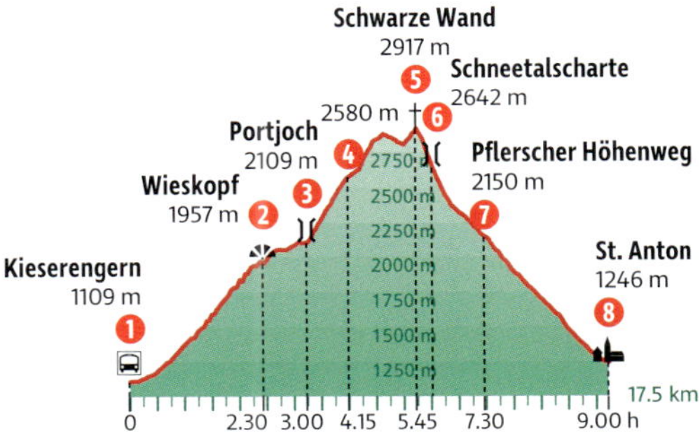

Kurz davor entdecken wir schon die Abstiegsroute Richtung Schneetalscharte. Meist handelt es sich hier um steiles Gehgelände über Schutthänge und felsige Absätze. Dazwischen liegt aber auch eine gut 10 Meter hohe Wandstufe, die exponiert an Klammern überwunden werden muss. Kurz vor der **Schneetalscharte** ❻, 2642 m, eine letzte gesicherte Stelle. Südseitig öffnet sich ein Kar, in das wir über anfangs noch recht steile Schutthänge in Kehren zu einer ersten grünen Verflachung absteigen (Nr. 32). Man orientiert sich auf die linke Seite und kreuzt auf ca. 2150 Metern den **Pflerscher Höhenweg** ❼. Der Serpentinenkurs leitet weiter talwärts in lichten Wald, passiert eine alte Almhütte sowie den Abzweig des Weges Nr. 7 und läuft schlussendlich im Innerpflerscher Hauptort **St. Anton** ❽, 1246 m, aus. Dort zur Bushaltestelle an der Talstraße.

Unterwegs am Grat zwischen Portjoch und Rosslauf.

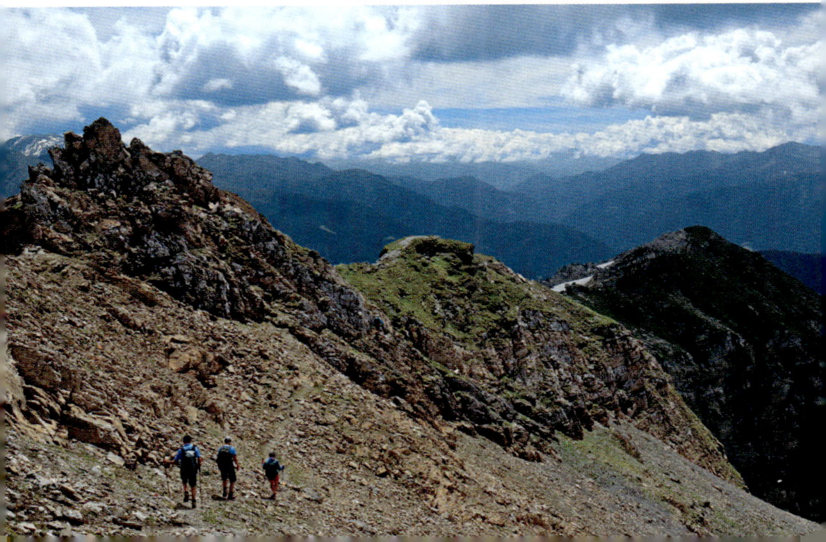

TOP

↗ 1650 m | ↘ 390 m | 14.5 km

4 Pflerscher Höhenweg

7.10 h

Ein Höhensteig der Extraklasse

Quer durch den Südabsturz der Tribulaungruppe führt einer der spannendsten Höhenwege Südtirols. Rund 1000 Höhenmeter über dem Grund des Pflerschtals, die man mit dem Zustieg zum Portjoch überwindet, zieht er seine fulminante Linie durch zahlreiche Gräben und Runsen, immer wieder mit kitzligen Passagen aufwartend. Gute Sicherungen sorgen aber dafür, dass die Nerven nicht überstrapaziert werden. Ziel der Tour ist die Tribulaunhütte am Sandessee. Als ich vor gut 20 Jahren den Pflerscher Höhenweg zum ersten Mal beging, war ich auf Anhieb begeistert, von der Wegführung einerseits, aber auch von den Fern-, Tief- und Nahblicken. Etliche Wiederholungen sollten seitdem folgen, und die jüngste wird sicher nicht die letzte gewesen sein …

Ausgangspunkt: Haltestelle »Abzweigung Ast« beim Pflerscher Weiler Kieserengern, 1109 m. Geringer Parkraum bei der Kapelle neben der Straße. Buslinie von Sterzing.

Endpunkt: Tribulaunhütte, 2368 m. Der Talabstieg wird am besten über Weg Nr. 8 gewählt (siehe Tour 5).

Anforderungen: T4. Schmaler Flanken-

Beim Zustieg zum Portjoch gelangen wir Schritt für Schritt immer höher über das Pflerschtal hinaus.

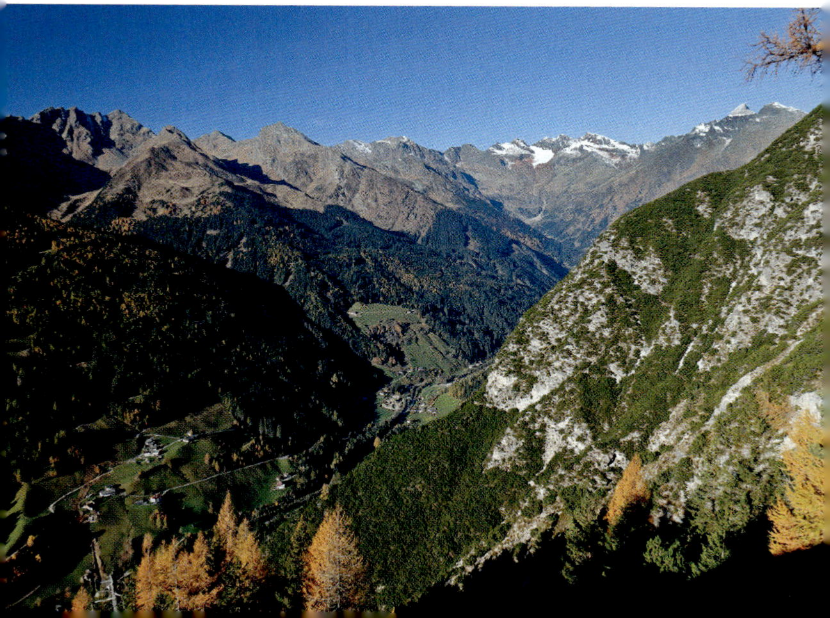

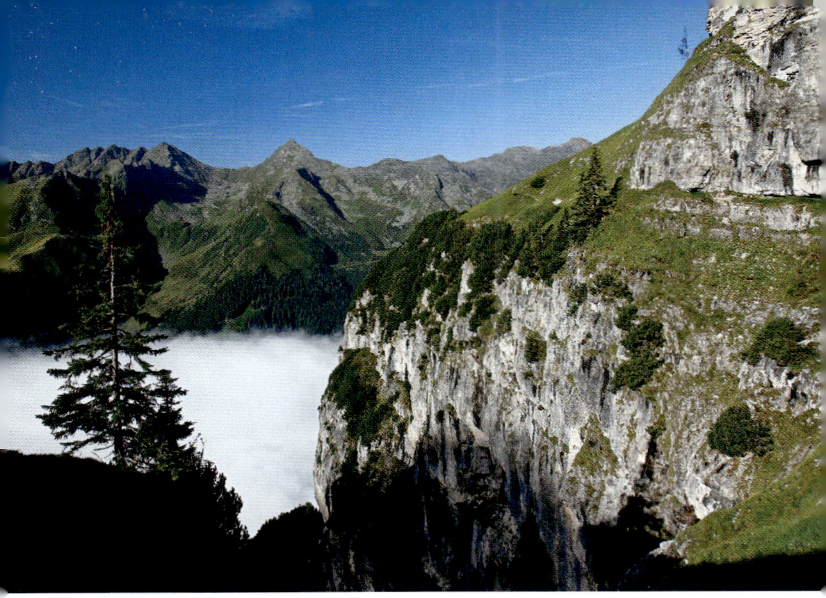

Häufig werden abschüssige Bänder und Grasböschungen begangen.

steig in Gras und Schrofen, manchmal sogar regelrecht felsig. Immer wieder ausgesetzte Stellen, die überwiegend gut gesichert sind, zudem können in einigen Gräben Lawinenschneefelder bis weit in den Sommer hinein Hindernisse aufwerfen. Trittsicherheit, Schwindelfreiheit und gute Ausdauer wichtig. Zum Portjoch auf gutem Bergweg T2–3.
Einkehr/Unterkunft: Tribulaunhütte, 2368 m, CAI, Anfang Juli bis Ende September, Tel. +39 0472 632470, tribulaunhuette.com.
Beste Jahreszeit: Juli bis September, ohne Stützpunkt eventuell auch noch im Oktober.
Variante: Durch den Koggraben kann vorzeitig nach St. Anton abgestiegen werden (vgl. Tour 3). Gesamtgehzeit dann 6.30 Std.

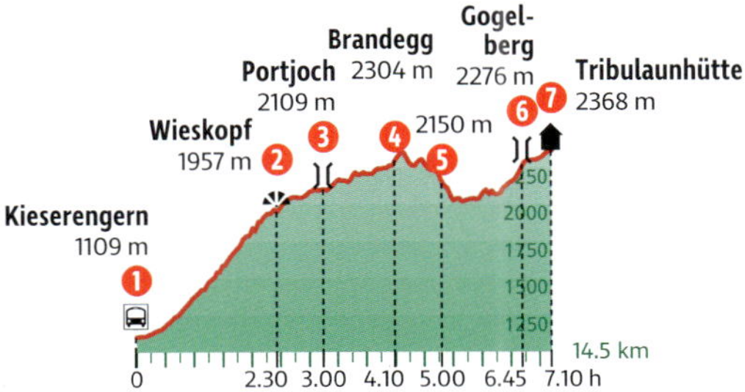

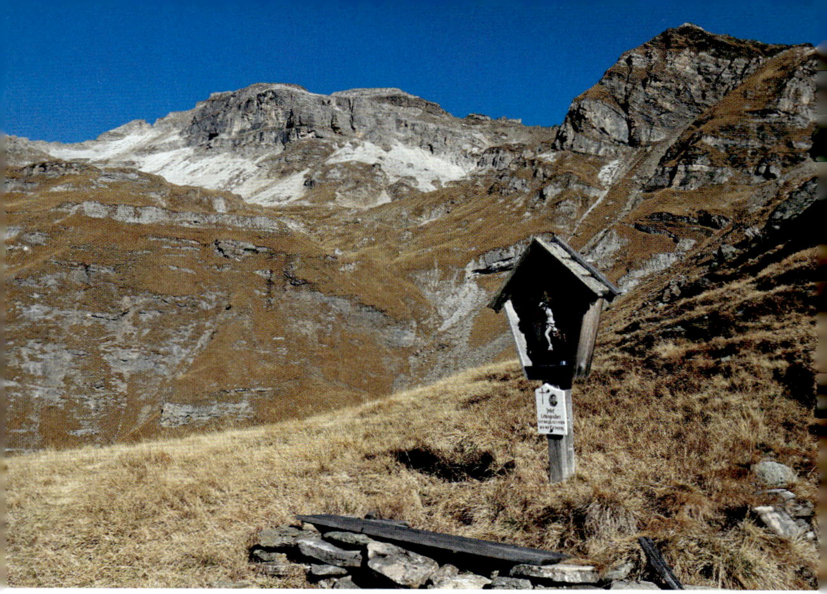

Das Marterl vor dem Wildgrabenkessel.

Wir starten beim Weiler **Kieserengern** ❶, 1109 m, bzw. der Straßenabzweigung nach Ast und folgen über den **Wieskopf** ❷, 1957 m, bis zum **Portjoch** ❸, 2109 m, der im Kapitel 3 detailliert beschriebenen Route. Der 1000-Meter-Zustieg nimmt bereits drei Stunden in Anspruch, ist aber dank der guten Weganlage nicht zu fordernd und landschaftlich überdies reizvoll.

Der Pflerscher Höhenweg (Nr. 32A) bleibt diesseits der Grenze und zieht zunächst unschwierig durch die Wiesenhänge der »Gamsleite«. Am Ende einer schrofigen Traverse taucht bei einem Marterl ein schöner Rastplatz auf (P. 2194). Anschließend wird das Gelände nach und nach abschüssiger. Die stellenweise gesicherte Route durchläuft den Wildgrabenkessel und im weiteren Verlauf noch mehrere kleinere Gräben und Einschnitte. Bis zum Vorsprung am **Brandegg** ❹, 2304 m, gewinnt sie dabei sukzessive an Höhe. Dahinter wird der Ansatz des wilden Teisslgrabens unterhalb der Rotspitz-Felsen ausgegangen, ehe man ein markantes Eck umkurvt und über Bänder Richtung Koggraben einschwenkt. Auch hier tauchen wieder felsige Kraxelpassagen auf.

Im großen Einschnitt kreuzen wir auf rund 2150 Metern ❺ den Weg Nr. 32 von St. Anton zur Schneetalscharte (beste Ausstiegsmöglichkeit) und gelangen durch die Bachrinne noch ein Stück tiefer, um die Route am gegenüberliegenden Grashang fortzusetzen. Wiederum quert man schmale Bänder

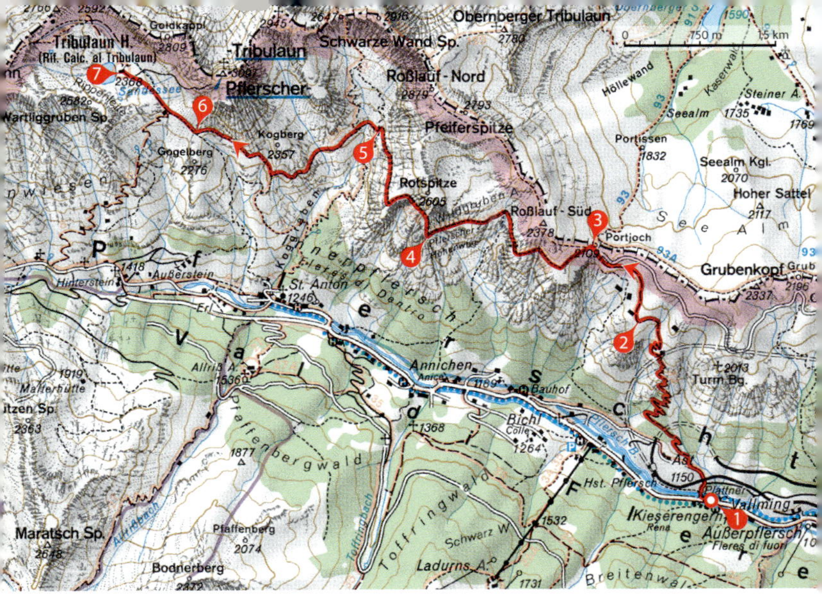

und durchläuft mehrere Hangbuchten am Kogberg. Nach einem kurzen drahtseilgesicherten Abstieg kann die Runse im Mesnergraben mit Schneefeld Probleme bereiten, speziell in den Randbereichen, wo unsolides Splittgelände auftritt. Gegebenenfalls umgeht man den heiklen Bereich unterhalb. Vom Tal kommt jetzt der Weg Nr. 7 herauf. Unmittelbar am Sockel des mächtigen Pflerscher Tribulaun über eine grasige Rippe hinweg eine ganze Weile bergauf, bis man den Übergang am **Gogelberg** 6, 2276 m, erreicht. Eine Pfadspur leitet zum Vorsprung. Im letzten Abschnitt quert der Pflerscher Höhenweg ein helles Blockschuttfeld, verbindet sich mit dem Weg Nr. 8 (siehe Tour 5) und führt noch etwas aufwärts zur **Tribulaunhütte** 7, 2368 m, am Sandessee.

Wuchtiger Koloss: der Pflerscher Tribulaun.

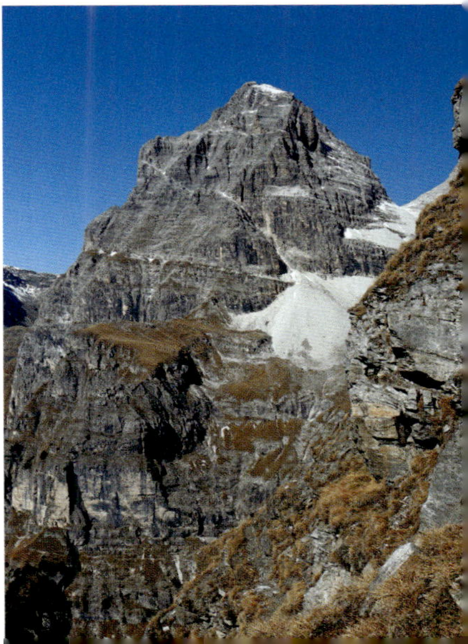

↗ 900 m | ↘ 900 m | 11.4 km

5 Tribulaunhütte, 2368 m

4.45 h

Normalanstieg zur beliebten Hütte am Sandessee

Ein malerischer Bergsee, die kolossalen Wände des Pflerscher Tribulaun mit dem angegliederten spitzigen Goldkappl, dazu ein nach Süden offener Horizont – die Tribulaunhütte besitzt wirklich einen wunderschönen Standort. Wer sich dem grandiosen Pflerscher Höhenweg nicht ganz gewachsen fühlt, steigt einfach aus der »Hölle« genannten Talenge über den normalen Hüttenweg auf. Es wird sicher »himmlisch« …

Ausgangspunkt: Parkplatz Hölle, ca. 1470 m, im inneren Pflerschtal. Zufahrt von St. Anton, von Anfang Juli bis Mitte September zwischen 10 und 16 Uhr gesperrt; dann am besten unterhalb bei P5 parken oder bereits in St. Anton, wo auch der Bus von Sterzing ins Pflerschtal hält.
Anforderungen: T2. Ordentlicher Bergweg mit sehr vielen Kehren, damit effektiv nur mäßig steil. Mitunter etwas steinig, aber für halbwegs Berggewohnte problemlos. Moderates Tagespensum.

Einkehr/Unterkunft: Tribulaunhütte, 2368 m, CAI, Anfang Juli bis Ende September, Tel. +39 0472 632470, tribulaunhuette.com.
Beste Jahreszeit: Während der Hüttenöffnungszeit.
Variante: Als Alternative bietet sich Weg Nr. 7 an, zunächst gleichlaufend mit dem Pflerscher Höhenweg, später über den sog. Mesnerberg abwärts nach St. Anton. Der Startpunkt liegt in diesem Fall dort, und die Tour wird tagfüllend.

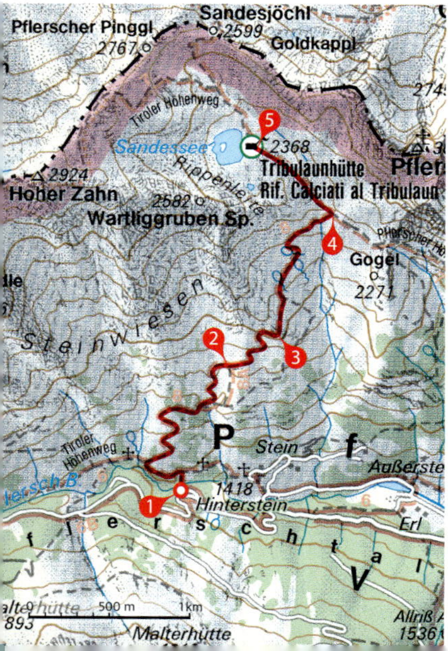

Gleich hinter dem **Parkplatz Hölle** ❶ wird der Fernerbach gekreuzt. Durch lichten Wald bis zu jener Stelle, wo sich die Wege Nr. 6 und 8 gabeln. Mit Letzterem nach rechts und in Schleifen über eine Blöße höher. Man wandert nochmals durch ein Waldstück und reiht Serpentine an Serpentine in den freien Südhang hinein. Auf gut 1800 Metern wird ein **Wasserfall** ❷ gequert, ehe

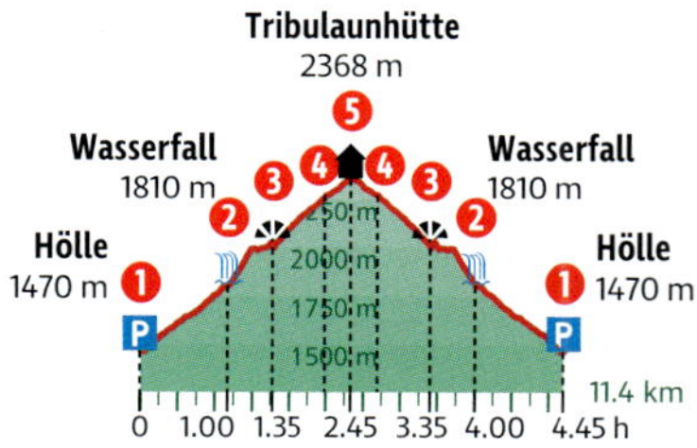

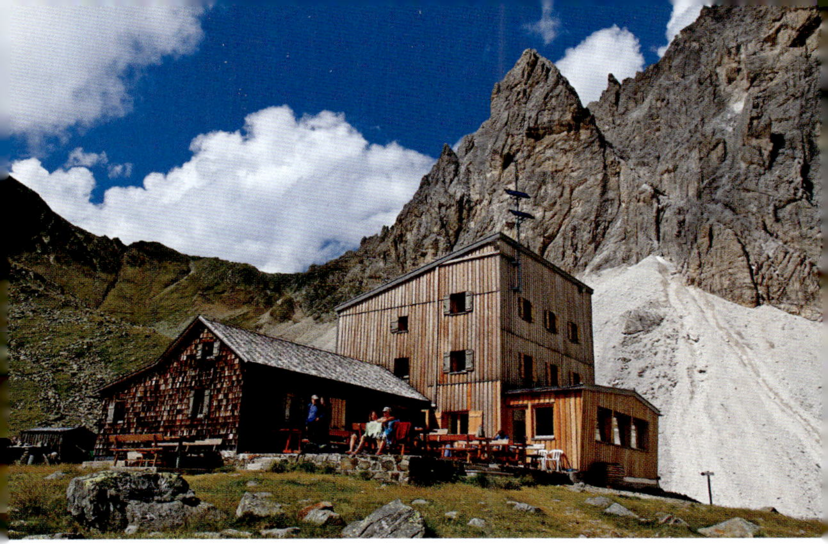

Die Tribulaunhütte ist architektonisch unverwechselbar.

man durch Steinschlagverbauungen zu einem markanten Eck mit **Bildstock** ❸, ca. 2000 m, ansteigt (schöner Rastplatz). Die Route dreht in den großen Geländetrichter des Gansörbachs ein und verläuft an der linken Seite mit weiteren Kehren bis zur Einmündung in den **Pflerscher Höhenweg** ❹, 2275 m (Nr. 32A bzw. Nr. 7). Nun in den Kessel unterhalb der Tribulaunwände und noch wenig ansteigend bis zur **Tribulaunhütte** ❺, 2368 m.

Für den Abstieg erscheint die gleiche Route am praktikabelsten, andernfalls kommt auch die oben angedeutete Variante infrage. Noch wesentlich reizvoller und als ausgedehnte Runde ideal ist ein Übergang zur Magdeburger Hütte, 2423 m, von wo man direkt wieder zum Ausgangspunkt zurückkehrt (vgl. Touren 6 und 7).

Unsere Route zieht an einem stiebenden Wasserfall vorbei.

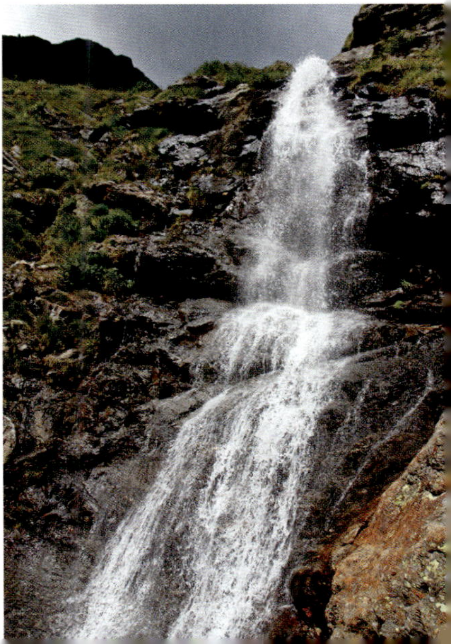

↗ 800 m | ↘ 750 m | 6.3 km

6 Hoher Zahn, 2924 m, und Weißwandspitze, 3017 m

4.00 h

Eindrucksvoller Übergang von der Tribulaun- zur Magdeburger Hütte

Zwischen den beiden Stützpunkten im inneren Pflerschtal existiert eine Verbindung, die an der 3000-Meter-Marke kratzt und damit ein Höhensteig in des Wortes bester Bedeutung darstellt. Zwei Gipfel liegen zudem an dieser Route: Der Hohe Zahn wird ohnehin quasi überschritten, während die Weißwand mittels Kraxelabstecher eingebunden werden kann. Dieser Berg ist übrigens ein geologisches Unikum: Dem mächtigen Urgesteinssockel ist wie ein Sahnehäubchen eine helle Dolomitmütze aufgesetzt. Und das exponierte Band an der Nahtstelle trägt unsere Route – bei guten Bedingungen ein toller Laufsteg, bei Schneelage allerdings mit großer Vorsicht zu genießen. Das Programm lässt sich individuell gestalten, von einer langen, neunstündigen Tagesrunde bis zu einer variablen Drei-Tage-Tour, die noch weitere Ziele beinhalten kann. Man studiere daher die Kapitel 4 bis 8 am besten im Zusammenhang.

Die Weißwandspitze mit ihrer markanten Gesteinsgrenze vom Hohen Zahn aus gesehen.

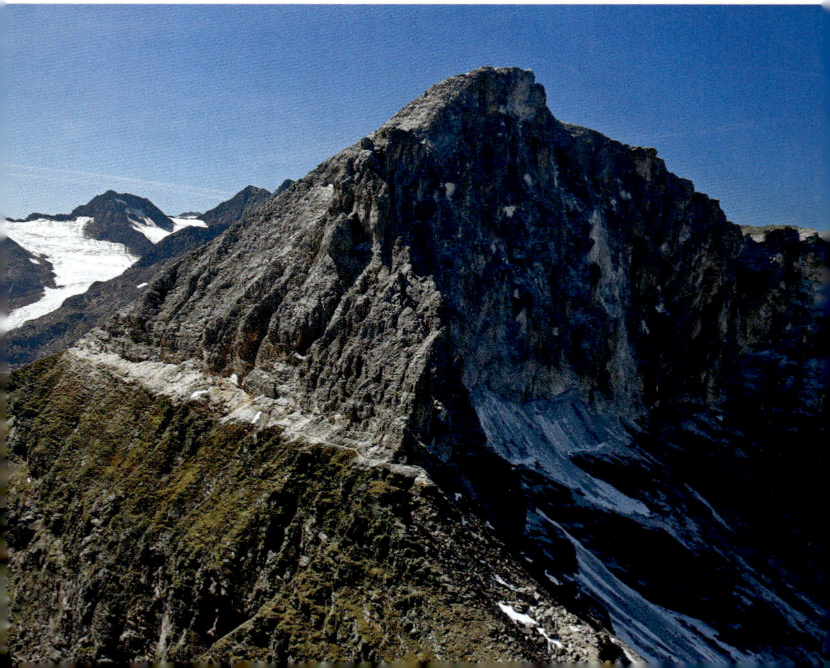

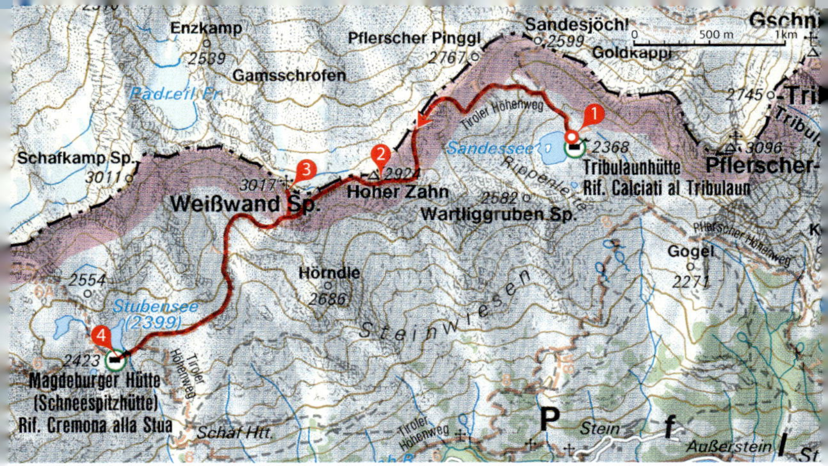

Ausgangspunkt: Tribulaunhütte, 2368 m. Günstigster Zugang in 2.45 Std. über die in Kapitel 5 beschriebene Route vom Parkplatz Hölle.
Endpunkt: Magdeburger Hütte, 2423 m. Abstieg in 2.10 Std. zum Parkplatz Hölle siehe Kapitel 7.
Anforderungen: T4. Hochalpiner Übergang mit den kniffligsten Passagen im Bereich der Weißwand (vor dem Band, bei den leichten Kletterstellen zum Gipfel sowie beim späteren Steilabstieg vom Band), sonst mittelschwer. Trittsicherheit, Schwindelfreiheit und solide Bergerfahrung nötig.
Einkehr/Unterkunft: Tribulaunhütte, 2368 m, CAI, Anfang Juli bis Ende September, Tel. +39 0472 632470, tribulaunhuette.com. Magdeburger Hütte, 2423 m, CAI, Mitte/Ende Juni bis Ende September, Tel. +39 0472 632472 oder +39 338 2428278, rifugiocremona.com.
Beste Jahreszeit: Juli bis September.

Von der **Tribulaunhütte** ❶, 2368 m, kareinwärts und bei der Gabelung mit Nr. 7 links. Die Route laviert geschickt zwischen steileren Zonen hindurch und nähert sich vorübergehend dem Grenzkamm, dreht dann aber wieder links ab. Über eine wellige Gletscherschliffzone gegen den Ostrücken des **Hohen Zahns** hinauf und vom höchsten Punkt des markierten Weges in minimalem Abstecher zu dessen Gipfel ❷, 2924 m.
Wir setzen die Überschreitung mit einem Abstieg in eine Gratsenke fort. Ein Felskopf wird nordseitig über etwas heikles Blockgelände umgangen.

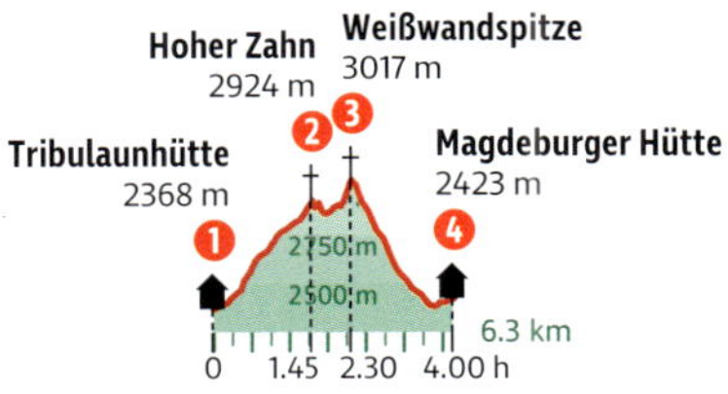

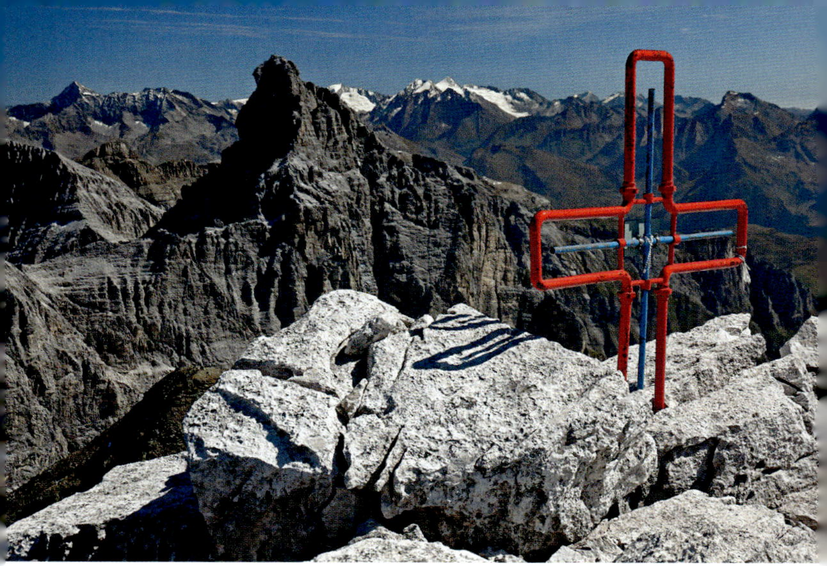

Metrischer und emotionaler Höhepunkt auf der Weißwand.

Aus dem Schärtchen dahinter gelangen wir auf das markante Band der Weißwand, das schon vom Tal aus zu erkennen ist. Horizontal geht es um ein Eck herum und zum Abzweig der Gipfelroute. Sie ist nicht deutlich bezeichnet, aber anhand von Steinmännchen und Steigspuren gut zu verfolgen. Nach 25 Minuten mit etwas Händeunterstützung (allenfalls I. Grad) hat man die Dreitausendermarke geknackt und das rot lackierte Gipfelkreuz auf der **Weißwandspitze** 3, 3017 m, erreicht.
Zurück am Horizontalband in der Südflanke gehen wir bis zu dessen Ende und steigen anschließend links von einer Geländerippe in Kehren steil ab. Eine Rechtstraverse ist in plattigem Fels mit Drahtseilen entschärft. Nach unten hin zeigt sich der Hang streckenweise etwas vermurt und unwegsam, doch lotst uns die Markierung zuverlässig in das von hohen Felsflanken eingerahmte Kar. Nun weiter zu einer Geländenase und an einem schrofigen Hang entlang mit etwas Auf und Ab bis zur Vereinigung mit dem normalen Hüttenweg Nr. 6. Zuletzt noch an der Schwelle zum Stubensee vorbei zur **Magdeburger Hütte** 4, 2423 m.

Moosboden beim Stubensee unweit der Magdeburger Hütte.

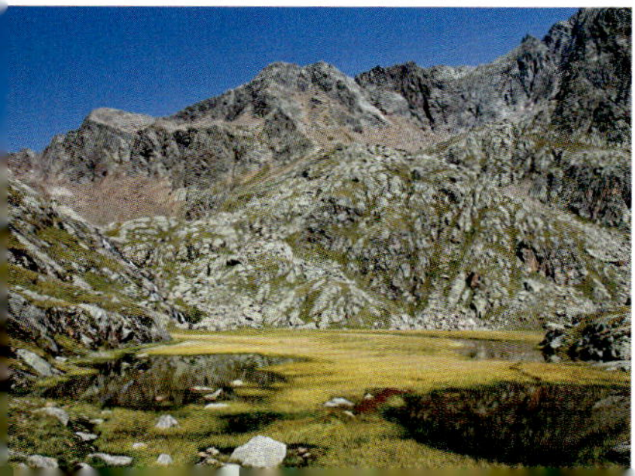

↗ 950 m | ↘ 950 m | 10.4 km

5.10 h

Magdeburger Hütte, 2423 m

7

Ganz zuhinterst im Pflerschtal

Im Jahr 1887 erschloss die Magdeburger Alpenvereinssektion mit ihrer Hütte den imposanten Pflerscher Talschluss. Noch heute empfängt den Wanderer ein uriges Refugium, das gern als Sprungbrett bzw. Etappenziel für höhere Gipfel oder Übergänge besucht wird. Wie wär's zum Beispiel mit der Schneespitze (Tour 8)? In der Nähe des Stubensees lässt sich freilich auch beschaulich in den Tag hineinträumen.

Ausgangspunkt: Parkplatz Hölle, ca. 1470 m, im inneren Pflerschtal. Zufahrt von St. Anton, von Anfang Juli bis Mitte September zwischen 10 und 16 Uhr gesperrt. Gegebenenfalls bei P5 parken oder bereits in St. Anton, wo auch der Bus von Sterzing ins Pflerschtal hält.
Anforderungen: T2. Relativ steiniger, aber in vielen Windungen gut und meist nicht allzu steil angelegter Hüttenweg ohne Absturzgefahr. Durchschnittliches Tagespensum.
Einkehr/Unterkunft: Magdeburger Hütte, 2423 m, CAI, Mitte/Ende Juni bis Ende September, Tel. +39 0472 632472 oder +39 338 2428278, rifugiocremona.com. Eventuell Furtalm (Ochsenhütte), 1690 m, Tel. +39 349 0552234.
Beste Jahreszeit: Während der Hüttenöffnungszeit.
Variante: Weg Nr. 6B führt zwischenzeitlich direkt an der Furtalm vorbei.

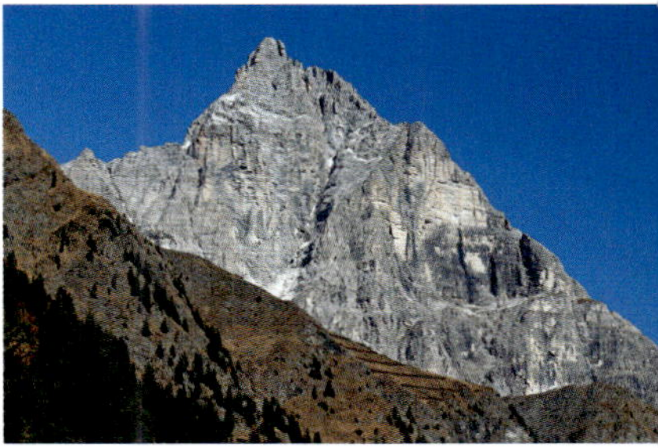

Der Pflerscher Tribulaun sticht in den blauen Herbsthimmel.

Vom **Parkplatz Hölle** ❶ über den Fernerbach und durch aufgelockerten Wald zur Verzweigung der beiden Innerpflerscher Hüttenwege. Wir wandern mit Nr. 6 flach taleinwärts und überschreiten zwei Seitengräben. Kurz

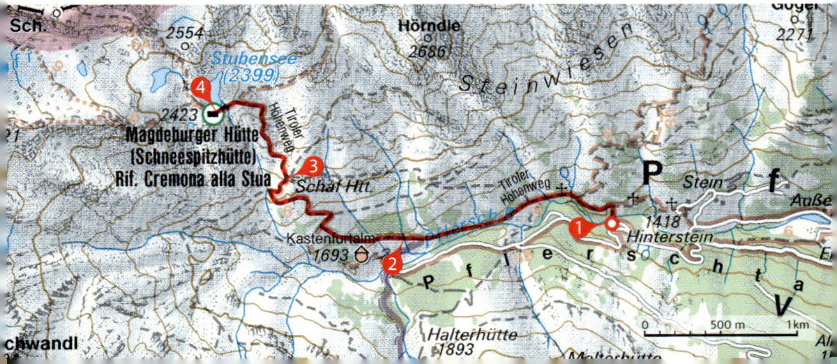

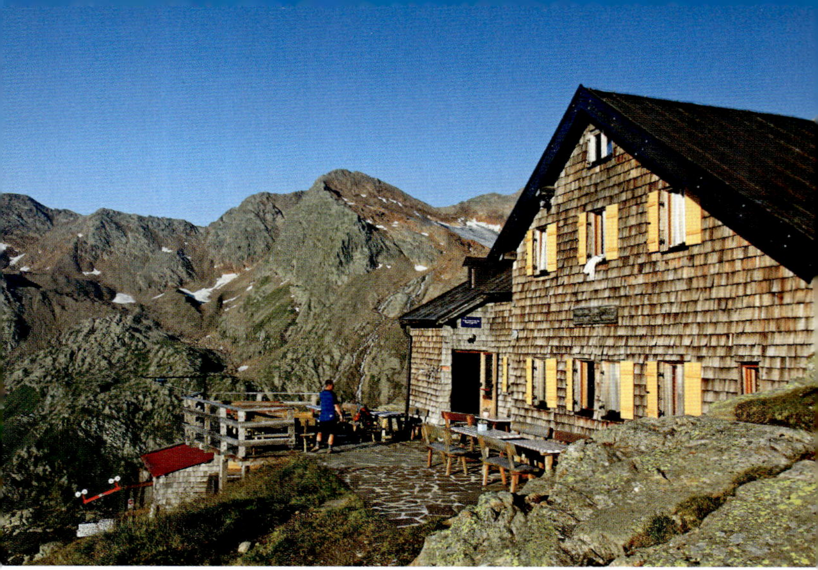

Oben: Ziel für Wanderer und Stützpunkt für Bergsteiger: die Magdeburger Hütte.
Rechts: Aus dem Pflerscher Talschluss steigen wir zur Magdeburger Hütte auf.

vor der **Furtalm** ❷, 1690 m, in manchen Karten auch als Ochsenhütte bezeichnet, zieht die Route am rechten Talhang weiter. Es setzen zahlreiche Serpentinen ein, auf holpriger Trasse vorerst noch durch Waldareale, später freier im Mattengelände. Nach einer Traverse am Sockel steilerer Schrofenflanken nähern wir uns dem schluchtartigen Hochalmbach mit seinen stiebenden Wassern, bleiben aber rechts davon. Kurvenreich schraubt sich der Steig in die Höhe, passiert die karge **Schafhütte** ❸, 2116 m, und verbindet sich weiter oben mit Weg Nr. 7. Nachdem beharrlich Kehre für Kehre absolviert ist, geht es zum Schluss an der Schwelle des Stubensees vorbei zur **Magdeburger Hütte** ❹, 2423 m. Zurück auf der gleichen Route.

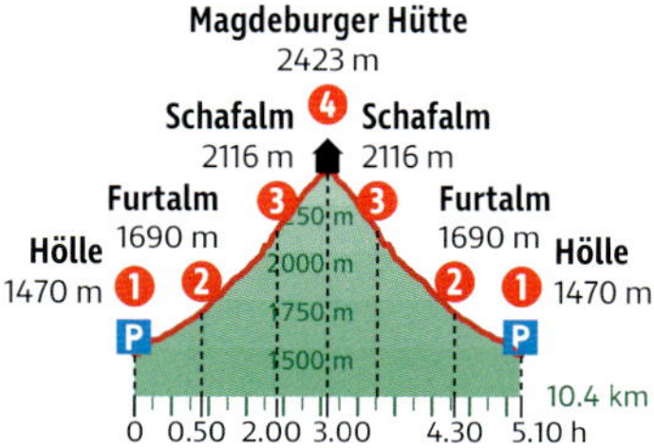

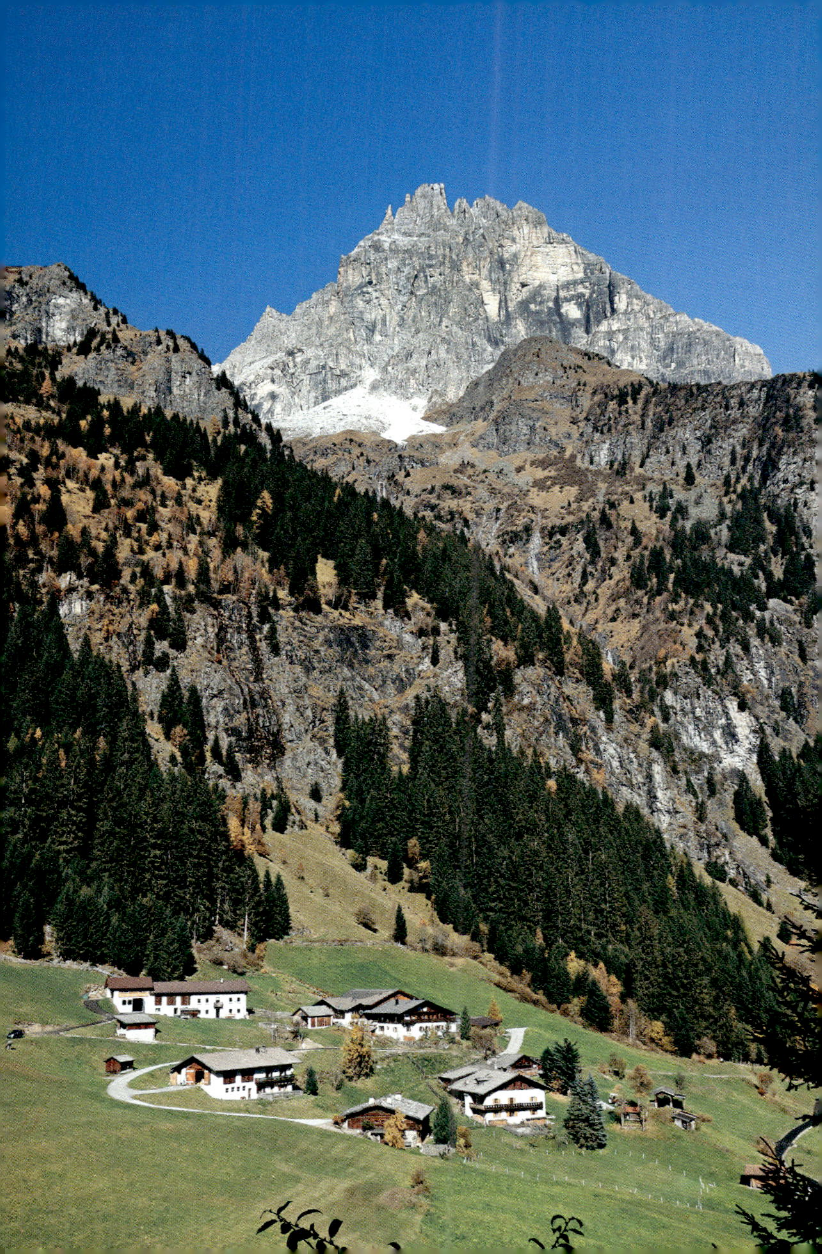

↗ 780 m | ↘ 780 m | 6.7 km

8 Schneespitze, 3166 m

4.30 h

Dreitausender für standfeste Alpinwanderer

Als gletscherfreier Dreitausender und ideales Gipfelziel von der Magdeburger Hütte aus erfreut sich die Schneespitze einiger Beliebtheit, vor allem bei Ambitionierten, für die sich die Grenzen zwischen Bergwandern und Bergsteigen verwischen. Natürlich ist die Route im Rahmen unserer Auswahl als »schwarz« zu deklarieren, doch wer im typischen Blockschuttgelände trittsicher ist und auch eine steile Klettersteigeinlage beherzt meistert, wird hier großartige hochalpine Impressionen mitnehmen. Wir stehen unmittelbar am Stubaier Hauptkamm in illustrer Gipfelgesellschaft.

Ausgangspunkt: Magdeburger Hütte, 2423 m. Zugang siehe Tour 7.
Anforderungen: T4. Markierte Route in hochalpinem Gelände, anfangs auf gutem Steig durch Gletscherschliff- und Blockschuttgelände, später unaufgeräumter und streckenweise steiler bis zum Beginn des Klettersteigs am Südostgrat. Hier fester Fels und solide Sicherungen (Schwierigkeitsgrad A/B, daher spezifische Sicherungsausrüstung für Geübte entbehrlich). Schneefelder können vor allem früh im Sommer und im Gipfelbereich auftreten, dort aber kaum noch ausgesetzte Passagen. Ausgeprägte Trittsicherheit und Schwindelfreiheit sowie grundlegende Bergerfahrung natürlich obligatorisch. Als Tagestour vom Tal aus sehr stramm, besser mit Übernachtung.
Einkehr/Unterkunft: Magdeburger Hüt-

Unterhalb der Schneespitze fasziniert ein großer Moränensee.

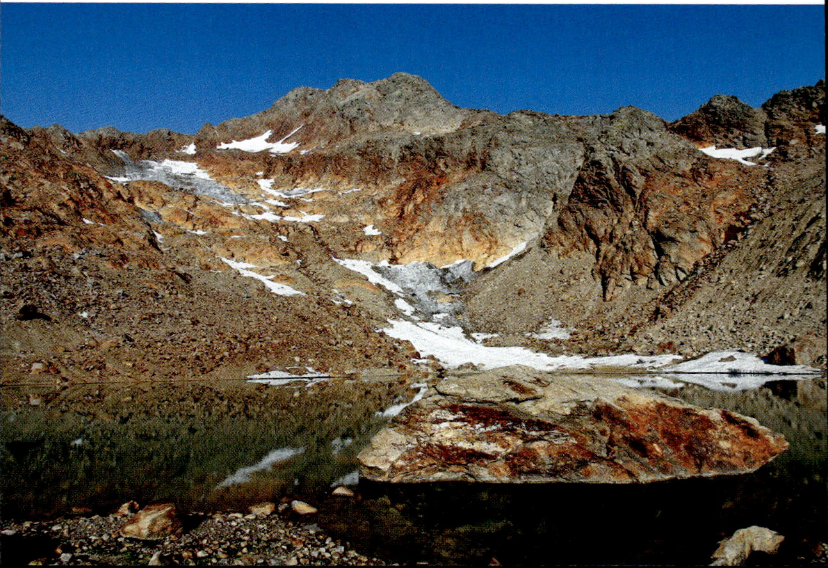

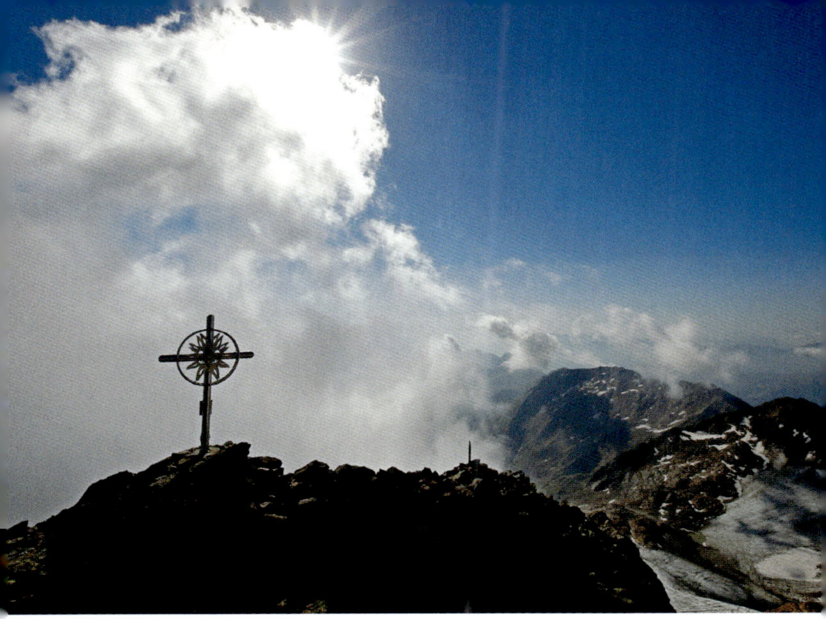

Wolkenstimmung auf der Schneespitze.

te, 2423 m, CAI, Mitte/Ende Juni bis Ende September, Tel. +39 0472 632472 oder +39 338 2428278, rifugiocremona.com.
Beste Jahreszeit: Juli bis September.
Hinweis: Die Route über das zunehmend ausapernde Gletscherkar rechts vom Südostgrat, wo sich eventuell noch alte Markierungen befinden, sollte gemieden werden. Der Klettersteig ist attraktiver und sicherer!

Bei der Verzweigung nahe der **Magdeburger Hütte** ❶, 2423 m, zunächst links und Bezeichnung Nr. 6 folgend an einem Geländerücken mit Schlifffelsen sachte und kurvenreich aufwärts. Nach einer halben Stunde scheren wir rechts aus und rücken mit Nr. 9 allmählich in das benachbarte Kar ab ❷. Mit geringen Höhenunterschieden gelangt man zu einem großen

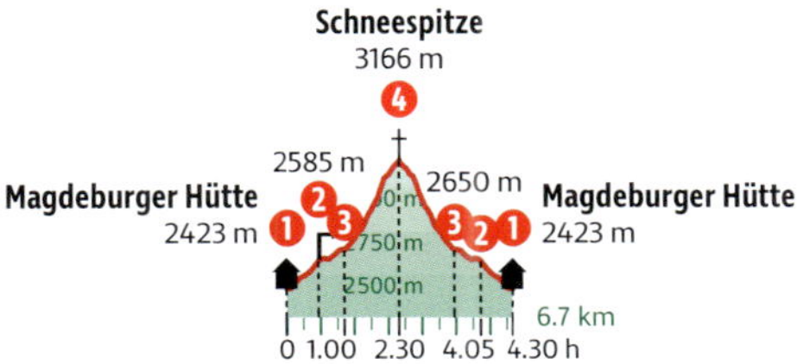

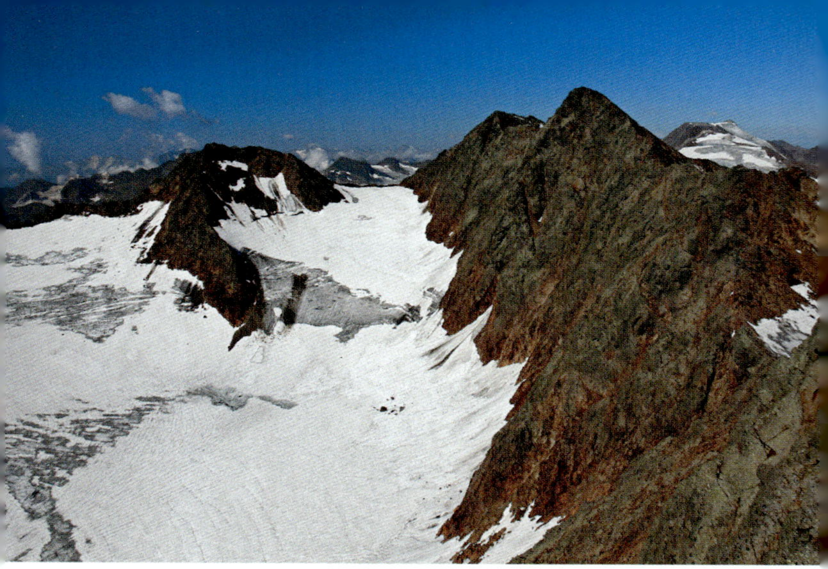

Der Feuersteinferner mit den Feuersteinen und der Aglsspitze.

Moränensee ❸, ca. 2650 m. Unmittelbar davor auf die gegenüberliegende Seite, wo es an einem Moränenrücken weitergeht. Dieser schließt zu einer steileren Geländepartie auf, die etwas mühsam über Schutt und Schliffe bewältigt wird. Danach laviert die Route durch ein Blockfeld (gut auf Markierung achten) und nähert sich dem gesicherten Aufschwung des Südostgrats. Die Kletterei im Blockfels (Drahtseile und einige Krampen an einer glatten Wandstufe) ist spannend und fraglos der bergsteigerische Clou der Tour. Nach knapp 100 Höhenmetern wird das Gelände wieder leichter und flacht bei einer Art Schulter sogar markant ab. Hier halten wir uns rechts und gelangen schließlich über die mäßig steile, vorbehaltlich etwaiger Schneefelder durchwegs steinige Gipfelabdachung zum Kreuz auf der **Schneespitze** ❹, 3166 m.

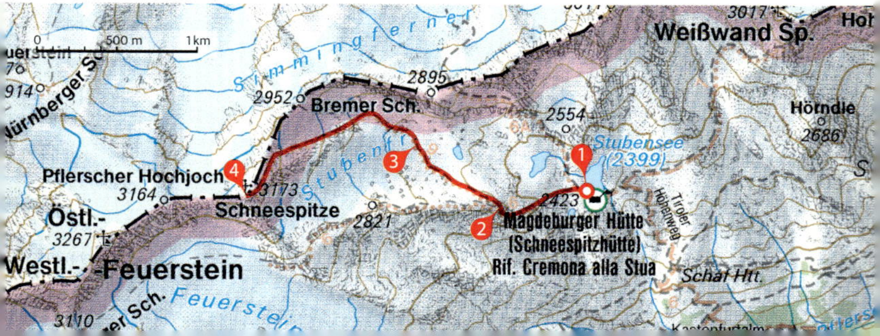

↗ 550 m | ↘ 1030 m | 15.6 km

4.45 h

Dolomieuweg 9

3-Almen-Weg von Ladurns bis zur Ochsenhütte

In der Sterzinger Gegend wird seit einiger Zeit ein 6-Almen-Weg (auch Dolomieuweg) propagiert, ausgehend von der Rosskopfbahn bis ins innerste Pflerschtal hinein. So richtig praktikabel erscheint mir sein Konstrukt jedoch nicht, zudem ist die Gesamtstrecke beträchtlich. Deshalb reduzieren wir hier das Pensum auf die Pflerscher Abschnitte ab Ladurns, ebenfalls unterstützt durch eine Bergbahn. Toffring-, Alriss- und Furtalm werden dabei verbunden, oft auf schönen, teils sogar verschwiegenen Wegen durch lichte Wälder und Almwiesen: eine nette Wanderung in vergleichsweise niedrigen Gefilden mit tollen Blicken auf die Tribulaungruppe gegenüber.

Ausgangspunkt: Bergstation Ladurns, 1724 m, erreichbar mit der Sesselbahn aus dem Pflerschtal. In Betrieb zwischen Anfang Juni und Anfang Oktober täglich von 9 bis 17 Uhr. Busverbindung von Sterzing zur Talstation.
Endpunkt: St. Anton, 1246 m, im inneren Pflerschtal. Endstation der Buslinie.
Anforderungen: T2. Wald- und Wiesensteige, abschnittsweise auch breitere Forststraßen. Schwierigkeiten treten keine auf, aber die Streckenlänge ergibt schon fast ein Tagesprogramm.
Einkehr: Ladurner Hütte, 1724 m,

Am Dolomieuweg lädt die Alrissalm zur Einkehr.

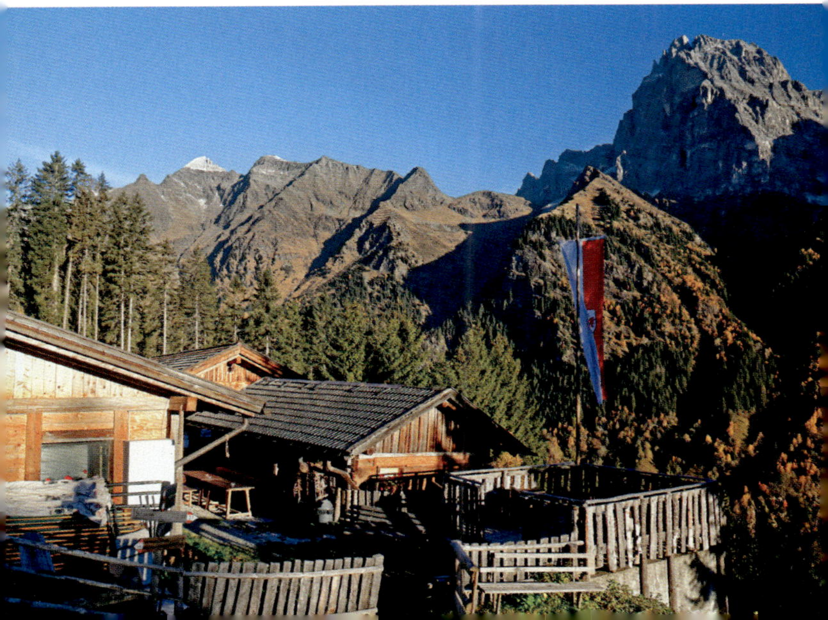

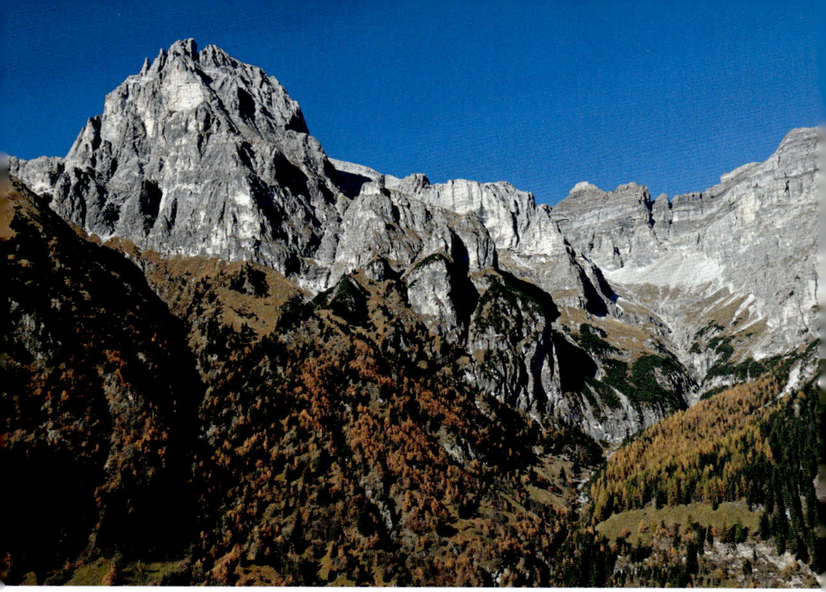

Immer wieder ein Blickfang: der Pflerscher Tribulaun samt Trabanten.

Tel. +39 0472 770012, ladurnerhuette.com. Alrissalm, 1534 m. Furtalm (Ochsenhütte), 1690 m, Tel. +39 349 0552234. **Beste Jahreszeit:** Ab Juni bis in den Oktober hinein.

Variante: Die Tour kann an verschiedenen Stellen abgekürzt werden, insbesondere mit Abstieg von der Alrissalm nach St. Anton. Man kann auch zur Talstation zurückwandern.

Wir schweben mit der Sesselbahn zur Bergstation **Ladurns** ❶, 1724 m, und wandern auf einem Waldweg hinauf zu einem Skihang an der Nordseite des Wastenegg. Anschließend schwenkt man in die Westflanke ein, wo es auf einem urwüchsigen Abschnitt zwischen Lärchen weitergeht. Dabei wird auch die Lacke, 1870 m, passiert. Im Kessel unterhalb des Teissljöchls wird ein großer Bogen vollzogen und durch licht bewaldetes Gelände zur **Toffringalm** ❷, 1686 m, abgestiegen. Gleich hinter dem Bach setzt sich der

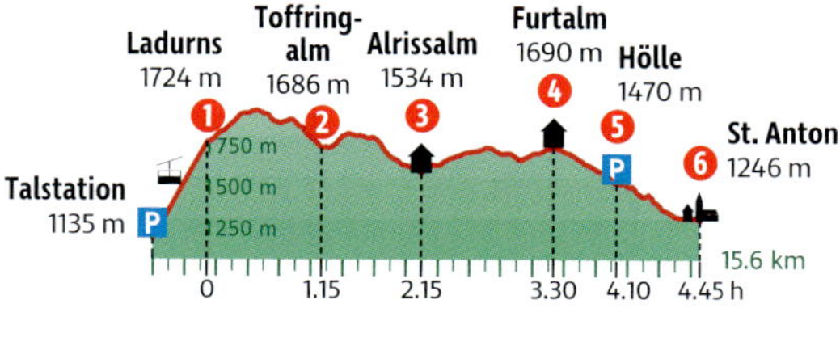

Dolomieuweg etwas spärlich bezeichnet mit einer ansteigenden Traverse fort. Über dem Toffringtal durchquert man ein Waldareal, kommt zur Lichtung mit der Pfaffenberghütte (Jagdhütte) und später wieder absteigend via Hauseben zu einer Forststraße, die Richtung **Alrissalm** ❸, 1534 m, führt. Von der Jausenstation wird der Einschnitt des Alrisstals ausgegangen, bevor erneut ein schöner Waldsteig einsetzt. Mit einer leicht ansteigenden Hangquerung weiter gen Westen. Man stößt wieder auf eine Forststraße, folgt dieser abwärts bis in den Grund des Hochtals und einer anderen nochmals bergauf. Damit über den Fernerbach und zum Umkehrpunkt bei der **Furtalm** ❹, 1675 m, auch als Ochsenhütte geläufig. Talauswärts verbindet sich unsere Route in Kürze mit dem Magdeburger Hüttenweg (Nr. 6). Meist ziemlich flach wandern wir Richtung **Parkplatz Hölle** ❺, ca. 1470 m, und können uns für das letzte Stück Richtung St. Anton für diverse Varianten entscheiden. Entweder bleibt man bereits links vom Bach und berührt den Weiler Hinterstein, oder nutzt die Wege und Straßen auf der rechten Seite. In jedem Fall müssen wir bis zur Bushaltestelle in **St. Anton** ❻, 1246 m, vorlaufen.

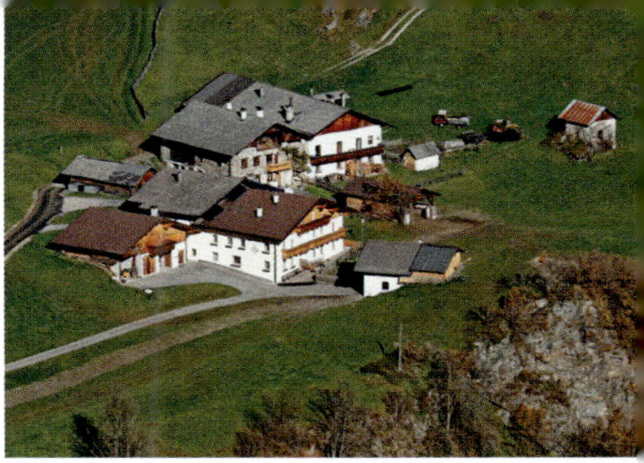

Die Höfe im inneren Pflerschtal liegen locker verstreut.

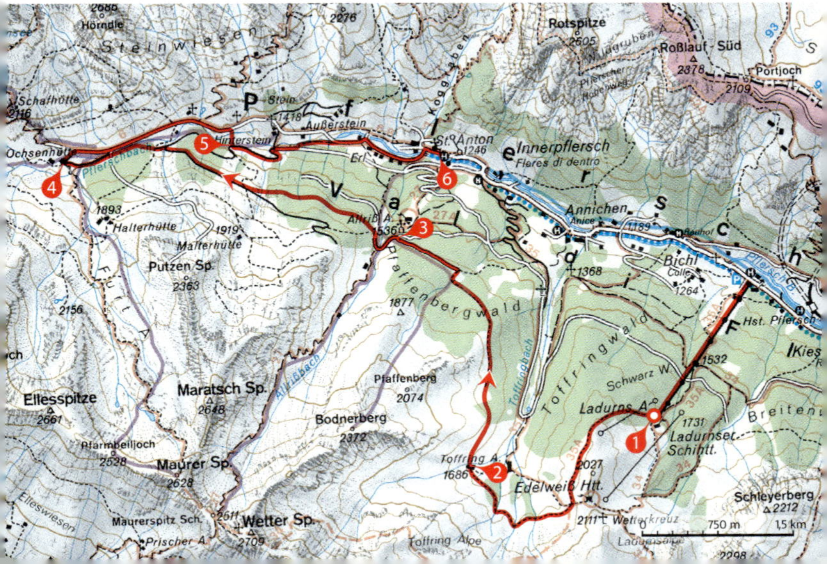

↗ 1600 m | ↘ 1100 m | 14.8 km

10 Wetterspitze, 2709 m

6.45 h

Die Pflerscher Überschreitung des schönen Aussichtsberges

Im Kamm zwischen Pflersch und Ridnaun erhebt sich die Wetterspitze. Sie wird auch von beiden Seiten angegangen, am besten jeweils über die Maurer(spitz)scharte, die unmittelbar nordwestlich unseres Gipfels liegt und die Zugänge verbindet. Einen weiteren gibt es von der Bergstation Ladurns, wegen des erhöhten Startpunktes vorderhand vielleicht vorteilhaft erscheinend, tatsächlich aber weniger geschmeidig zu begehen und kaum viel kürzer. Ich stelle ihn hier als Abstiegsoption vor, um für den Geübten eine attraktive Überschreitungsmöglichkeit anzubieten. Natürlich kann man auch die umgekehrte Richtung wählen, kommt dann per Lift aber erst um 9 Uhr los – kein wirklicher Vorteil.

Ausgangspunkt: St. Anton in Innerpflersch, 1246 m, Parkplatz und Bushaltestelle der Linie von Sterzing. Bei Rückweg auf der Aufstiegsroute wählt man am besten den Parkplatz P2 etwas höher.
Endpunkt: Bergstation der Ladurner Bergbahn, 1724 m. Letzte Talfahrt bis Anfang Oktober um 17 Uhr. An der Pflerscher Straße die Haltestelle Ladurns.
Anforderungen: Maximal T3 über Maurerscharte, die Abstiegsroute ist speziell im oberen Teil eine Nuance schwieriger (T3–4), aber gerade noch »rot«. Weithin Mattengelände, im Aufstieg auf ordentlichem, windungsreichem Saumpfad durch ein Hochtal, nach oben hin zunehmend steiniger. Die vorgeschlagene Abstiegsoption ist unterhalb des Gipfels sehr steil und insgesamt auch ruppiger. Markierungen und der Pfad an sich sind

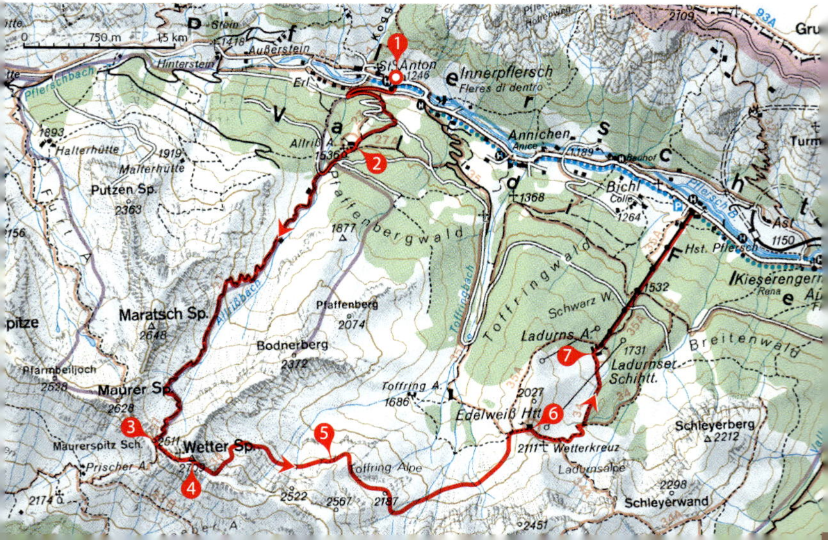

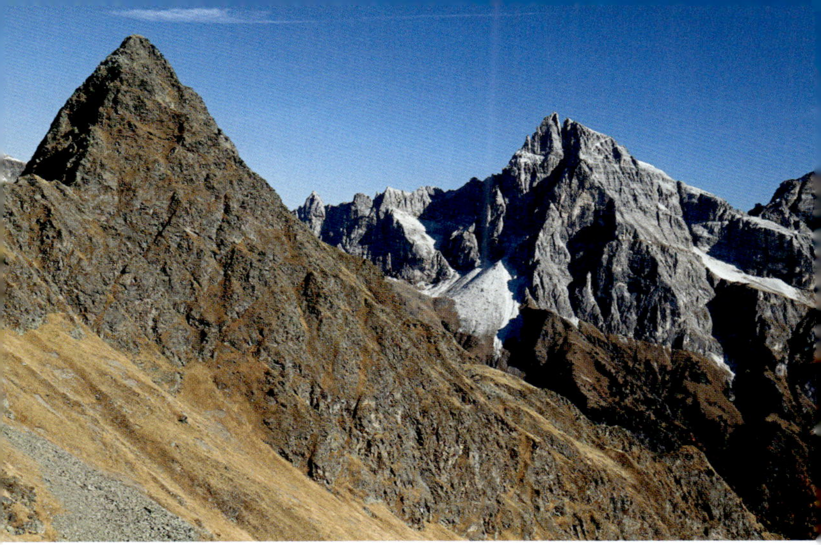

Beim Aufstieg durchs Alrisstal zur Maurerscharte (Alrissjoch).

nicht immer deutlich. In Summe recht anspruchsvolle Tour, Trittsicherheit und Ausdauer erforderlich.
Einkehr/Unterkunft: Berggasthaus Edelweißhütte, 1956 m, privat, Mitte Juni bis Ende September, Tel. +39 0472 671705, edelweisshuette.it. Ladurner Hütte, 1724 m, Tel. +39 0472 770012, ladurnerhuette.com. Alrissalm, 1534 m, Tel. +39 349 2648358.
Beste Jahreszeit: Nordseitige Wege meist nicht vor Ende Juni ratsam, bei guten Bedingungen bis in den Oktober (gegebenenfalls ohne Seilbahnnutzung).
Variante: Auch aus dem Ridnauntal gibt es eine Route, die wegen der Sonnseite im Frühsommer und Herbst sogar Vorzüge besitzt. Man startet in Maiern, 1370 m, und steuert mit Nr. 27 zunächst etwas eintönig die Prischer Alm, 2160 m, an. Weiter über einen Bergrücken, mittels Linksquerung in die Maurerscharte und von dort zum Gipfel. Aufstiegszeit ca. 3.30 Std.

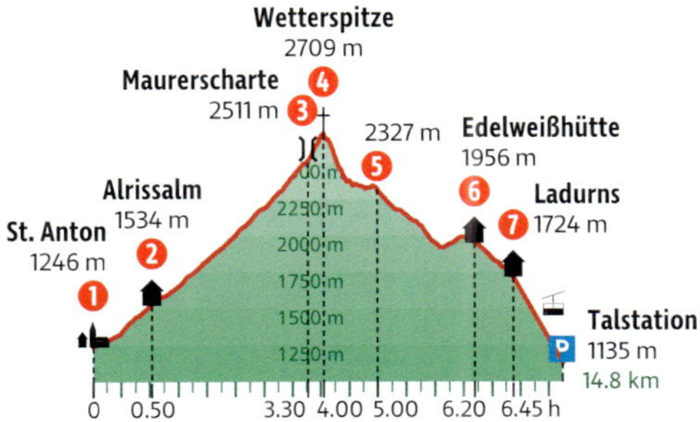

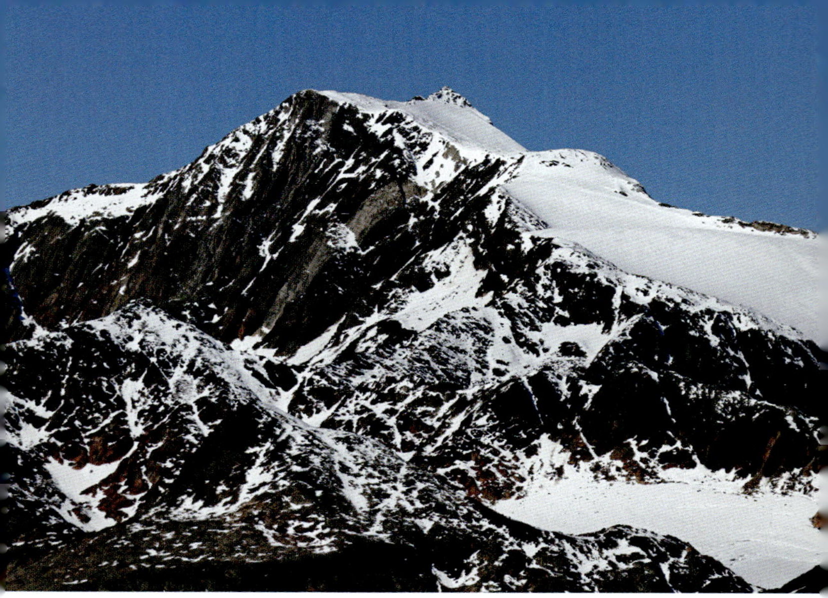

Im Hochstubai setzt sich der Wilde Freiger in Szene.

Vorn in **St. Anton** ❶ über die Brücke und auf der Bergstraße zum Parkplatz P2. Hier schlagen wir die Forststraße zur Alrissalm ein und verlassen diese in der ersten Rechtskehre auf den abkürzenden Steig. Nach einer Weile kommt man auf eine Lichtung und zur bewirtschafteten **Alrissalm** ❷, 1534 m. Man orientiert sich weiterhin an der Bezeichnung Nr. 27 und tritt damit ins Alrisstal ein. Bald offenbart sich ein freies Matten-Hochtal, in dem es auf altem Saumpfad mäßig steil aufwärtsgeht. Auf der rechten Seite reihen sich einige Serpentinen aneinander. Im Talhintergrund, wo das Gelände steiniger wird, auf die linke Seite hinüber und mit weiteren Kehren bis in die **Maurerscharte** ❸, 2511 m, manchmal auch Alrissjoch genannt. Von drüben gesellt sich der Ridnauner Anstieg dazu – gemeinsam verbleiben 200 Höhenmeter am aufsteilenden, felsdurchsetzten Nordwestgrat, der jedoch nicht scharf ausgeprägt ist. Eher breit und schrofig leitet er ohne schwierige Stellen zum Gipfel der **Wetterspitze** ❹, 2709 m.
Der Abstieg bis in die nächste Scharte ist im Vergleich schon etwas anspruchsvoller. Ein Hinweis »Ladurns« (Nr. 34) lotst uns dort in die schattseitige Rinne hinab, die ziemlich grimmig anmutet. Die Pfadspur führt allerdings etwas daneben im Zickzack tiefer, und zwar solange, bis man am Felssockel zu einer Rechtstraverse ansetzen kann. Nun ohne großen Höhenverlust ostwärts bis unter die Seeberspitze, wo bei einer Geländerippe ❺, 2327 m, ein Abzweig zu diesem Gipfel schwach bezeichnet ist. Wir

steigen indes in die folgende Mulde ab und halten uns auf der Höhe eines Felsbichls rechts zu den Weberböden. Der anschließende Wegabschnitt zeigt sich mit Gras und Strauchwerk ziemlich verwachsen. In den sogenannten »Schoassen« werden die Geröllhalden unterhalb der Telfer Weißen gequert – dabei steigt man wieder leicht an, zuletzt durch einen Erlenhang ins **Teissljöchl**, 1981 m. Gleich dahinter empfängt uns im Skigebiet die **Edelweißhütte** 6, 1956 m. Von dort verbleibt nur mehr der lockere Abstieg an einem Speichersee vorbei zur Bergstation **Ladurns** 7, 1724 m. Falls die Seilbahn in der Nebensaison nicht fährt, benötigt man noch eine Stunde zusätzlich bis ins Tal.

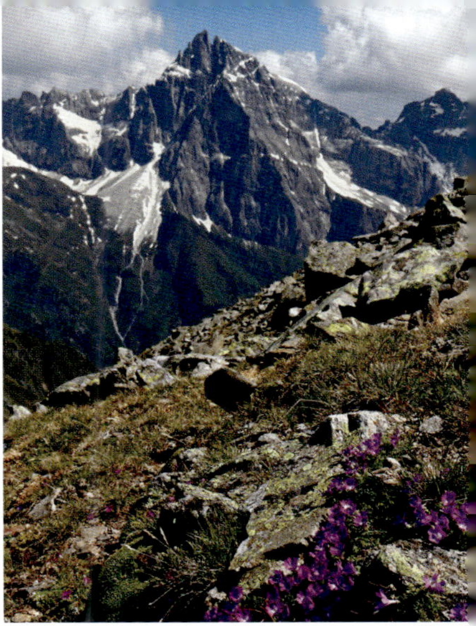

Großartig sind die Ausblicke von der Wetterspitze über das Ridnauntal (unten) und zum Pflerscher Tribulaun (oben).

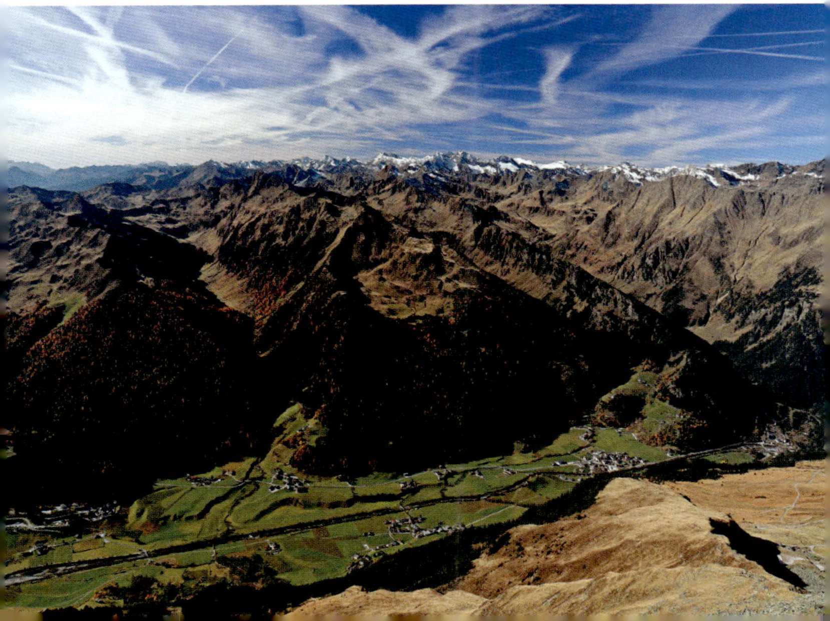

↗ 470 m | ↘ 470 m | 7.9 km

11 Rund um den Rosskopf

2.50 h

Kleine Almrunde am Sterzinger Hausberg

Was tun, wenn Zeit und/oder Kondition eher knapp bemessen sind, es aber trotzdem eine aussichtsreiche Bergwanderung sein soll? Die Lösung ist wenig überraschend – kein Wunder, dass im Einzugsgebiet von Seilbahnen oft am meisten los ist. Von Sterzing aus bringt uns die Rosskopfbahn fast 1000 Meter höher. Jener Rosskopf lässt sich auf Almwegen prima umrunden – ein Pensum, das jeder halbwegs Marschtüchtige schaffen wird. Und die Perspektiven unterwegs sind doch recht unterschiedlich …

Ausgangspunkt: Bergstation der Rosskopfbahn von Sterzing, 1862 m. Sommerbetrieb von Ende Mai bis Anfang/Mitte Oktober, 8.30 bis 17 Uhr (Hauptsaison 17.30 Uhr). Sterzing liegt an der Brenner-Eisenbahnstrecke und ist regionales Zentrum des Busverkehrs im Wipptal.
Anforderungen: Maximal T2–3. Größtenteils leichte Bergwanderwege, steilere Passagen nur im Bereich der Ochsenscharte. Die Trasse ist hier etwas erdig und verlangt speziell bei Nässe elementare Trittsicherheit. Lockere Halbtagestour.
Einkehr: Vallmingalm, 1814 m, Tel. +39 333 4501211 oder 338 1021829, vallmingalm.it. Im näheren Umkreis der Rosskopfbahn mehrere Möglichkeiten.
Beste Jahreszeit: Juni bis Mitte Oktober.
Variante: 1. Kombination mit Telfer Weißen bzw. Rosskopf (siehe Tour 12).
2. Ab Vallmingalm weiter auf dem Dolomieuweg Richtung Ladurner Seilbahn und gegebenenfalls Tour 9 anhängen.

Von der **Rosskopfbahn** ❶, 1862 m, begeben wir uns in die südlichen Hanglagen und kommen auf schön angelegtem Höhenweg bequem in Richtung Kuhalm voran. Kurz davor mit Nr. 23 rechts aufwärts ❷ und diagonal durch

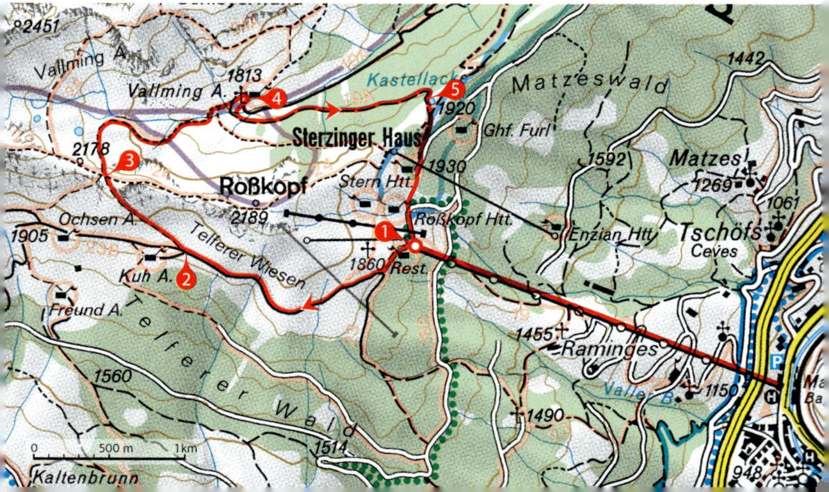

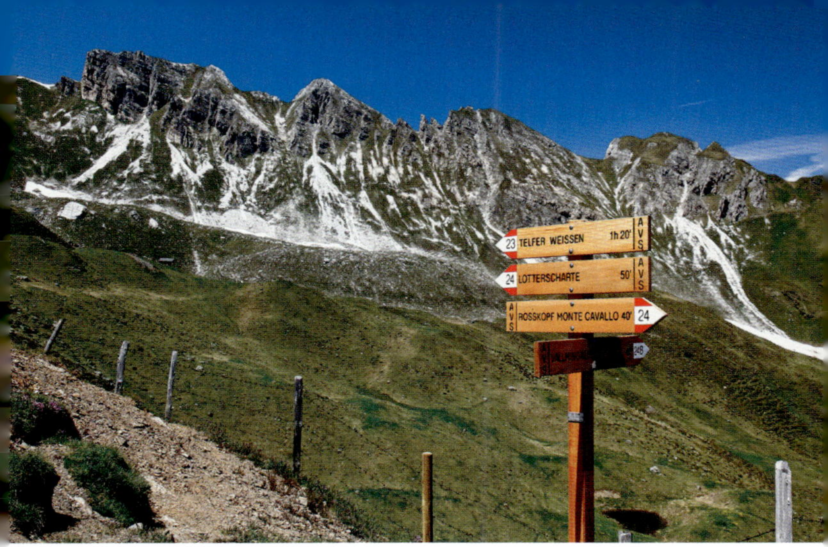

An der Ochsenscharte verzweigen sich die Wege Richtung Telfer Weißen, Rosskopf und Vallmingalm.

die Grasflanken am Telfer Berg. Von einem kleinen Boden etwas aufsteilend wird die **Ochsenscharte** 3, 2168 m, gewonnen. Der jenseitige Abstieg auf erdigem Kehrenweg kann für Gelegenheitswanderer etwas unangenehm sein. Die Route läuft aber bald sanft auf Grasmatten aus und führt an einer Jagdhütte vorbei als Karrenweg zum Hüttenensemble der **Vallmingalm** 4, 1814 m, mit Jausenstation. Noch kurz abwärts zur Bachbrücke, dann auf breiter Trasse schräg ansteigend durch den bewaldeten Nordhang des Rosskopfes. Nach zwei Kehren kommen wir am Sattel bei der **Kastellacke** 5, ca. 1920 m, heraus – nochmals ein netter Fleck zum Verweilen. Auf zwei möglichen Varianten lässt sich die Runde zurück zur **Rosskopfbahn** 1 schließen.

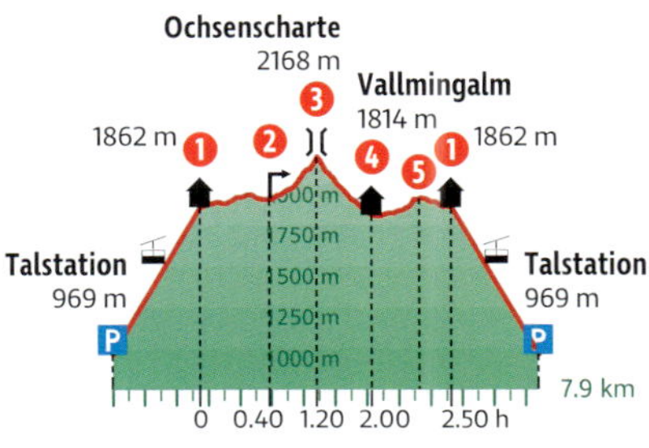

↗ 950 m | ↘ 950 m | 8.4 km

12 Telfer Weißen, 2588 m, und Rosskopf, 2189 m

5.00 h

Knackiges Finale an der kalkweißen Spitze

Mit ihrem hellen Kalkgestein sind die Telfer Weißen eine auffällige Erscheinung über dem Sterzinger Becken. Im Einzugsbereich der Rosskopfbahn ist die Tour beliebt, allerdings wehrt sich der Hauptgipfel allzu heftigen Ansturms zuoberst mit steilen Felsstellen. Notfalls begnüge man sich halt mit dem Vorgipfel, dessen Aussicht nur wenig nachsteht. Beim Rückweg bietet sich die verspielte Überschreitung des Rosskopfes an, am Westgrat freilich durchaus nicht trivial.

Ausgangspunkt: Bergstation der Rosskopfbahn von Sterzing, 1862 m. Sommerbetrieb von Ende Mai bis Anfang/Mitte Oktober, 8.30 bis 17 Uhr (Hauptsaison 17.30 Uhr). In Sterzing Bahnhof im südlichen Stadtteil und Busbahnhof unweit der Talstation.
Anforderungen: Mindestens T4 am Gipfel der Telfer Weißen, sonst maximal T3. Bis zum Vorgipfel auf gutem Bergweg nur elementare Trittsicherheit nötig, das gesicherte Finale ist aber schwieriger, speziell in der Schlüsselstelle (Kamin) und daher konsequent »schwarz« eingestuft. Auch der Kammweg zum Rosskopf ist in etwas luftigem, felsdurchsetztem Gelände nicht zu unterschätzen. Mit Seilbahnhilfe normale Tagestour.
Einkehr/Unterkunft: Diverse Jausenstationen im Bereich der Rosskopfbahn; Übernachtungsmöglichkeit bietet das Sterzinger Haus, Tel. +39 335 299054, sterzingerhaus.com.
Beste Jahreszeit: Mitte Juni bis zum

Vor dem steilen Gipfelaufbau rutscht vielleicht noch das Herz in die Hose.

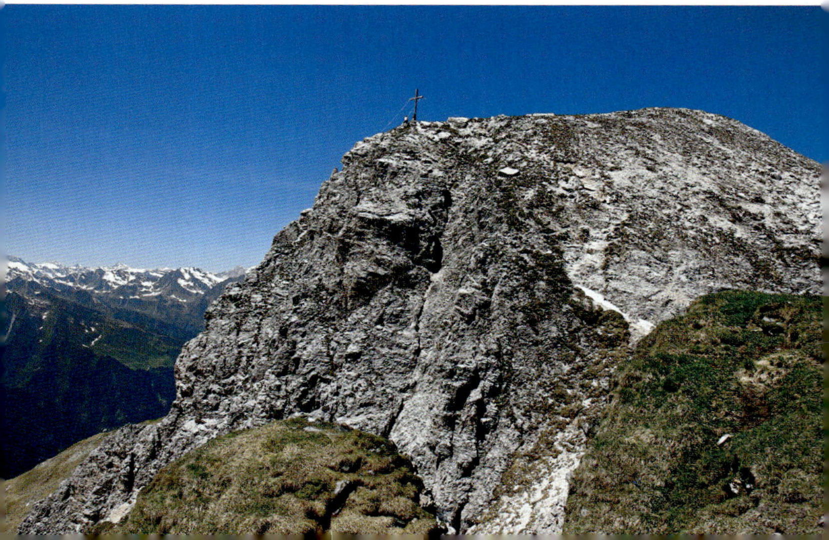

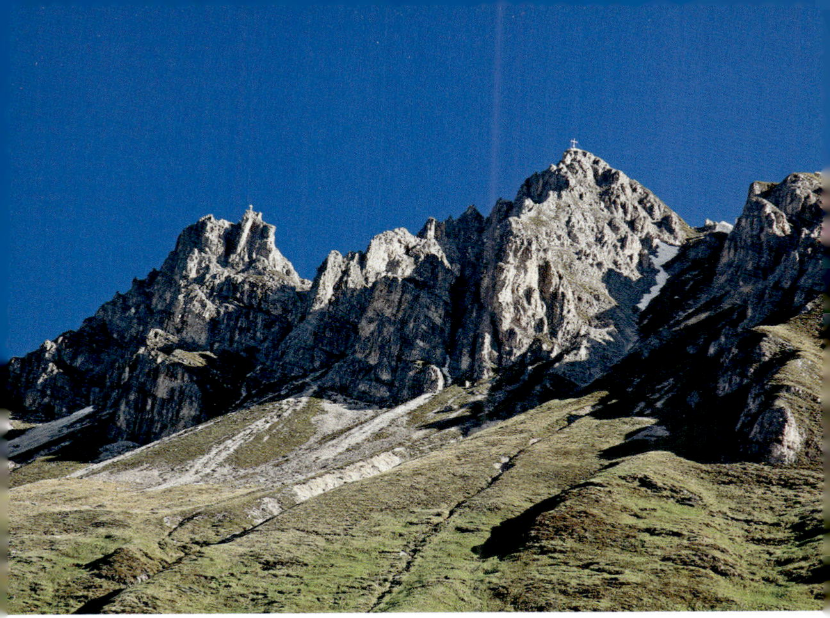

Die dolomitisch anmutenden Telfer Weißen mit ihrer Südflanke.

Seilbahnschluss im Herbst.
Variante: Man kann sich auch auf ein Gipfelziel beschränken oder retour über die Vallmingalm wandern (siehe Tour 11).

Von der **Rosskopfbahn** ❶, 1862 m, geht es auf schönem Höhenweg unbeschwert quer durch die Südflanke des Rosskopfes dahin. Kurz vor der Kuhalm zweigen wir mit Nr. 23 rechts aufwärts ab ❷ und peilen diagonal durch die Grasflanken am Telfer Berg die **Ochsenscharte** ❸, 2168 m, an. Von dort kammnah nach Westen und auf die Verflachung oberhalb der Grubenlacke. Schräg durch den Osthang nähern wir uns dem nordostwärts ausstreichenden Kamm. Man bleibt etwas unterhalb, wobei der Untergrund schrofiger wird, bis gegen den Vor-

Am spannenden Gratweg zum Rosskopf.

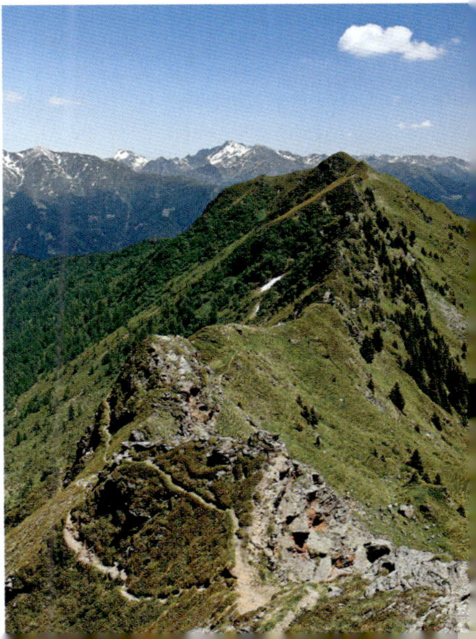

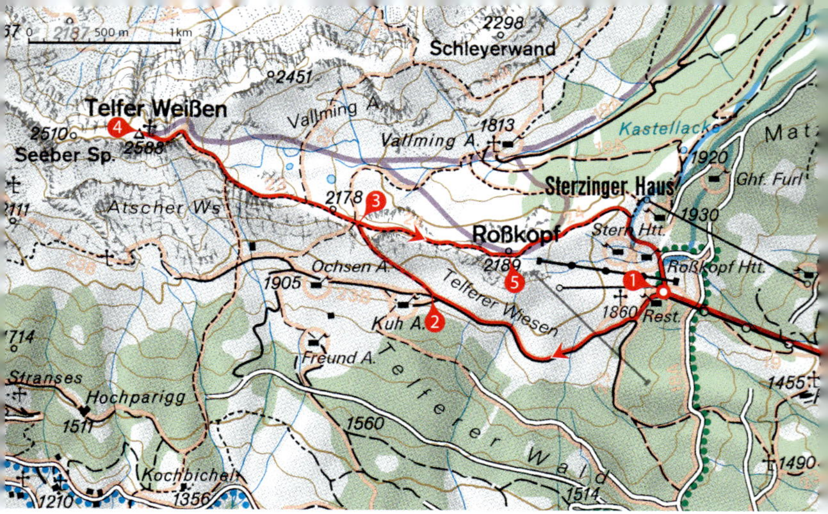

gipfel (P. 2565) aber noch unschwierig. Dieser wird vom markierten Steig nicht unmittelbar berührt – stattdessen taucht man in einen steilen Kamin ab und bewältigt damit die Schlüsselstelle (20 Meter bergab an Drahtseilen). Gegenüber wird der Gipfelaufbau der **Telfer Weißen** ❹, 2588 m, über steile, brüchige Schrofen erklommen.
Der Rückweg ist bis zur **Ochsenscharte** ❸ identisch – anschließend lohnt sich der Gang über den Rosskopf. Im Auf und Ab über mehrere unbedeutende Zwischenerhebungen ist Trittsicherheit gefragt. Der letzte Gegenanstieg auf den **Rosskopf** ❺, 2189 m, fällt mit rund 100 Höhenmetern spürbar aus. Jenseits auf der leichteren Normalroute über weniger anheimelndes Pistengelände hinab zur **Seilbahn** ❶.

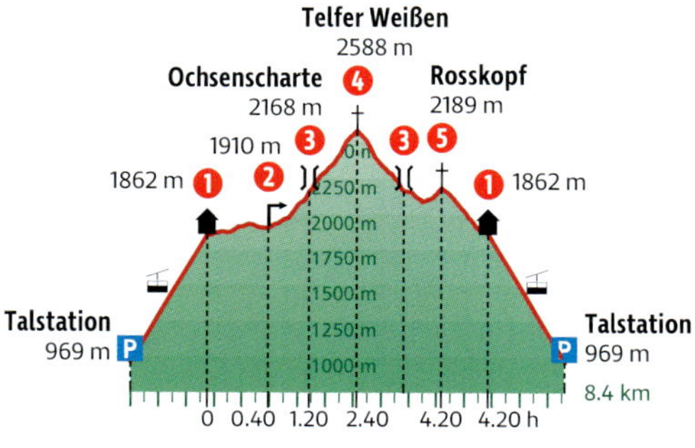

↗ 750 m | ↘ 1240 m | 14.4 km

6.00 h

Ridnauner Höhenweg mit Seeberspitze, 2534 m

13

Sonne und Aussicht satt am Flankensteig über dem Ridnaun

Die Ridnauner Panoramatour schlechthin ist der lange Höhenweg entlang der sonnseitigen Talflanke. Sie nimmt beim Sterzinger Rosskopf ihren Ausgang und führt die längste Zeit oberhalb der 2000-Meter-Marke dahin, um sich erst gegen Ende Richtung Talschluss abzusenken. Gipfelstürmern sei ein Abstecher auf die Seeberspitze oder auch auf die Wetterspitze (siehe Tour 10) empfohlen – der Mehraufwand speziell für Erstgenannte ist gar nicht so hoch. Jedenfalls darf man stundenlang in herrlichsten Ausblicken schwelgen, die grüne Talschaft zu Füßen mustern und auch die zahllosen Berge, die sich bis zum Horizont staffeln. Der Ridnauner Höhenweg ist von der Zeit der Alpenrosenblüte bis zum goldenen Herbst empfehlenswert.

Ausgangspunkt: Bergstation der Rosskopfbahn von Sterzing, 1862 m. Sommerbetrieb von Ende Mai bis Anfang/Mitte Oktober, 8.30 bis 17 Uhr (Hauptsaison 17.30 Uhr). Sterzing liegt an der Brenner-Eisenbahnstrecke und ist regionales Zentrum des Busverkehrs im Wipptal.
Endpunkt: Maiern, 1370 m, im inneren Ridnauntal. Per Bus zurück nach Sterzing.
Anforderungen: T3. Häufig eher schmal trassierter Höhenweg, meist quer durch grasige Flanken, die streckenweise auch mal abschüssig sind. Der Schlussabstieg ist etwas holprig. Zur Seeberspitze markierte, aber dürftige Pfadspur. In vielen Bereichen Trittsicherheit angezeigt, zudem Ausdauer für eine tagfüllende Tour, ohne Gipfel 1 Std. und 200 Hm weniger.

Unser Höhenweg startet ab der **Rosskopfbahn** ❶, 1862 m, zunächst auf einer komfortablen Trasse, die ohne große Höhenunterschiede durch die Südflanke des Rosskopfes zieht. Damit gelangen wir zur **Kuhalm** ❷, 1897 m, und kurze Zeit später bereits zur nächsten Jausenstation bei der **Ochsenalm** ❸, 1907 m. Freilich wird es noch zu früh

Einkehr: Kuhalm, 1897 m, Tel. +39 333 1764289. Ochsenalm, 1907 m, Tel. +39 347 5541523. Seeberalm, 2204 m, Tel. +39 338 4593563. Prischer Alm (Prischer Albl), 2160 m, Tel. +39 347 4285673.
Beste Jahreszeit: Mitte Juni bis Mitte Oktober.

Nach einer Stunde erreichen wir die Ochsenalm.

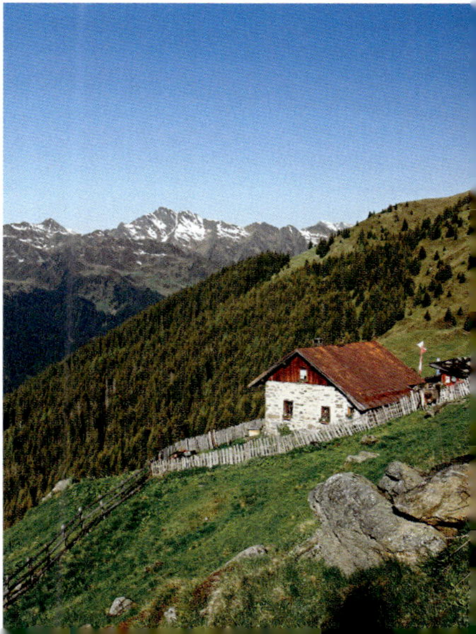

sein für eine Einkehr. Die Grundrichtung ist und bleibt West. Allmählich erfolgt ein deutlicher Anstieg in die grüne Hangmulde am Fuß der Telfer Weißen. Im Bogen zu einer Geländerippe und zu einem Wetterkreuz an der Hangkante. Etwas später kommt von unten der Normalweg (Nr. 7) zur Seeberspitze dazu ❹ und verbindet sich für eine Weile mit unserer Höhenroute, die auf rund 2330 Metern ihren höchsten Punkt gewinnt ❺. Hier nehmen wir die Möglichkeit wahr, der **Seeberspitze** selbst über ihren stumpfen Südrücken aufs Haupt zu steigen. Dabei steht das Kreuz genau genommen auf dem Vorgipfel ❻, 2534 m, aber das tut der großartigen Aussicht – jetzt auch das einzige Mal gen Norden – keinen Abbruch.

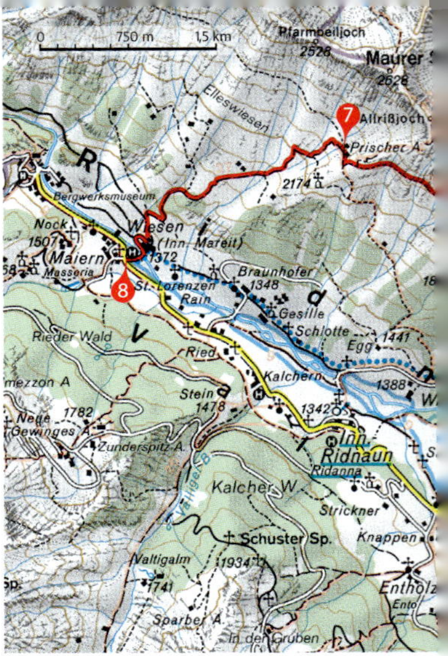

Zurück am Höhenweg ❺ schwenken wir leicht absteigend in einen abschüssigen Hang ein und umkurven anschließend die große Mulde mit dem Seebersee und der an Wochenenden geöffneten Seeber Alm. Gegenüber wieder über einen Geländeabsatz hinweg, neuerlich etwas abwärts und dann eine ganze Weile durch steile Grasflanken, die unsere schmale Trasse ungefähr höhengleich schneidet. Man stößt auf die Abzweigung zur Wetterspitze, dreht um einen Hangrücken nach rechts ein und erreicht damit die **Prischer Alm** ❼, 2160 m, wo ebenfalls eine schmackhafte Marende genossen werden kann. Weg Nr. 27 führt von dort stetig abwärts, meist über typische Almmatten, nach unten hin in den Bergwald eintauchend.

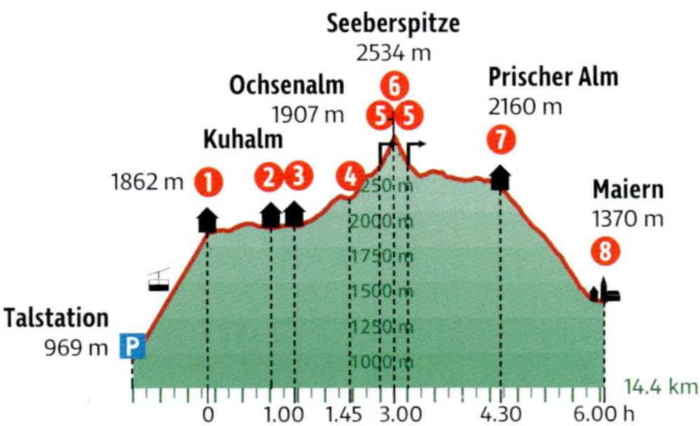

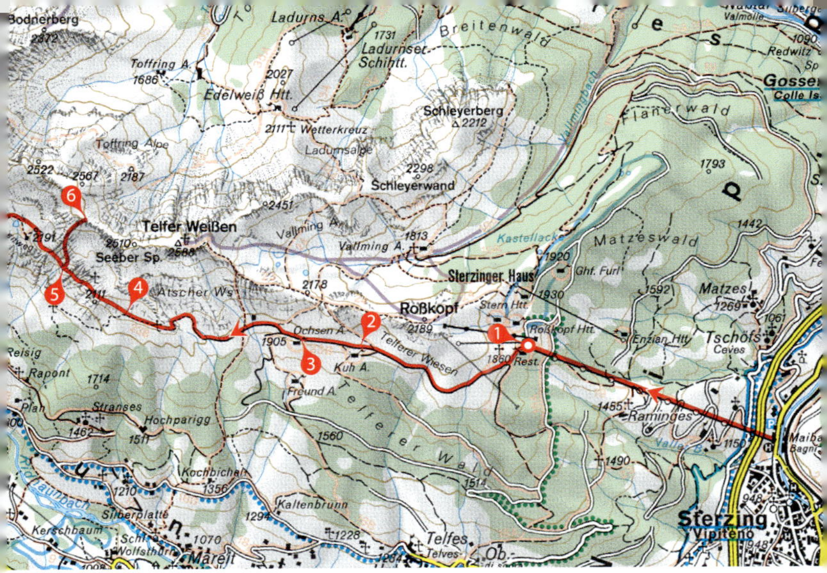

Man kommt beim Weiler Gesennen heraus, überschreitet noch den Ridnauner Bach und beendet die Tour bei der Bushaltestelle in **Maiern** 8, 1370 m.

Ständig begeistert die Aussicht über das Ridnauntal in die Sarntaler Alpen.

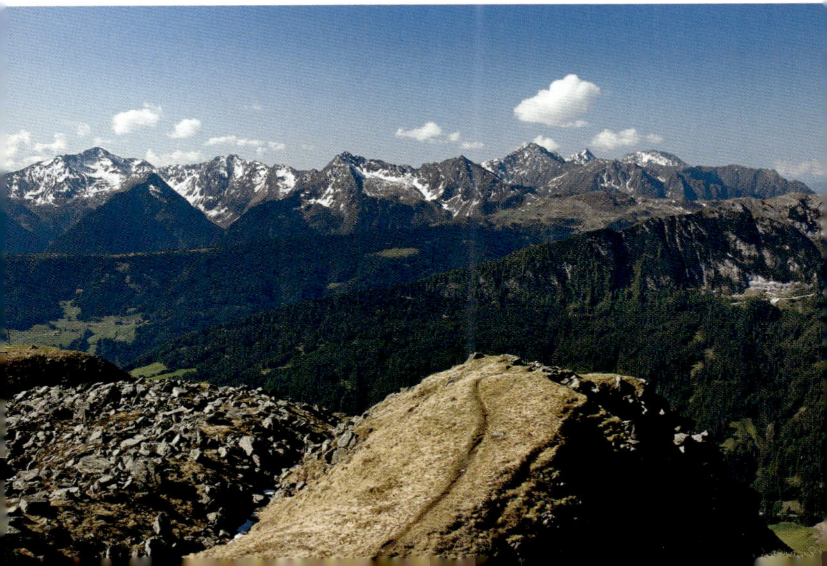

↗ 480 m | ↘ 480 m | 11.8 km

14 St. Magdalena, 1414 m

3.40 h

Talrunde von Mareit nach Innerridnaun

Auf dieser Wanderung können wir das Ridnauner Ambiente im Bereich der markanten Talstufe hinter Mareit auf uns wirken lassen. Kulturelle Sehenswürdigkeiten sind vor allem das Schloss Wolfsthurn mit dem integrierten Museum für Jagd und Fischerei sowie die um 1480 erbaute Knappenkirche St. Magdalena auf einem Bichl in Innerridnaun. Die Achenrainschlucht hat man hier unter sich gelassen. Prägend sind aber auch die zahlreichen Berghöfe, vor allem am Sonnenhang, über den wir nach Mareit zurückkehren.

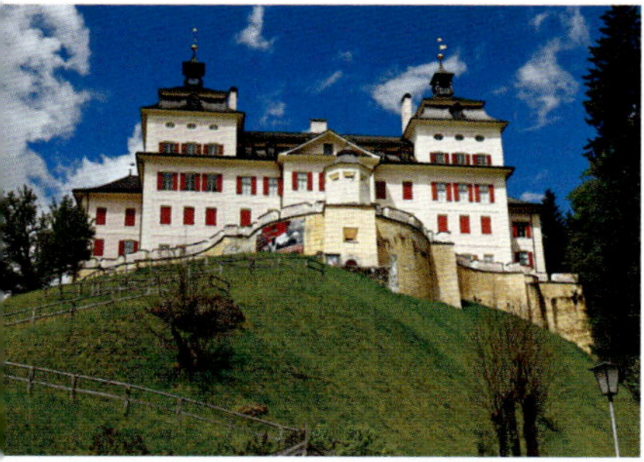

Schloss Wolfsthurn in Mareit.

Ausgangspunkt: Mareit, 1032 m, Parkplatz im Ortszentrum. Hier auch Bushaltestelle der Linie von Sterzing.
Anforderungen: Maximal T2, häufig T1. Mischung aus wenig befahrenen Höfestraßen und Steigabschnitten im Wiesengelände, zum Schluss auch im Wald. Für eine schmale Hangtraverse schadet etwas Trittsicherheit nicht, sonst leicht, aber durchaus einige spürbare Steigungen. Gute Halbtagestour.
Einkehr: Bei Abstechern in die Ortschaften möglich.
Beste Jahreszeit: Fast ganzjährig, außer bei viel Schnee.

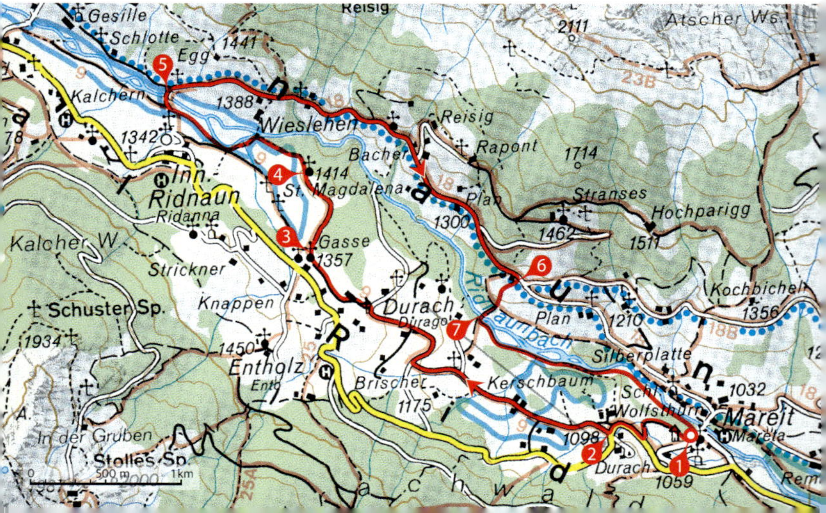

In **Mareit** ❶, 1032 m, zum stattlichen Schloss Wolfsthurn und dahinter an einem Teich vorbei zum Hotel Pulverer. Linker Hand berühren wir kurzfristig die Hauptstraße, zweigen aber sogleich wieder rechts ab auf die Zufahrt nach **Durach** ❷, 1098 m. Leicht bergauf passieren wir mehrere Höfegruppen und folgen stets der Bezeichnung Nr. 9 (»Gasse«). Damit auf einen steiler ansteigenden Wiesenpfad, der die große Talstufe via Stefflerhof überwindet und dann den Ortsteil **Gasse** ❸, 1357 m, ansteuert. Beim Kapellchen rechts und in weiteren 10 Minuten zum fotogenen Kirchenhügel von **St. Magdalena** ❹, 1414 m. Im Inneren befinden sich vier spätgotische Altäre.

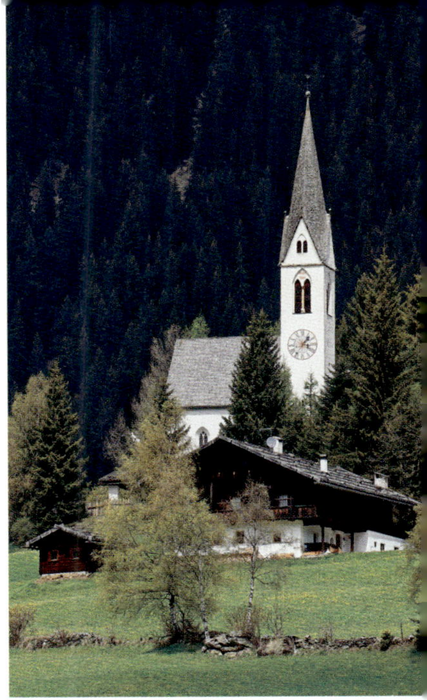

St. Magdalena in Innerridnaun.

Mit einem relativ steilen Waldabstieg dringen wir noch etwas weiter taleinwärts vor, und zwar bis zur **Brücke** ❺, 1315 m, über den Ridnauner Bach (Verbindung der Weiler Kalchern und Gerine). Nun auf der Straße ein Stück weit zu den Höfen hinauf. Die folgende Traverse auf schmalem Pfad am steilen Wiesenhang – zwischendurch über zwei Gräben hinweg – ist die wandertechnisch anspruchsvollste Passage der Tour. Wir erhalten wieder Anschluss an eine typische Höfestraße und kommen allmählich absteigend Richtung **Gassegaud** ❻, 1250 m, voran. Beim Platzhäusl zweigt man mit Nr. 3 scharf rechts talwärts ab. Von den Wiesen in den Wald und zum **Hofmannsteg** ❼, ca. 1130 m. Schlussendlich parallel zum Ridnauner Bach – wahlweise am dies- oder jenseitigen Ufer – zurück nach **Mareit** ❶.

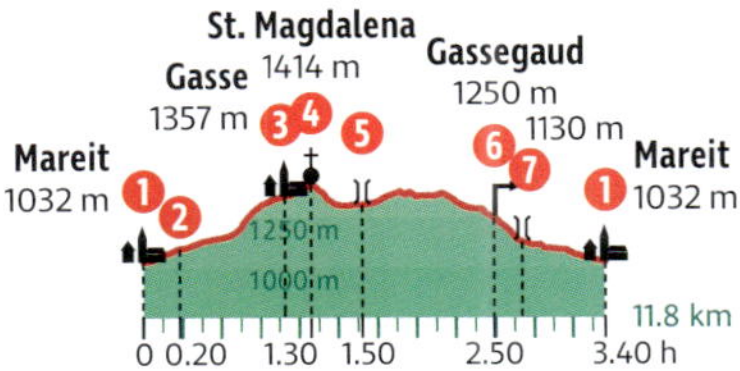

↗ 1450 m | ↘ 1450 m | 16.8 km

15 Pfurnsee, 2457 m, und Teplitzer Hütte, 586 m

8.00 h

Ein Traum von einem Bergsee

Eines der schönsten Tourengebiete rund um Sterzing liegt zweifellos im inneren Ridnauntal. Ganz zuhinterst breitet sich mit dem Übeltalferner der größte Gletscher Südtirols aus. Und bereits im Vorfeld gibt es Kleinode zu entdecken, etwa die Schwemmebenen von Agls- und Sandboden, die rauschenden Wildbäche, kargen Schliffzonen im Urgestein und nicht zuletzt der Pfurnsee, der zu den malerischsten Fleckchen weit und breit zählt (siehe Titelbild). Dabei ist es dort sogar meist recht einsam. Über den Hohen Trog können wir weiter zur Teplitzer Hütte wandern und auf der stärker frequentierten Normalroute den Rundkurs schließen.

Ausgangspunkt: Südtiroler Bergbaumuseum bei der ehemaligen Erzaufbereitung Maiern, 1426 m, im Ridnauner Talschluss. Parkplatz und Endhaltestelle der Buslinie von Sterzing.
Anforderungen: T3. Abschnittsweise recht steile und schmale Bergwege, in höheren Lagen durch Blockschutt und Schlifffelsen auch sehr steinig, aber bei guten sommerlichen Bedingungen dennoch ohne besondere Hindernisse, erschwert hingegen bei Altschneefeldern. Solide Trittsicherheit und im Rahmen einer Tagestour ausgezeichnete Kondition nötig.
Einkehr/Unterkunft: Teplitzer Hütte,

Auch am Hohen Trog passieren wir einige kleine Bergseen.

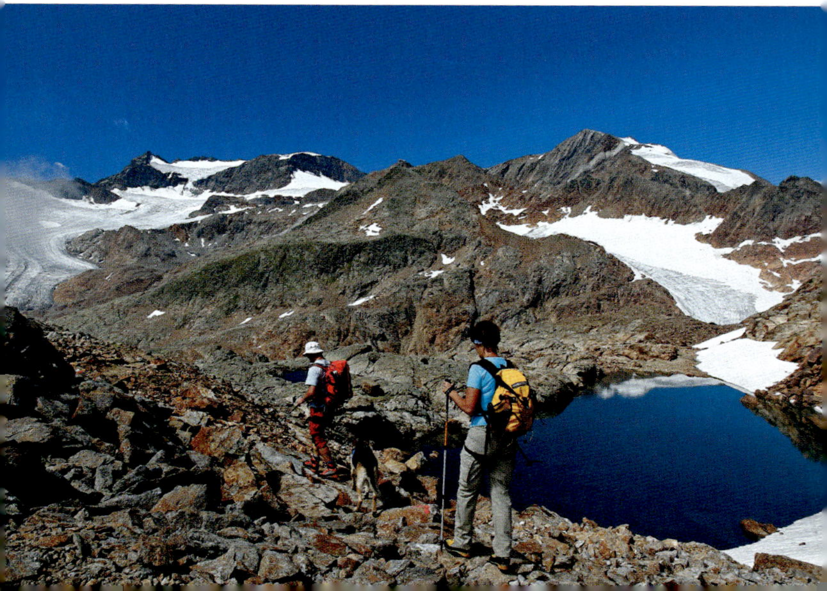

2586 m, Autonome Provinz Südtirol, Ende Juni bis Ende September, Tel. +43 699 10321999, teplitzerhuette.com. Grohmannhütte, 2254 m, Autonome Provinz Südtirol, Mitte Juni bis Ende September, Tel. +39 335 8047545, grohmannhuette.com. Einkehr in der Aglsalm und Aglsbodenalm.
Beste Jahreszeit: Wegen Schneefeldern nicht zu früh im Jahr, am besten erst ab Juli bis September.
Variante: 1. Beim Pfurnsee besteht vorzeitige Abstiegsmöglichkeit Richtung Grohmannhütte (Weg Nr. 9B).
2. Für Gipfelstürmer kommt vom Hohen Trog eine Besteigung der Aglsspitze, 3194 m, in Betracht. Der einstündige Aufstieg führt über Blockschutt und Felsen (Stellen I) und ist mit T4 zu bewerten.

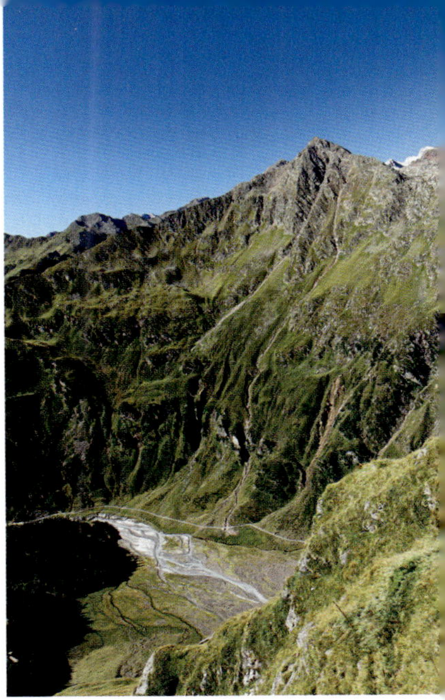

Hoch über der Schwemmebene des Aglsbodens, dahinter die Krapfenkarspitze.

Vom Parkplatz in **Maiern** ❶, 1426 m, folgen wir dem Weg Nr. 9 durch den teilweise bewaldeten Einschnitt des Fernerbachs. Nach einer Weile wechseln wir auf die rechte Seite, um den Aufstieg durch die sehenswerte Burkhardklamm fortzusetzen. Nächste Station ist die Schwelle zum **Aglsboden** ❷, 1705 m. Man wandert am Rand der großen Schwemmebene entlang, bis Nr. 9A nach rechts abzweigt. Ein Wiesenpfad kürzt nun die Schleifen des Güterweges zur **Aglsalm** ❸, 2004 m, ab. Oberhalb führt die Route in eine Hangbucht, die im Bogen ausgegangen wird. Um ein Eck kommt man zu einer etwas ausgesetzten Traverse und steigt dann nochmals rund 100 Höhenmeter bis

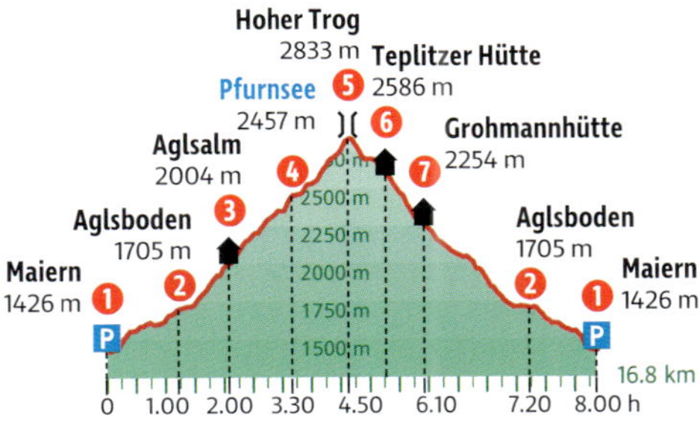

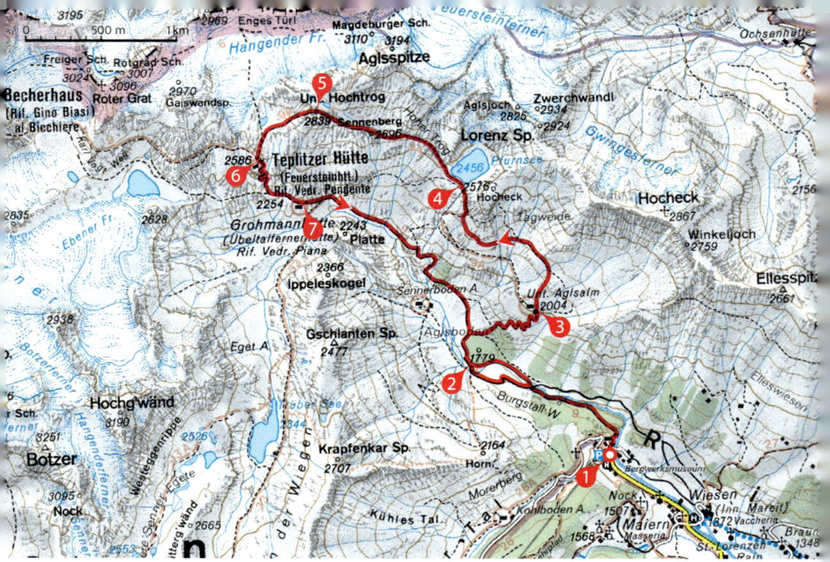

zum **Pfurnsee** ❹, 2457 m, empor. Als Hintergrundkulisse zeigt sich schon die faszinierende Eislandschaft am Übeltalferner.

Westlich des Sees setzen wir das Bergauf eine Weile fort. Steilere Passagen wechseln mit Traversen, nach oben hin zunehmend im Blockschutt, der je nach Jahreszeit auch mal von einem Schneefeld durchsetzt sein kann. An einem Sattel zwischen zwei Seeaugen passiert man die höchste Wegstelle am **Hohen Trog** ❺, 2833 m, und steigt dahinter über typisches Gletscherschliff- und Blockschuttgelände ab. Insgesamt rechts haltend auf einen Moränenrücken und zur **Teplitzer Hütte** ❻, 2586 m, wo wir die hochalpine Umgebung bei einer ausgiebigen Rast auf uns wirken lassen können.

Ein gut ausgebauter Kehrensteig leitet über die steile, felsdurchsetzte Trogflanke tiefer. Nach links erreichen wir die kleine **Grohmannhütte** ❼, 2254 m, und setzen den Abstieg ins kleine Egatal fort. Man entsteigt der Furche über eine Art Band, vollzieht hinter einem Tobel einige Kehren und gelangt am **Aglsboden** wieder auf die Aufstiegsroute. Entweder nochmals durch die Klamm oder auf der rechten Seite der Staumauer über den Normalweg zurück zum Ausgangspunkt ❶.

Unterwegs bei der Grohmannhütte.

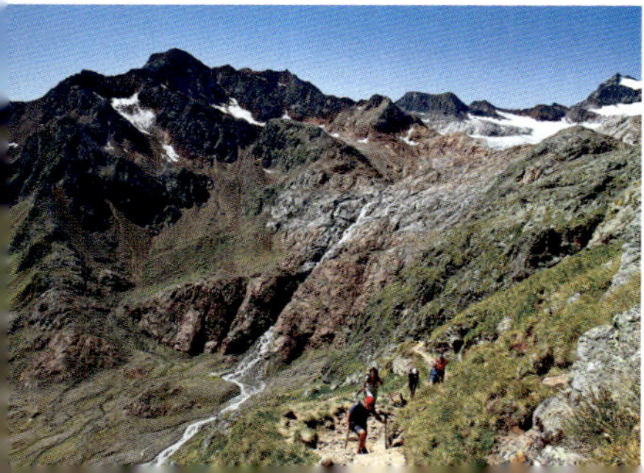

↗ 1900 m | ↘ 130 m | 11.8 km

TOP

6.30 h

Becherhaus, 3195 m

16

Zum Wolkenhaus am Stubaier Hauptkamm

Der Superlativ hat schon was: höchste Hütte Südtirols! Natürlich darf eine Tour auf das Becherhaus in unserer Auswahl nicht fehlen. Sie kommt einer hochalpinen Gipfelbesteigung gleich und zählt zu den längsten Hüttenwegen in den gesamten Ostalpen. Hier, über den weiten Eiswogen des Übeltalferners, sind wir den Niederungen weit entrückt. Schon 1894 wurde der außergewöhnliche Stützpunkt als »Kaiserin-Elisabeth-Haus« feierlich eröffnet – nach buchstäblich enormen Kraftanstrengungen, die man seitens der Alpenvereinssektion Hannover auf sich genommen hatte. Eine wechselvolle und wenig rühmliche Geschichte erscheint als Gemeinsamkeit mit vielen insbesondere in Hauptkammnähe gelegenen Berghütten Südtirols. Doch als sich in den 1970er-Jahren die politische Situation stabilisierte, wurde das Schutzhaus endlich wieder in den Dienst der Bergsteigerei gestellt. Jeder tüchtige Geher sollte dem Becherhaus einmal einen Besuch abstatten – und natürlich oben übernachten. Die Stimmungen zu den Abend- und Morgenstunden sind intensiv und unbeschreiblich!

Ausgangspunkt: Südtiroler Bergbaumuseum bei der ehemaligen Erzaufbereitung Maiern, 1426 m, im Ridnauner Talschluss. Parkplatz und Endhaltestelle der Buslinie von Sterzing.

Anforderungen: T4. Sehr langer Hüttenweg, zunächst auf gewöhnlichen, gut ausgebauten Steigen. Auch hinter der Teplitzer Hütte gut und teils aufwendig hergerichtet, aber sehr viel felsiger und rauer, am steilen Gipfelaufbau wiederholt Sicherungen. Trittsicherheit und Schwindelfreiheit wichtig, in einem Zug aus dem Tal angesichts des Aufstiegspensums anstrengend. Man achte unbedingt auf eine stabile Wetterlage.

Einkehr/Unterkunft: Grohmannhütte, 2254 m, Autonome Provinz Südtirol, Mitte Juni bis Ende September, Tel. +39 335 8047545, grohmannhuette.com. Teplitzer Hütte, 2586 m, Autonome Provinz Südtirol, Ende Juni bis Ende September, Tel. +43 699 10321999, teplitzerhuette.com. Becherhaus, 3195 m, Autonome Provinz Südtirol, Ende Juni bis Mitte September, Tel. +39 329 2346943, becherhaus.it.

Beste Jahreszeit: Während der Hüttenöffnungszeit.

Hinweis: Für den Rückweg auf derselben Route sind fast 5 Std. zu veranschlagen. Interessanter in diesem Zusammenhang die Anschlusstour im nächsten Kapitel!

Zum Auftakt geht es durch die Burkhardklamm.

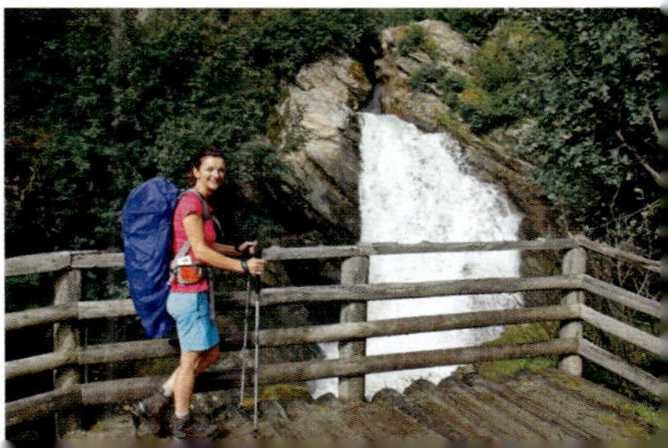

Vom Parkplatz in **Maiern** ❶, 1426 m, folgen wir dem Weg Nr. 9 durch den teilweise bewaldeten Einschnitt des Fernerbachs. Nach einer Weile wechseln wir auf die rechte Seite, um den Aufstieg durch die sehens-

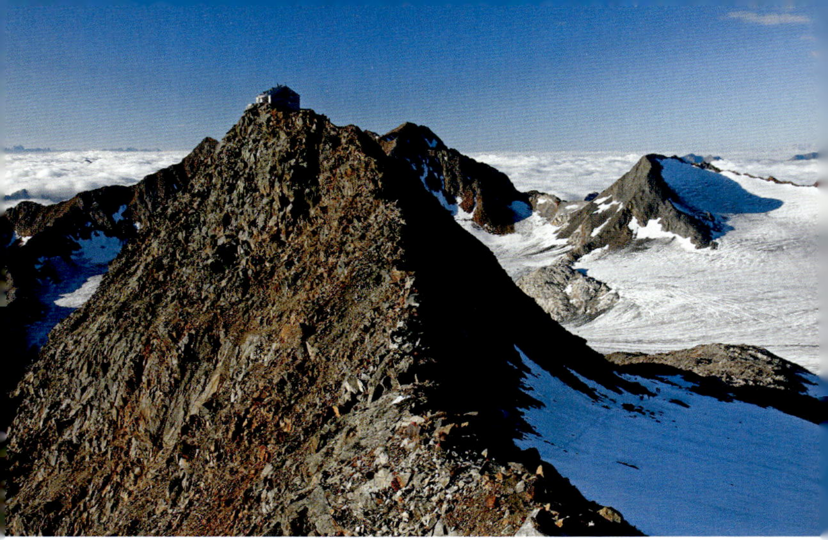

Das Becherhaus thront auf einem Felsgupf über den Gletscherwogen.

werte Burkhardklamm fortzusetzen. Nächste Station ist die Schwelle zum **Aglsboden** ❷, 1705 m. Nun ein Stück weit flach am rechten Rand der Schwemmebene entlang und allmählich über deren Niveau hinaus (die bewirtschaftete Aglsbodenalm bleibt unterhalb im Kessel liegen). Wir absolvieren einige Kehren, kreuzen einen Tobel und kommen über eine Art Band in den Einschnitt des Egatals. Dort begleitet man den rauschenden Bach auf der rechten Hangseite und steigt weiter zur **Grohmannhütte** ❸, 2254 m, an. Damit befinden wir uns oberhalb der weiten Sandböden. Nach einer Querung setzt ein ausgeprägter Serpentinenkurs am steilen, felsdurchsetzten Troghang ein. Aus einer Rinne nach links heraus und weiter bis zur nächsten Station, der **Teplitzer Hütte** ❹, 2586 m, die schon sehr aussichtsreich liegt. Halbzeit bis zum Becher!

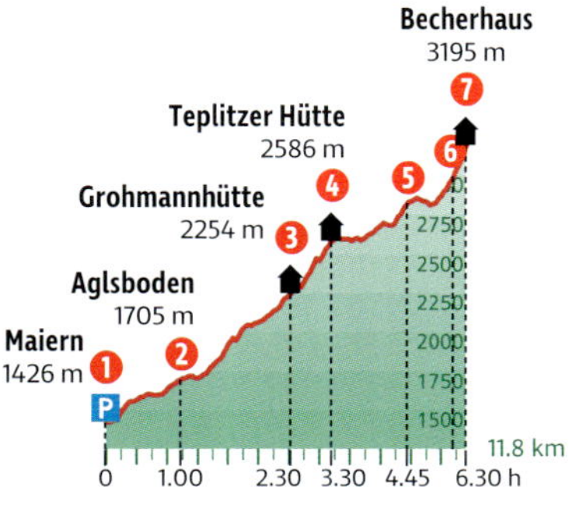

Nach wie vor ist Bezeichnung Nr. 9 gültig. Wir überschreiten den starken Abfluss des Hangenden Ferners und gewinnen quer durch das Plattengelände am Gamsberg nur allmählich an Höhe. Immer wieder gibt es kleine, teils gesicherte Steilstellen, aber auch einige kurze

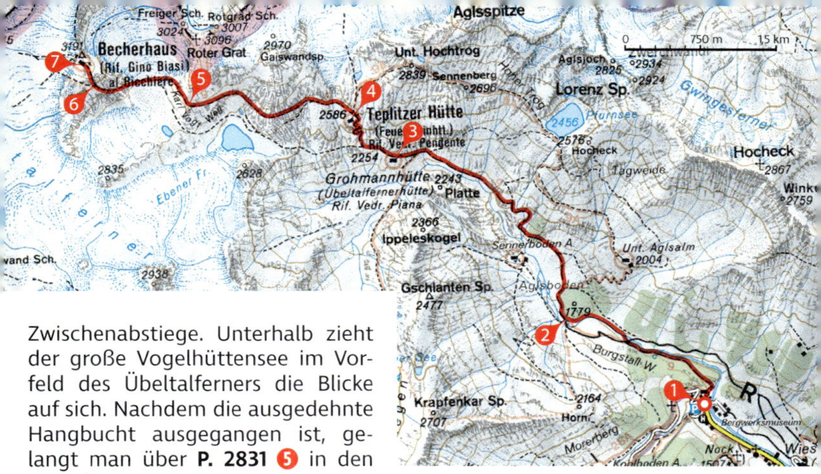

Zwischenabstiege. Unterhalb zieht der große Vogelhüttensee im Vorfeld des Übeltalferners die Blicke auf sich. Nachdem die ausgedehnte Hangbucht ausgegangen ist, gelangt man über **P. 2831** ❺ in den Trog des Rotgratferners. Dort etwas abwärts, um das Eisfeld unterhalb zu traversieren, ehe auf der gegenüberliegenden Seite wieder unsolides Blockgelände auftritt. Wir bewegen uns nun am grimmig steilen Felsaufbau des Bechers. Ausgesetzte Diagonalbänder leiten in die Südseite, wo abermals Blockschuttpassagen anstehen. Auf ca. 3000 Metern ❻ zweigt die Verbindung zur Müllerhütte ab (dorthin übrigens mit Gletschertraverse). Wir packen beherzt die folgenden gesicherten Steilaufschwünge an und treffen nach langwierigem Aufstieg schließlich beim **Becherhaus** ❼, 3195 m, ein.

Am Gipfelaufbau wird es streckenweise luftig.

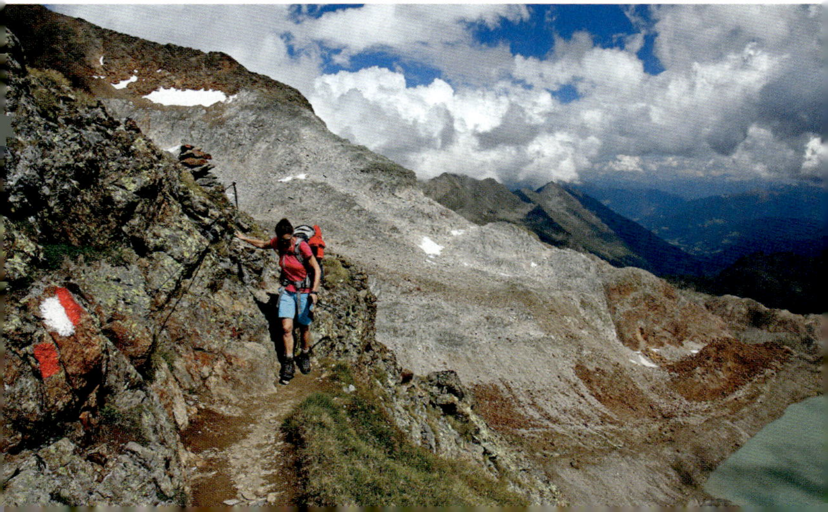

TOP

17 Wilder Freiger, 3418 m

↗ 450 m | ↘ 1060 m | 6.5 km

4.00 h

Der Paradegipfel als Krönung

Wer mühsam und beschwerlich bis zum Becherhaus aufgestiegen ist, möchte dieser Tour mit der Besteigung des Wilden Freigers womöglich das i-Tüpfelchen aufsetzen. Das ist dann beinahe nur noch ein Katzensprung und bei guten Verhältnissen bergsteigerisch auch nicht besonders schwierig (obschon in einem Wanderführer natürlich schon obere Kategorie). Die Route am Südgrat ist mit Fix- und Drahtseilen gut versichert. Besonders pfiffig erscheint mir eine Fortsetzung Richtung Rotgratscharte, von wo man günstig wieder zur Teplitzer Hütte absteigen kann. Als Hochtour zu gewagt? Zuverlässige Markierungen erleichtern seit einiger Zeit die Orientierung, und vom Gelände her braucht niemand nennenswert Anspruchsvolleres als zuvor am Becher befürchten. Die Chance, als ambitionierter Bergwanderer eine unvergessliche Sternstunde in dieser Höhenlage zu erleben, ist selten so realistisch wie hier ...

Ausgangspunkt: Becherhaus, 3195 m. Zugang von Maiern in 6.30 Std., siehe Tour 16.
Endpunkt: Teplitzer Hütte, 2586 m. Von dort wie bei Tour 15 beschrieben in 2.30 Std. talwärts.
Anforderungen: T4–5. Am Südgrat Fels- und Blockschuttgelände mit Stellen I und etlichen Sicherungen; streckenweise kann man auch daneben im Schnee gehen. Vor dem Hauptgipfel meist Firngrat. Übergang zur Rotgratscharte überwiegend Gehgelände im Blockschutt, je nach Jahreszeit mit ausgedehnten Firnfeldern, und nur stellenweise etwas Kraxelei, dank der neuen Markierung gut zu verfolgen. Die Grundtugenden für hochalpine Touren müssen natürlich erfüllt sein, diesbezüglich aber erstaunlich hindernisarm (Steigeisen je nach Beschaffenheit).
Einkehr/Unterkunft: Becherhaus, 3195 m, Autonome Provinz Südtirol, Ende Juni bis Mitte September, Tel. +39 329 2346943, becherhaus.it. Teplitzer Hütte,

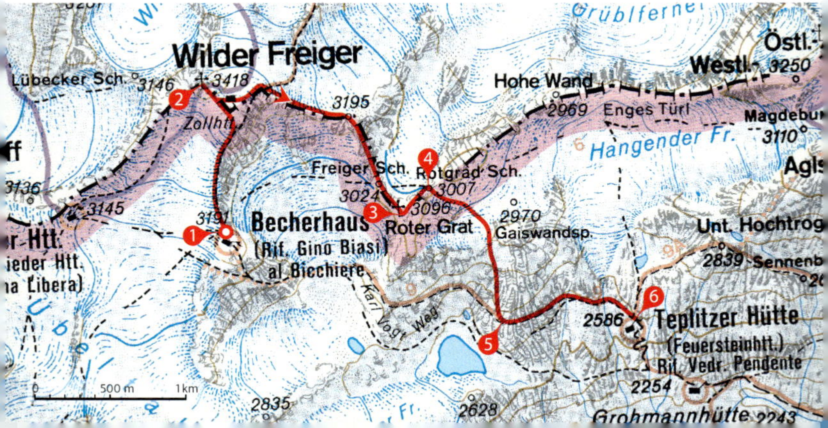

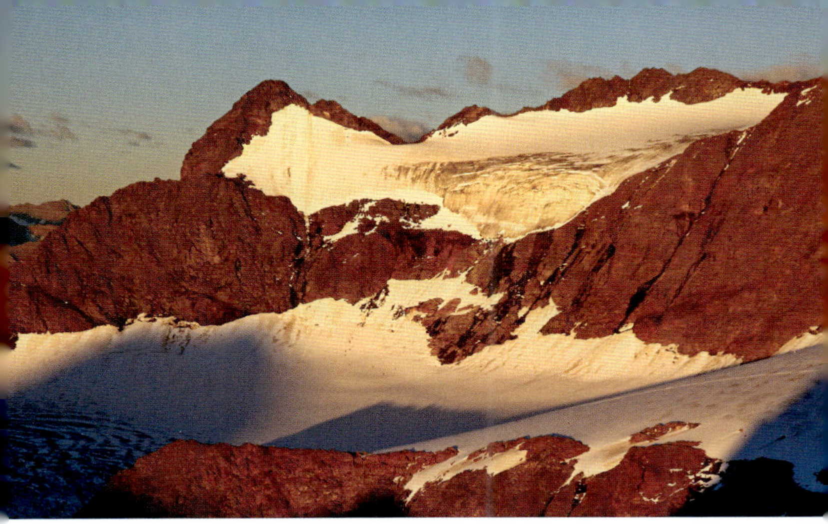

Am Übeltalferner bricht ein verheißungsvoller Bergtag an.

2586 m, Autonome Provinz Südtirol, Ende Juni bis Ende September, Tel. +43 699 10321999, teplitzerhuette.com.
Beste Jahreszeit: Juli bis Mitte September.
Variante: Retour über das Becherhaus, falls man sich die Überschreitung nicht zutraut.

Vom **Becherhaus** 1, 3195 m, gehen wir zunächst am luftigen Grat bergab, wobei Drahtseile und Treppenstufen die Sache erleichtern. Während man früher meist zum Gletscherrand abgestiegen ist, kann man nun vorteilhaft im Bereich der blockigen Schneide bleiben. Dort sind einige Fixseile installiert; zwischendurch gibt es auch problemlose Abschnitte im Schutt. Richtung Signalgipfel steilt das Gelände deutlich auf, verlangt manchmal auch etwas Kletterei (maximal I. Grad), an den kniffligsten Stellen jedoch weiterhin gesichert. Hinter der Vorkup-

Der Übergang zum Roten Grat verlangt nur selten Kraxelei.

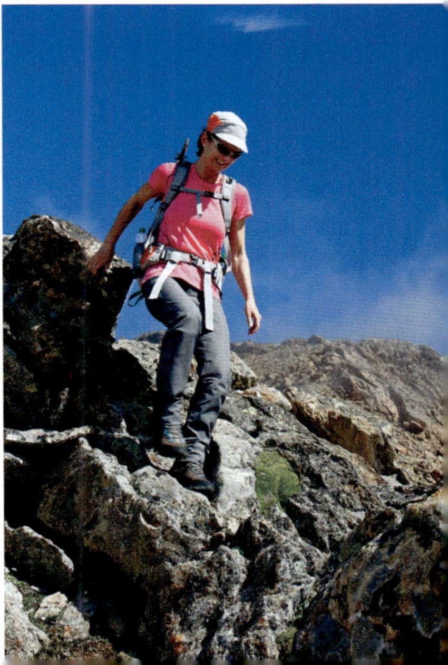

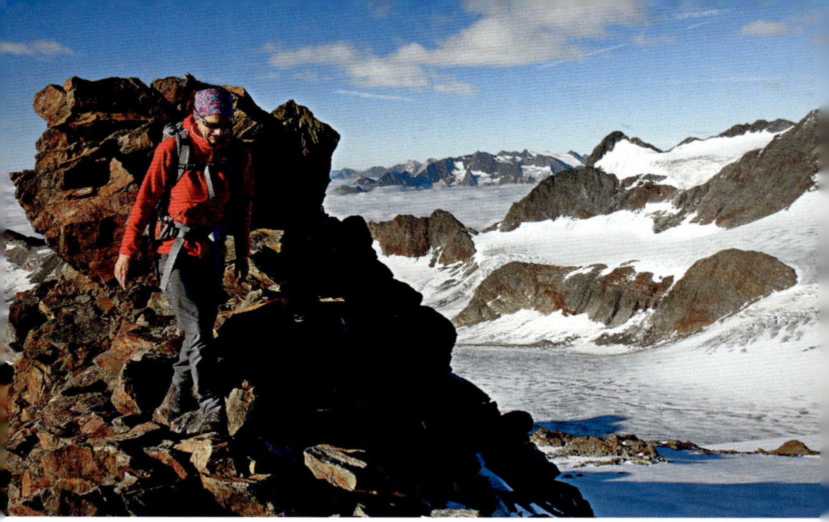

Unterwegs am blockigen Freiger-Südgrat.

pe wartet je nach jahreszeitlichen Verhältnissen ein Firn- oder Blockschuttgrat hinüber zum höchsten Punkt am **Wilden Freiger** ❷, 3418 m.
Über den obersten Abschnitt wieder zurück, dann linksseitig an der Ruine der ehemaligen Zollhütte vorbei über Schnee bzw. Blockschutt ein Stück gen Nordosten. Aufpassen, dass man jetzt nicht den Nordtiroler Normalweg zur Nürnberger Hütte über den Grüblferner erwischt, sondern sich in der Nähe des Grenzgrates Richtung Südosten hält. Farbmarkierungen sollten den Kurs bestätigen. Nach einer Weile wird ein kleines Köpfl überschritten, bevor es etwas steiler in die Freigerscharte, 3024 m, hinabgeht. Es folgt ein grobblockiger Gegenstieg von ca. 70 Metern zum **Roten Grat** ❸, 3096 m, der sogar als eigenständiger Gipfel gewertet werden kann. Von dort nordostseitig (nicht südwärts!) rasch und unkompliziert in die **Rotgratscharte** ❹, 3007 m, wo ein Wegweiser beidseitig Routen ausweist. Früher noch vereist, ist damit mittlerweile ein neuer, unschwieriger Übergang am Stubaier Hauptkamm in Gebrauch gekommen. Wir wenden uns auf die Südtiroler Seite, durchqueren nun einige Blockschutt- und Schneekare, teilweise bereits über Gletscherschliffe, halten uns vor der Gaiswandspitze rechts und erreichen über schönes Plattengelände wieder den Becherweg ❺ mit der Nr. 9. Eine Traverse leitet hinüber zur **Teplitzer Hütte** ❻, 2586 m.

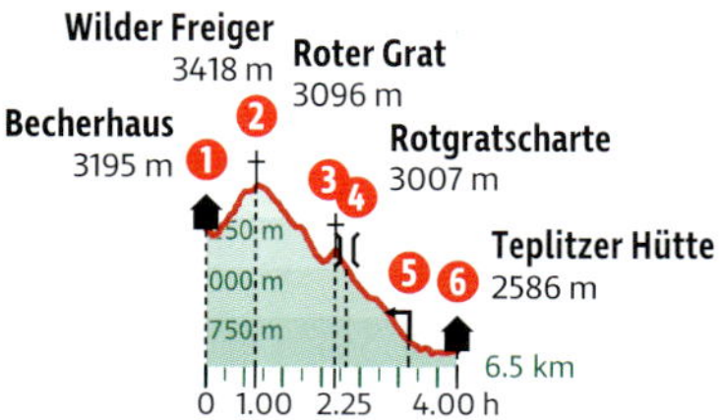

↗ 1500 m | ↘ 1500 m | 16.0 km

7.40 h

Krapfenkarspitze, 2707 m

18

Ein auffälliger, aber eher stiller Berg

Über dem Ridnauner Talschluss steht die Krapfenkarspitze in ausgesuchter Position; unweigerlich drängt sie sich ins Blickfeld. Das verspricht umgekehrt natürlich auch eine famose Gipfelaussicht – hinaus in die Talachse einerseits sowie auf die Dreitausender-Riege rund um den Übeltalferner andererseits. Doch die spärlichen Pfade deuten schon an, dass die Krapfenkarspitze gar nicht so häufig besucht wird. Da mag das steile Gelände vielleicht abschrecken oder der wenig bekannte Name ist einfach nicht so im Bewusstsein verankert wie andere Ziele der Umgebung. Jedenfalls zählt die Überschreitung zu den besonders abwechslungsreichen Touren und ist nach meiner Erfahrung in beiden Richtungen lohnend.

Ausgangspunkt: Südtiroler Bergbaumuseum bei der ehemaligen Erzaufbereitung Maiern, 1426 m, im Ridnauner Talschluss. Parkplatz und Endhaltestelle der Buslinie von Sterzing.
Anforderungen: Kurze Passagen bis T4, meistens T3. Recht anspruchsvolle Tour durch steile Flanken, auf schmalen Grasgraten, phasenweise auch in etwas heiklem Blockgelände. Die Markierung ist ordentlich, die Trasse jedoch häufig dürftig, manchmal sogar ganz aufgelöst. Sehr gute Trittsicherheit sowie Ausdauer für eine lange Tagestour nötig; bei Nässe meiden.
Höhenmeter: Fast 1500 Hm.
Einkehr/Unterkunft: Grohmannhütte, 2254 m, Autonome Provinz Südtirol, Mitte Juni bis Ende September, Tel. +39 335 8047545, grohmannhuette.com.
Beste Jahreszeit: Ende Juni bis Mitte Oktober, falls schneefrei.

Vom letzten Parkplatz in **Maiern** ❶, 1426 m, wandern wir mit Nr. 9 auf der linken Seite des Fernerbachs – oder etwas länger durch die Burkhardklamm – Richtung **Aglsboden** ❷, 1705 m, hinauf. Gleich hinter der Staumauer und dem Gatter zweigt links der kleine Steig zur Krapfenkarspitze ab. Es geht sofort in steile Hänge. Durch verwachsenes Alpenrosengelände bis unter

Beim Aufstieg über den Ostgrat.

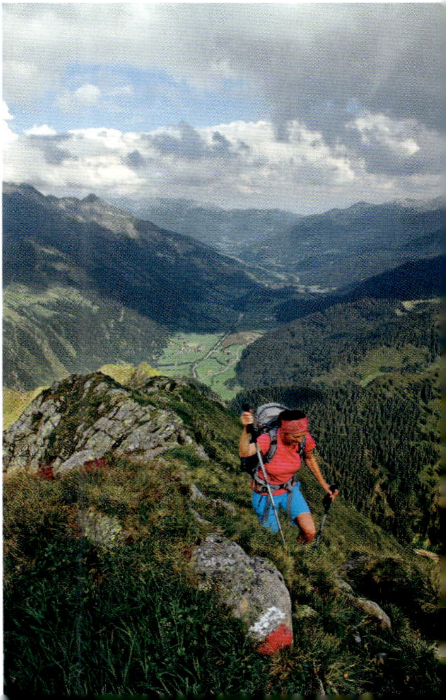

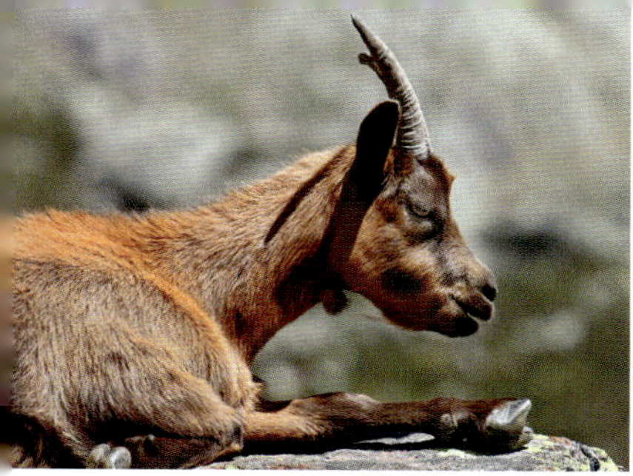

Siesta auf sonnenwarmen Felsen.

einen kleinen Felsriegel und links haltend weiter zu einer flacheren Grasrampe, wo es etwas angenehmer wird. Der Pfad leitet zur Schulter am **Horn** ❸, 2164 m – ein toller Aussichtspunkt mit Wetterkreuz. Damit gelangen wir auf den langen und stellenweise durchaus luftigen Ostgrat unseres Berges. Er wird durchgängig verfolgt, bis er sich unter der abweisenden, felsdurchsetzen Gipfelflanke verliert. Hier queren wir auf kleinem Pfad nach links in abschüssige Schafmatten hinein und orientieren uns zum Südgrat hinauf. Einige Hindernisse zwingen nochmals zu der einen oder anderen heiklen Traverse (meist ostseitig); davon abgesehen auch mit kurzen Kraxelstellen (I) zum Gipfel der **Krapfenkarspitze** ❹, 2707 m.

Wir setzen den Weg am Nordrücken fort und drehen bald westseitig auf eine steile, instabile Blockhalde ab. Die nächsten 150 Abstiegsmeter sind folglich ziemlich unangenehm, das Terrain präsentiert sich unwegsam. Doch gelangen wir unterhalb über eine Geländeterrasse wieder auf gutmütigere Schafweiden. Ohne ausgeprägten Pfad müssen wir allerdings sorgsam die Markierung im Auge behalten, um nicht vom Kurs abzukommen. Es geht gegen den **Trüben See** ❺, 2344 m, hinunter und kurz vor seinem Ufer auf eine längere Rechtstraverse (Nr. 33 mit etwas Gegenanstieg). Später führt der Wiesenpfad sachte Richtung Sandböden abwärts. Man überschreitet den Bachlauf erst weit hinten und anschließend auf einer Hängebrücke auch den starken Fernerbach. Ob man die unver-

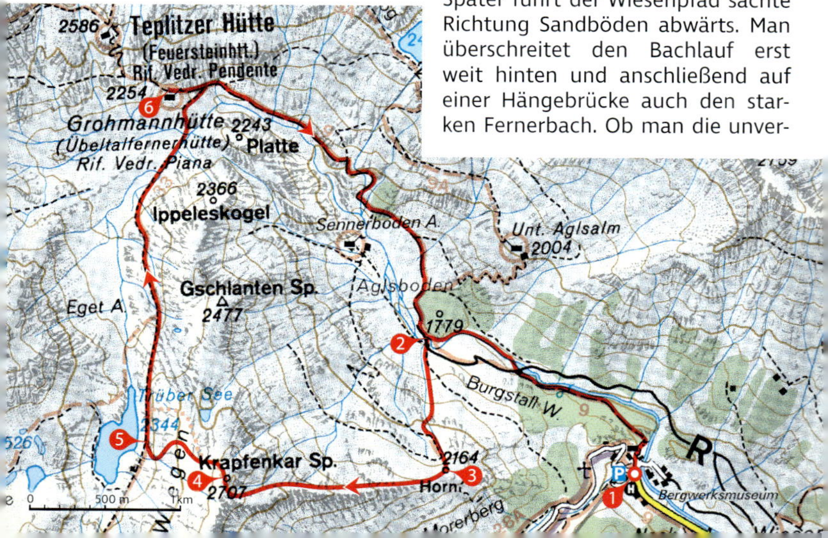

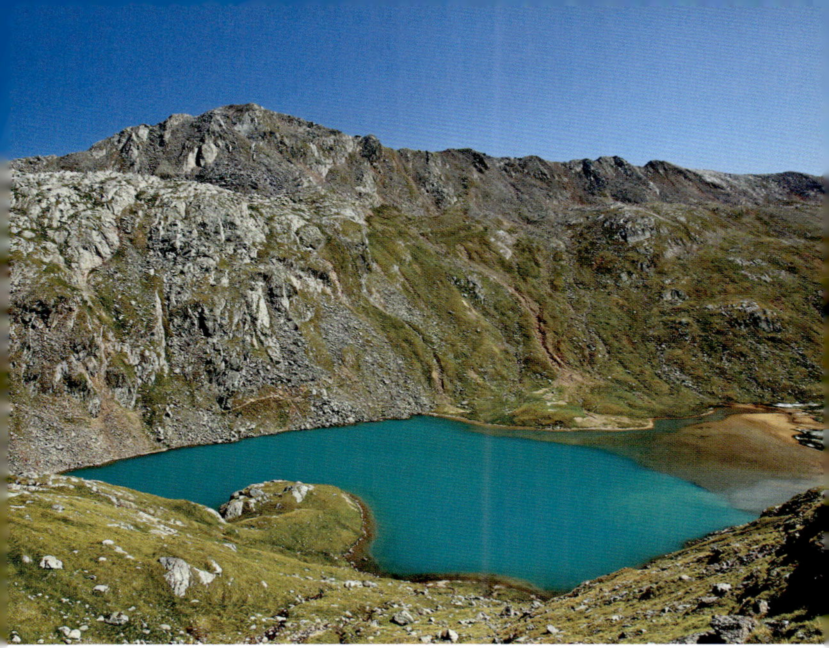

In kräftigem Türkis strahlt der Trübe See – dahinter die Krapfenkarspitze.

meidliche Steigung vollends bis zur kleinen **Grohmannhütte** ❻, 2254 m, absolviert oder bereits knapp unterhalb talwärts abdreht, hängt wohl vom Einkehrwunsch ab. Der Hüttenweg bringt uns durch den Einschnitt des Egatals tiefer, passiert diverse Wasserkaskaden und leitet weiter in den Kessel des **Aglsbodens**. Am linken Rand entlang bis zur kleinen Staumauer und schlussendlich auf der rechten Seite oder durch die Burkhardklamm wieder zurück nach **Maiern** ❶.

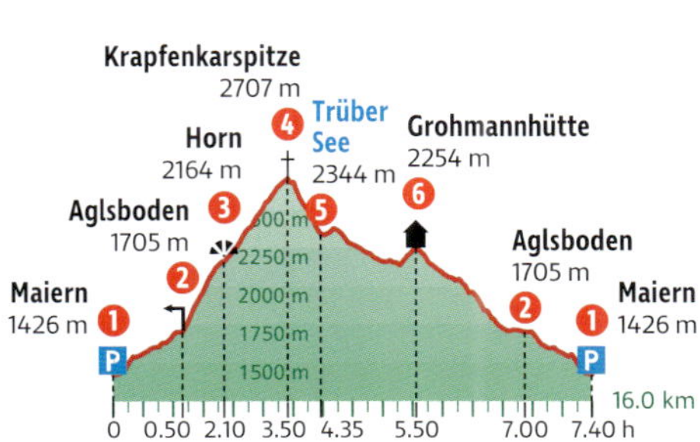

↗ 1420 m | ↘ 1420 m | 21.7 km

19 Sieben-Seen-Weg

8.00 h

Ausschweifende Runde im Zeichen des Wassers

Über dem innersten Ridnauntal können wir uns so richtig von einer zauberhaften, glazial geformten Urlandschaft inspirieren lassen. Gletscher und wilde Wasser haben seit den Eiszeiten das charismatische Gelände herausmodelliert und sind noch heute tragende Elemente im Landschaftsbild. Auf der Sieben-Seen-Runde stehen – neben einigen stiebenden, rauschenden oder gurgelnden Wildbächen – die stillen Gewässer besonders im Fokus. Zig Plätze zum Verweilen finden wir auf den Karterrassen der Oberen Senner Egete, ein See malerischer als der andere, dazu Wollgrasböden, rundgeschliffene Buckel und schroffe Felsflanken nebenan. Über die Moarerbergalm und das einst vom Bergbau geprägte Lazzacher Tal wird der Kreis einer der reizvollsten Touren unserer Auswahl geschlossen.

Ausgangspunkt: Südtiroler Bergbaumuseum bei der ehemaligen Erzaufbereitung Maiern, 1426 m, im Ridnauner Talschluss. Parkplatz und Endhaltestelle der Buslinie von Sterzing.
Anforderungen: T3. Normale, ordentlich markierte Bergwege, in höheren Bereichen durch Blockschutt und Schliffgelände. Grundlegende Trittsicherheit erforderlich, schwierige Stellen kommen aber nicht vor. Am wichtigsten ist gute Kondition für eine lange Tagestour.
Einkehr/Unterkunft: Grohmannhütte, 2254 m, Autonome Provinz Südtirol, Mitte Juni bis Ende September, Tel. +39 335 8047545, grohmannhuette.com. Moar-

Die Sieben-Seen-Runde gehört zu den schönsten alpinen Wanderungen der Region.

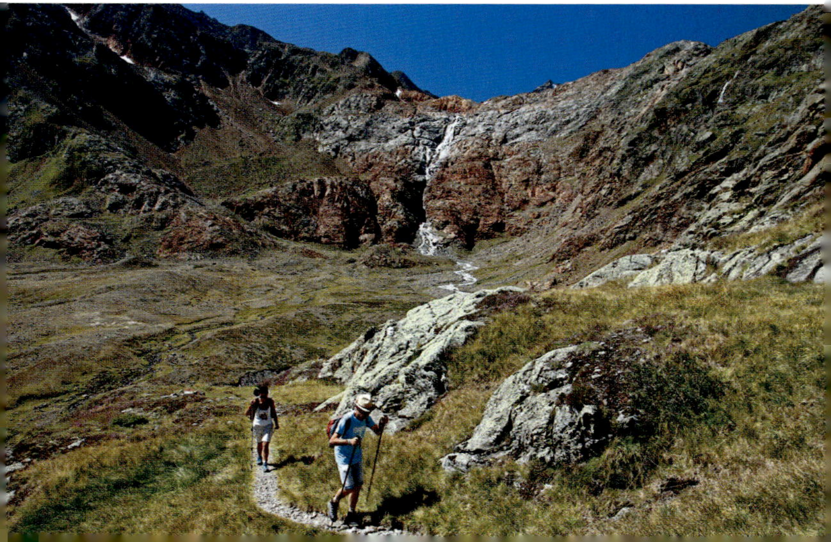

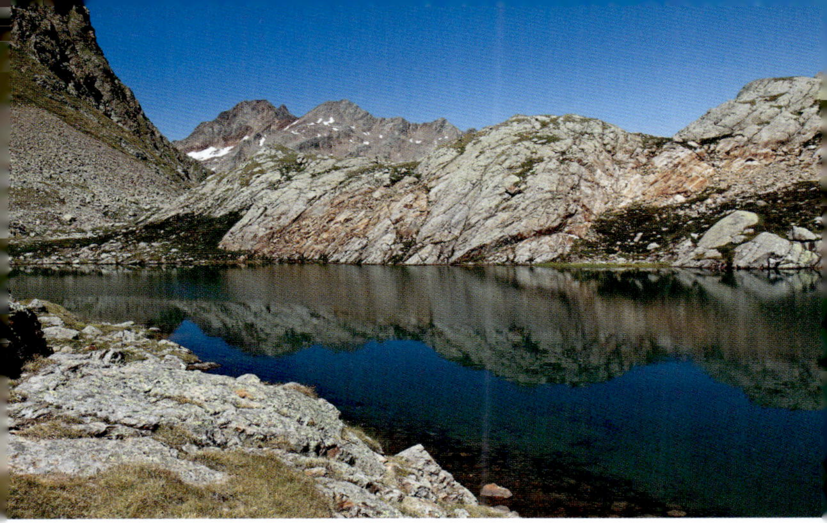

Auf der Seenplatte der Oberen Senner Egete.

erbergalm (Poschhaus), 2112 m, privat, Mitte Juni bis Mitte/Ende September, Tel. +39 340 3630458, moarerbergalm.waldboth.com.
Beste Jahreszeit: Juli bis September. Im Frühsommer sind die Seen oft noch von Eis bedeckt und das Gelände trägt eventuell hinderliche Schneefelder.
Variante: 1. Etwas kürzer, aber weniger schön ist der direkte Kurs am Trüben See vorbei zum Egetjoch (Nr. 33).
2. Ab Moarerbergalm kann man ggf. mit einem Wandertaxi talwärts fahren (Tel. +39 0472 656364).

Vom Landesbergbaumuseum in **Maiern** ❶, 1426 m, folgen wir dem Weg Nr. 9 durch den teilweise bewaldeten Einschnitt des Fernerbachs. Nach einer Weile lohnt es sich, auf die rechte Seite zu wechseln, um den Aufstieg durch die sehenswerte Burkhardklamm fortzusetzen. Nächste Station ist die Schwelle zum **Aglsboden** ❷, 1705 m. Nach einem Flachstück am

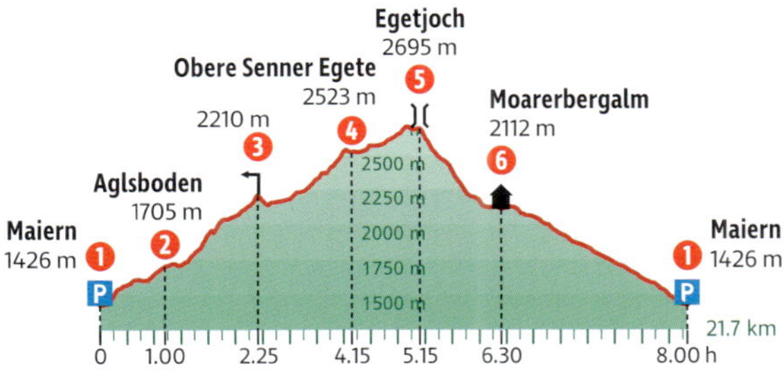

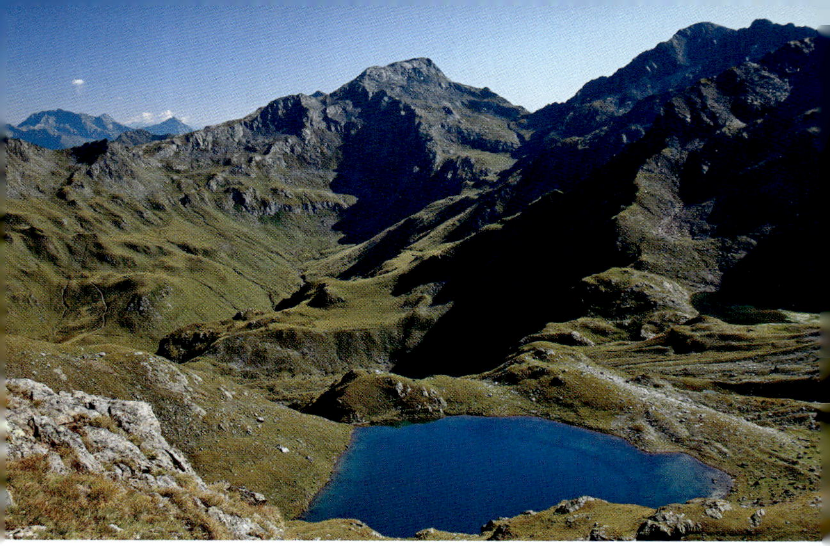

Mit dem Moarer Egetensee erreichen wir den letzten See von oben.

Wilde Wasser stürzen aus den Flanken.

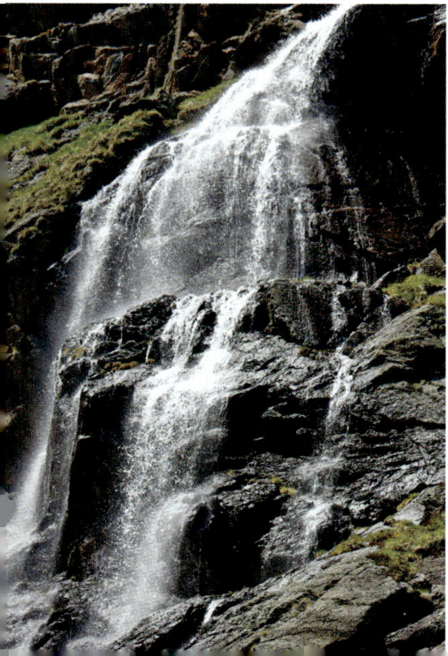

rechten Rand der Schwemmebene sammeln wir wieder Höhenmeter (die bewirtschaftete Aglsbodenalm bleibt unterhalb im Kessel liegen), absolvieren einige Kehren und kommen hinter einem Tobel über eine Art Band in den Einschnitt des Egatals. Oberhalb des rauschenden Bachs am rechtsseitigen Hang weiter Richtung **Grohmannhütte**, 2254 m, bis uns kurz davor ein Wegweiser links abwärts lotst 3.

Nach einer gesicherten Felsstelle wird der wasserreiche Fernerbach auf einer Hängebrücke überschritten. Damit öffnet sich mit den weitläufigen Sandböden eine weitere typische Schwemmebene glazialen Ursprungs. Man bleibt rechts vom Bachlauf und beschreitet die Schuttfluren zunächst fast eben, dann allmählich südwärts gegen den Geländeeinschnitt des Trüben Sees hinan.

Unsere Route Nr. 33A dreht über Bergwiesen ein gutes Stück oberhalb auf die Terrassen der **Oberen Senner Egete** ab, wo hinter einer Schwelle deren vorderster See auftaucht ❹. In dem welligen Gelände wandern wir zwischen weiteren pittoresken Lacken und Wollgrasböden hindurch, haben ständig reizvolle Nahimpressionen vor Augen und gewinnen bis zum **Hinteren Senner Egetensee** bzw. einer kargen Anhöhe links davon noch einige Höhenmeter. Dahinter erreicht man die Senke des **Egetjochs** ❺, 2695 m, neben den farblich hervorstechenden Moarer Weißen.
Die interessanten Wechsel zwischen dunklem Kristallin- und hellem Marmorgestein begleiten uns auch hinunter in die Mulde mit dem **Moarer Egetensee**, welcher rechts umgangen wird. Man gelangt in einen seichten Grabeneinschnitt, setzt auf die rechte Seite über und dreht an einer Hangkante rechts ab, um zum Boden bei der **Moarerbergalm** ❻, 2112 m, einwärts zu queren. Durchs Lazzacher Tal hinaus benutzt man am effektivsten den Fahrweg, auch wenn es einen Steig (Nr. 28) durch den Talgrund gibt. Weiter unten steht die Stadlalm (Kohlbodenalm). Auf deren Zufahrt das letzte Stück mit zwei Kehren hinunter **nach Maiern** ❶.

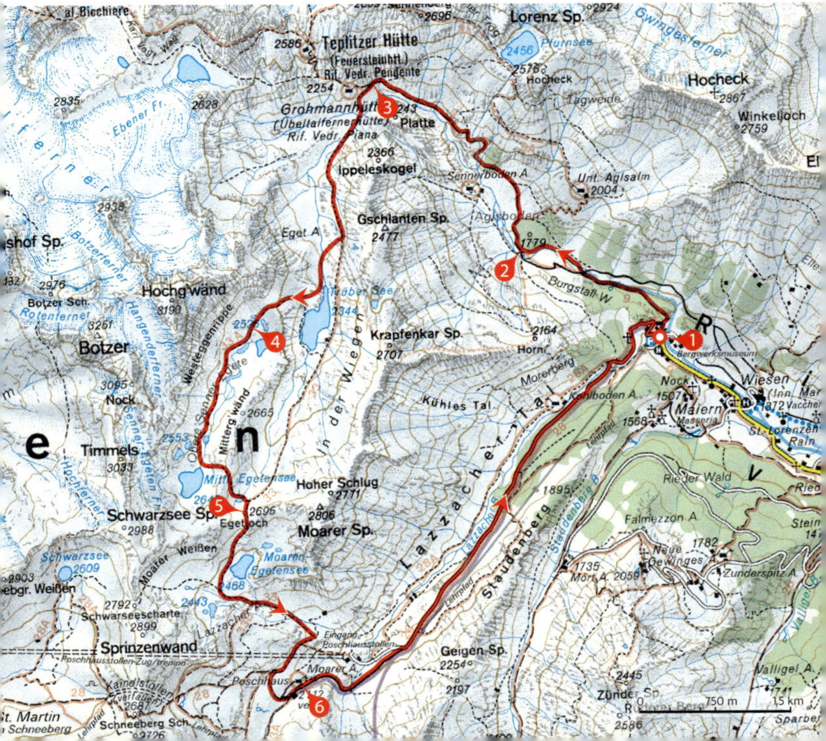

↗ 1030 m | ↘ 1030 m | 13.4 km

20 Zunderspitze, 2381 m

5.15 h

Ein Ridnauner Logenplatz

Als Gipfelpunkt in einem Zweigkamm der Hohen Ferse ist die Zunderspitze topografisch eher untergeordnet. Doch als Ridnauner Aussichtsberg ist sie nicht zu verachten. Dabei wird normalerweise der Vorgipfel bestiegen, der hier mit Kote 2381 aufscheint. Der ausgesetzte, pfadlose Übergang vom Kreuz zum höchsten Punkt (2445 m) ist für normale Wanderer nicht ratsam – eher müsste man über die Nordmulde und den oberen Nordwestgrat ausweichen.

Ausgangspunkt: Maiern, 1370 m, im Ridnauntal. Bushaltestelle und großer Parkplatz im Ort. Man kann auch auf der Höfestraße ein Stück Richtung Bergl hinauffahren, Parkmöglichkeit beim Abzweig der Forststraße.
Anforderungen: Maximal T3, meist leichter. Passable Wege im Wald und Almgelände, zuletzt auf Steig über Schafweiden. Auch am Gipfelaufbau kaum felsdurchsetzt, aber relativ steil. Trittsicherheit vorteilhaft, auch für die Verbindung zur Martalm. Durchschnittliche Tagestour.
Einkehr: Obere Gewingesalm, 2050 m; Tel. +39 347 8102066. Martalm, 1735 m, Tel. +39 348 9136033.
Beste Jahreszeit: Mitte Juni bis Oktober.
Variante: Eine Rundtour ohne Gipfel dauert 3.40 Std. bei 700 Hm.

Von **Maiern** ❶, 1370 m, auf der Höfestraße Richtung Bergl, bis links ein Forstweg abzweigt. Diesem folgen wir ein Stück und stoßen dann auf den Zugang Nr. 29 von Ried ❷. Nach zahlreichen Windungen im Bergwald gelangt man auf rund 1800 Metern ins Almgelände. Linker Hand fädeln wir in den Wirtschaftsweg ein, passieren die derzeit unbewirtschaftete **Zunderspitzhütte** ❸, ca. 1910 m, und folgen der breiten Trasse bis hinauf zum Nordrücken unseres Berges. Hier liegt die **Obere Gewingesalm** ❹, 2050 m, die als Jausen-

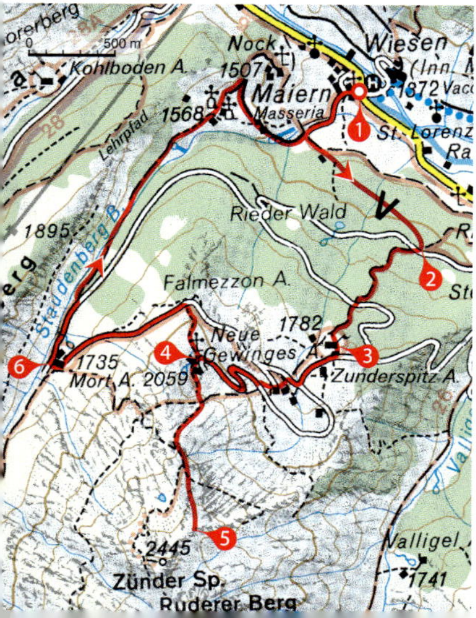

Die urige Zunderspitzhütte liegt im Almgelände.

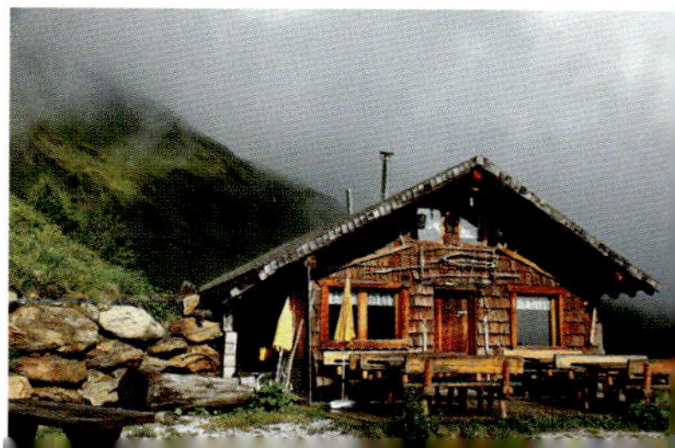

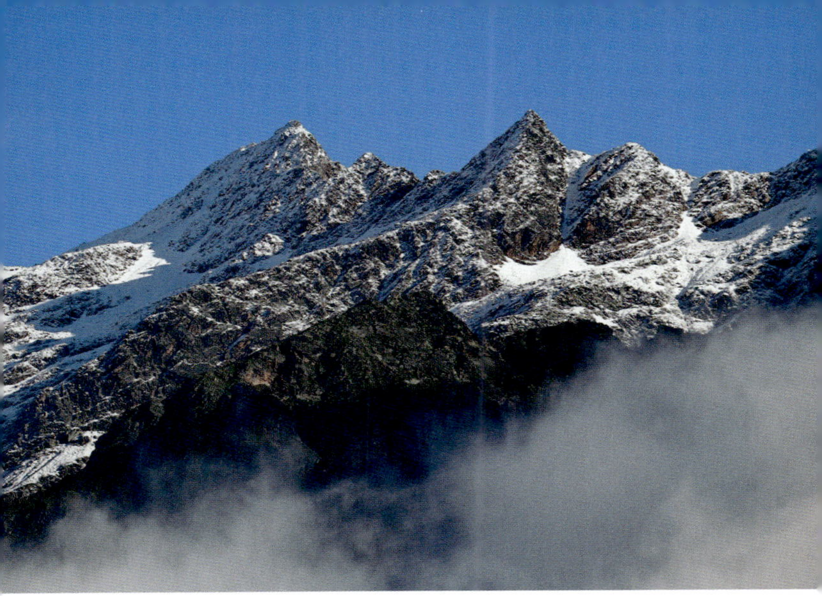

Nach Durchzug einer Kaltfront zeigen sich die Berge angezuckert.

station betrieben wird. Mit dem Gipfelsteig südwärts auf eine Verflachung und weiter im Bereich des meist noch grasig-erdigen Nordrückens bis zum kreuzgeschmückten Vorgipfel der **Zunderspitze** ❺, 2381 m.
Zurück bei der **Oberen Gewingesalm** ❹ beachten wir den Hinweis Nr. 29A. Ein eher kleiner Steig windet sich durch das Matten-Zwergstrauch-Gelände abwärts, quert zwischendurch ein Stück und führt schließlich relativ steil hinunter ins Staudenbergtal – direkt zur bewirtschafteten **Martalm** ❻, 1735 m. Auf dem Fahrweg marschieren wir talauswärts (einmal Abkürzung), kommen damit zum Staudner- und Jogglerhof (Bergl) und folgen der kurvenreichen Straße zurück nach **Maiern** ❶.

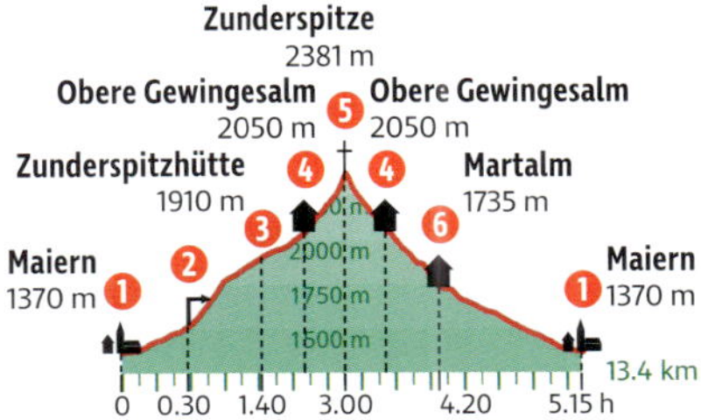

↗ 1400 m | ↘ 1400 m | 20.3 km

21 Hohe Ferse, 2669 m

7.45 h

Hoch über stillen Almtälern und einer »grünen Wand«

Eine ziemlich ausschweifende Unternehmung ist die Überschreitung der Hohen Ferse aus dem Ridnauntal. Immerhin handelt es sich um den höchsten Gipfel im Kammzug zwischen Ridnaun und Ratschings, eine veritable grüne Festung mit abschüssigen Flanken, in denen sich trittsichere Schafe tummeln. Einmal erkundete ich die Hohe Ferse auch aus dem Ratschingstal. Doch der spärliche Pfad zum Südostgrat zieht auf dieser Seite so erbarmungslos steil empor, dass ich die längere Ridnauner Runde als empfehlenswerter erachte. Beim Übergang vom Valtigeltal ins Staudenbergtal (oder umgekehrt) lässt sich ein Maximum an Eindrücken herausholen.

Ausgangspunkt: Maiern, 1370 m, im Ridnauntal. Bushaltestelle und großer Parkplatz im Ort. Man kann auch auf der Höfestraße ein Stück Richtung Bergl hinauffahren, Parkmöglichkeit beim Abzweig der Forststraße (60 Hm Ersparnis).
Anforderungen: Maximal T4 auf der Kammroute, sonst deutlich leichter (T2 und T1). Lange Bergtour, die zwischen Ratschinger Kreuz und Staudenbergjöchl auf kleinen Pfaden – mitunter nur »Schafgangerln« – anspruchsvoll ist. Obwohl ohne nennenswerte Kletterei, verlangt das abschüssige Grasgelände perfekte Trittsicherheit. Erhöhte Vorsicht bei feuchtem Untergrund, bei Schnee

Lang und mühsam sind die Aufstiege zur Hohen Ferse.

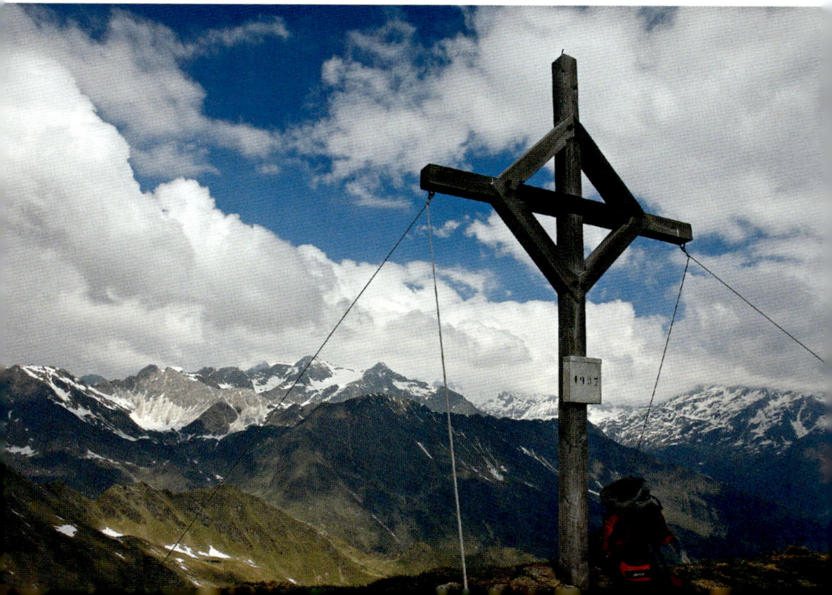

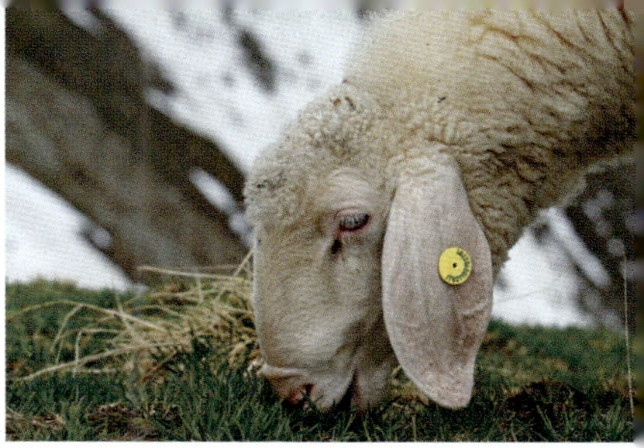

Bei Schafen beliebt.

gefährlich! In den beiden Hochtälern bis ca. 2000 m breite Wirtschaftswege, die Anschlüsse zu den Jöchern tragen jeweils mäßig steiles Grasterrain. Insgesamt nur für erfahrene, ausdauernde Berggänger.
Einkehr: Valtigelalm, 1795 m, Tel. +39 347 7495935. Martalm, 1735 m, Tel. +39 348 9136033.
Beste Jahreszeit: Ende Juni bis zu den ersten Schneefällen.
Variante: Aus dem Ratschingstal führt mit Nr. 14B eine besonders steile Route zum Kamm hinauf (T4). Einstieg ist beim Plattnerhof, 1382 m (Innerhäusern). Nach kurzer Zeit über einen Graben nach links und schräg aufwärts zu einem Absatz oberhalb einer Felsfluh. An verfallenen Stadeln vorbei in die nun baumlose Flanke, einem gewaltigen Steilwiesenhang. Mit einer längeren Linksdiagonale bis vor eine Runse, weiter im Zickzack und schließlich rechts haltend direkt zum Ausstieg am Ratschinger Kreuz. Die Kammüberschreitung wird dann wie im Haupttext beschrieben ausgeführt, ehe man vor dem Staudenbergjöchl zur Gleckalm ausschert und Richtung Flading absteigt (vgl. Tour 24). Gesamtgehzeit ca. 6.45 Std.

Ab **Maiern** ❶, 1370 m, begehen wir zuerst die Straße Richtung Bergl, zweigen aber noch unterhalb der Höfe links auf einen Forstweg ab. Nach einer Steigung senkt sich dieser wieder etwas Richtung Stein und zur Mündung des **Valtigeltals** ❷, 1492 m. Bei der Brücke bleiben wir rechts vom Bach und wandern mit Nr. 26 ins Hochtal hinein. Nach einem Zwischenstück auf Steig (eine morastige Stelle) übernimmt wieder ein Fahrweg, der in den Hintergrund zur bewirtschafteten **Valtigelalm** ❸, 1795 m, führt. Mit einigen ausgeprägten Serpentinen wird die steile Talstufe zur **Entholzalm** ❹, ca. 2030 m, bequem überwunden. Hier setzt nun ein kleiner Wiesensteig ein. Bei der Gabelung hält man sich rechts, peilt das Ratschinger Joch an und gelangt damit auf die Kammhöhe zwischen Ridnaun und Ratschings. Verblüffend, wie steil die jenseitigen Flanken hinabschießen. Der mögliche

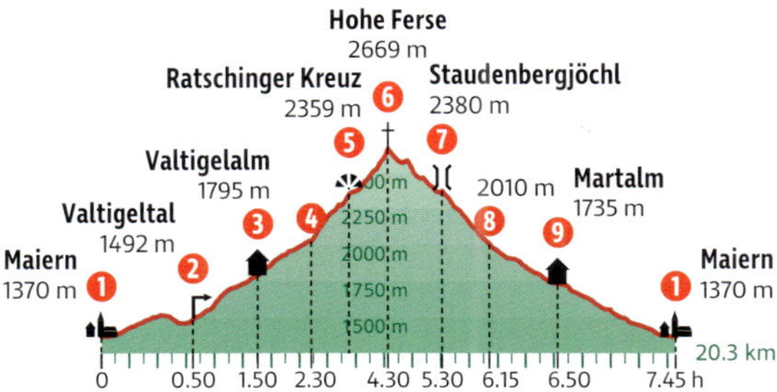

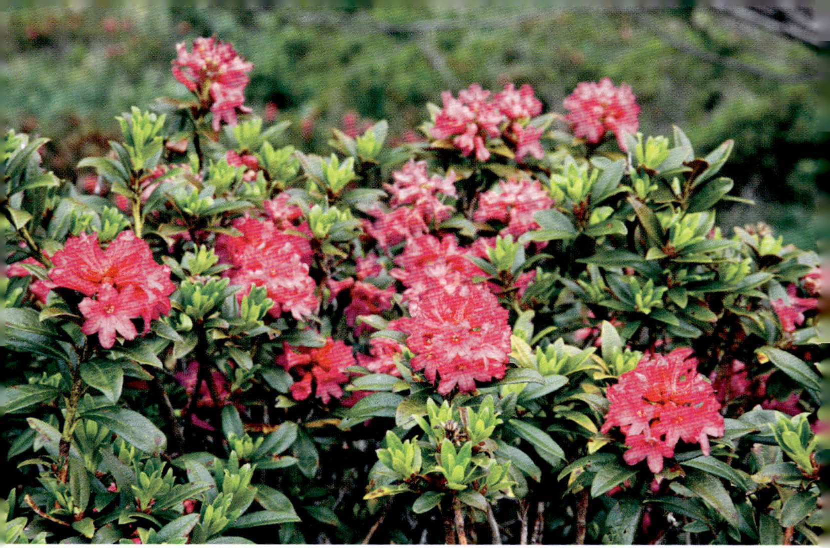

Alpenrosenblüte im Staudenbergtal.

Zugang von Inneratschings (siehe Variante) mündet allerdings nicht am Sattel, sondern etwas höher am **Ratschinger Kreuz** 5, 2359 m, vor Ort auch als »Großwand« bezeichnet: ein toller Rastplatz! Richtung Kleine Ferse geht es zunächst weiter entlang der Kammlinie, doch biegen wir nach Anschluss der weniger empfehlenswerten Variante Nr. 26A und vor dem Aufschwung südseitig aus und folgen kleinen Schafpfaden – teils in Querung, teils kräftig ansteigend. Achtung, stets bewegt man sich dabei in steilen Wiesenhängen, die talwärts fast 1000 Meter abstürzen! Schon weit oben wird der Grat abermals tangiert, ehe zuletzt noch steile Schrofenpassagen etwas Händeunterstützung verlangen.

Vom Gipfel der **Hohen Ferse** 6, 2669 m, kraxeln wir zuerst ein kurzes Stück zurück und wenden uns dann dem nach Südwesten abstreichenden Kammrücken zu. Abgesehen von einigen linksseitigen Traversen wird dieser häufiger direkt auf der Höhe begangen. Mit minimalen Gegenanstiegen von rund 40 Metern geht es über den unbedeutenden Schönauer Berg bis ins **Staudenbergjöchl** 7, 2380 m. Also nicht vorher zur Gleckalm ausscheren! Vom Sattel wenden wir uns auf die Nordseite, wo sich die Pfadspuren manchmal

Vom Ratschinger Kreuz nehmen wir die Hohe Ferse ins Visier.

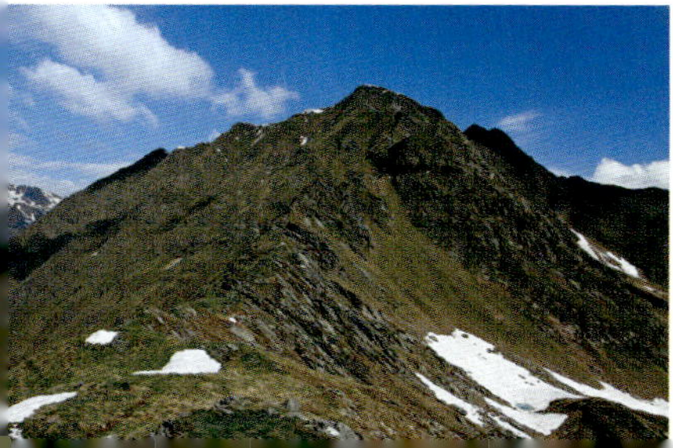

etwas verlieren (gut auf die Markierung achten und sich nicht von Viehsteigen irritieren lassen). Etwas rechts haltend in die Rossgruben hinab und dann am besten zum erkennbaren Fahrweg, den man bei der Kehre unterhalb der Staudenbergalm anpeilt 8. Die Markierungen auf der rechten Seite scheinen durch Vermurungen etwas beeinträchtigt, aber auch dort sollte es gehen – man trifft in diesem Fall weiter vorn auf den breiten Wirtschaftsweg, wo dieser den Bach kreuzt. Talauswärts wird noch mehrmals die Seite gewechselt, unter anderem bei der **Martalm** 9, 1735 m, die zur Einkehr lädt. Kurz von einer Abkürzung unterbrochen zieht der Fahrweg hinaus zu den Höfen von Bergl. Zuletzt auf der kurvigen Zufahrt mit einer weiten Schleife vollends hinunter nach **Maiern** 1.

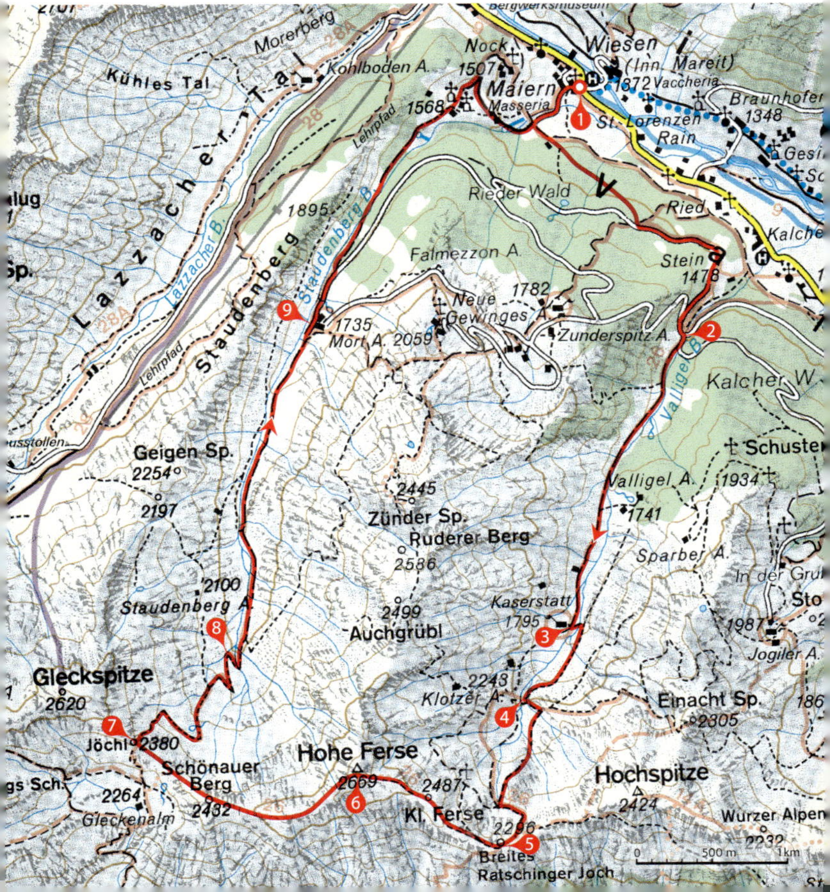

↗ 1050 m | ↘ 1050 m | 13.3 km

22 Mareiter Stein, 2192 m

5.20 h

Der erste Berg zwischen Ridnaun und Ratschings

Wie ein mächtiger Bug schiebt sich der Mareiter Stein zwischen die Täler von Ratschings und Ridnaun, weithin bewaldet und damit auf den ersten Blick nicht sehr spektakulär. In den Fokus rückt er meist, wenn die jahreszeitlichen Bedingungen höhere Touren einschränken. Dann lernt man die Tour über den lang gestreckten Ostrücken – und vor allem die Gipfelaussicht – durchaus zu schätzen. In der Nordflanke wird ein Marmorbruch betrieben. Wer vom Werksverkehr unbehelligt bleiben möchte, wählt einen Wochenendtag.

Ausgangspunkt: Pardaun, 1143 m, kleiner Weiler im vorderen Ratschingstal mit Parkplatz. Bushalt unweit an der Hauptstraße. Theoretisch kann man auch bei der Höfegruppe Platz, 1351 m, starten, dort aber kaum Parkraum. Zeitersparnis bergauf 0.30 Std. und retour 0.20 Std.
Anforderungen: T2–3. Gewöhnliche Bergwege durch Wald und steindurchsetzte Matten, ab Wurzeralm am Ende Straßenhatscher. Normales Tagespensum.
Einkehr: Äußere Wurzeralm, 1822 m, Tel. +39 0472 656255.
Beste Jahreszeit: Juni bis Oktober.
Variante: Hinter dem Mareiter Stein lässt sich die Tour als Kammwanderung über Wurzer Alpenspitz und Hochspitz Richtung Ratschinger Joch fortsetzen, für Ausdauernde sogar bis zur Hohen Ferse.

Von **Pardaun** ❶, 1143 m, bis **Platz** ❷, 1351 m, sind wir auf die Straße angewiesen. Während sich diese hinter dem Fahrverbot Richtung Marmorbruch fortsetzt, schlagen wir bei den Höfen links den Karrenweg Nr. 25 A ein. Am unteren Rand einer Wiese zum Wald hinüber. Damit gelangt man auf den breiten Ostrücken, der den gesamten Aufstieg vermittelt. Die kommende Stunde verläuft recht steil, bevor sich das Gelände ab ca. 1700 Meter Höhe

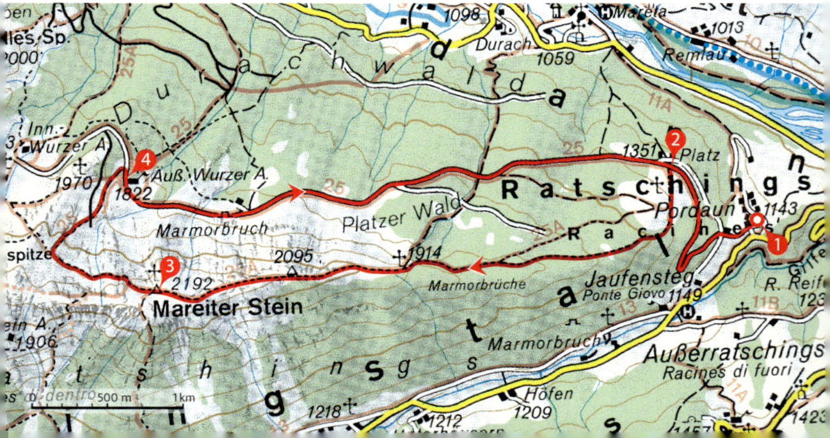

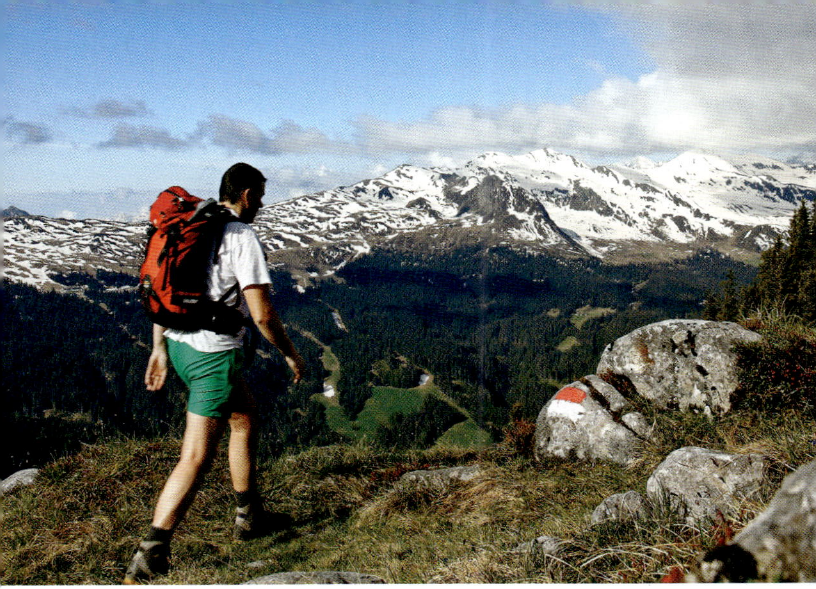

Über den Ostgrat steigen wir zum Mareiter Stein auf.

zurücklegt, obgleich noch einige kurze Steilstücke folgen. Der Wald lichtet sich und bleibt schließlich unterhalb. Zwischen Gras, Zwergsträuchern und Marmorsteinen auf die Vorkuppe (P. 2095) und schließlich vollends hinauf zum Kreuz bzw. zum höchsten Punkt am **Mareiter Stein** ❸, 2192 m.
Wir überschreiten den Gipfel gen Westen und steigen in einen breiten Kammsattel ab. Hier biegt man in die Nordflanke ab, hält sich vorerst noch ziemlich weit links hinüber und später markant nach rechts über Wiesen zur **Äußeren Wurzeralm** ❹, 1822 m. Wir treffen auf einen Wirtschaftsweg, der beim Marmorwerk in ein Asphaltsträßchen übergeht (Vorsicht bei Betrieb!). Damit gut 3 km zurück nach **Platz** ❷ und weiter nach **Pardaun** ❶.

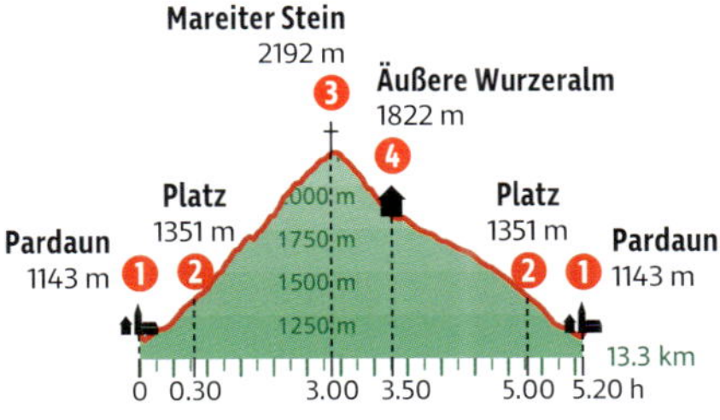

TOP

↗ 300 m | ↘ 300 m | 5.7 km

23 Gilfenklamm

2.00 h

Eine Spritztour in doppeltem Wortsinn

Die vom Ratschinger Bach an der unteren Steilstufe gebildete Gilfenklamm gilt als besonderes Naturjuwel im Sterzinger Raum. In unmittelbarer Talnähe gelegen, lässt sie sich touristisch gut vermarkten, weshalb der Schluchtweg bereits im Jahr 1896 aufwendig ausgebaut wurde. Vor allem im oberen Teil (»Kirche«) wird der Schlund ziemlich eng und das Tosen der Wassermassen zum Erlebnis. Mit unablässiger Kraft haben sie sich binnen Jahrtausenden in das – verhältnismäßig weiche – Marmorgestein des sogenannten Schneeberger Zuges gefräst.

Ausgangspunkt: Stange, 971 m, Ortschaft am Abzweig der Straße ins Ratschingstal. Ausgewiesene Parkplätze im Dorfzentrum, beim Sportpark sowie am Zubringerweg zur Klamm. Buslinie von Sterzing.

Anforderungen: T2. Bestens ausgebauter Steig durch die stets kühle Klamm, die man mit angepasster Kleidung und Bergschuhen durchwandern sollte. Anschließend ein Stück auf Fahrstraße und auf relativ steilem Waldweg bergab. Als kurze talnahe Wanderung auch bei unsicherem Wetter möglich.

Einkehr: Gasthof Jaufensteg, 1149 m, Tel. +39 0472 755340, jaufensteg.com.

Beste Jahreszeit: Geöffnet von Anfang Mai bis Anfang November.

Variante: Den Rückweg kann man auch über Pardaun wählen.

Massive Holzstiegen leiten durch die imposante Klamm.

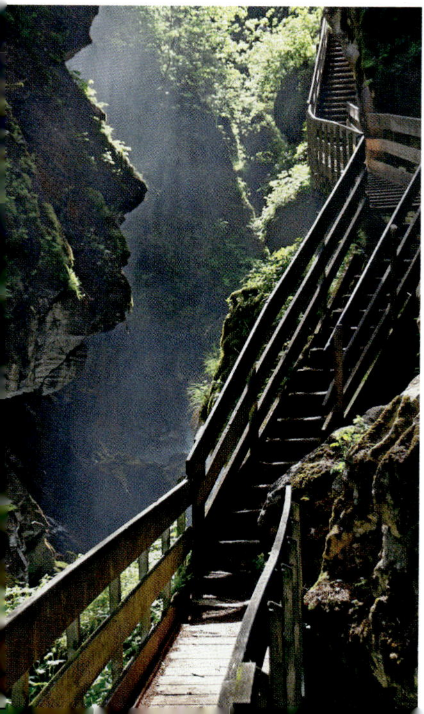

In **Stange** ❶, 971 m, folgt man den deutlichen Hinweisschildern zum Eingang der Gilfenklamm und entrichtet die Gebühr. Links vom Bach geht es zunächst gemütlich los. Erste steilere Passagen mit Stiegen stellen sich ein – das Wasser braust durch ein zunehmend engeres Bett. Im weiteren Verlauf der Klamm wird mehrmals die Seite gewechselt, während die aus gebietstypischem Marmor bestehenden Felswände nach oben hin immer enger zusammenrücken. Das Wasser gischtet

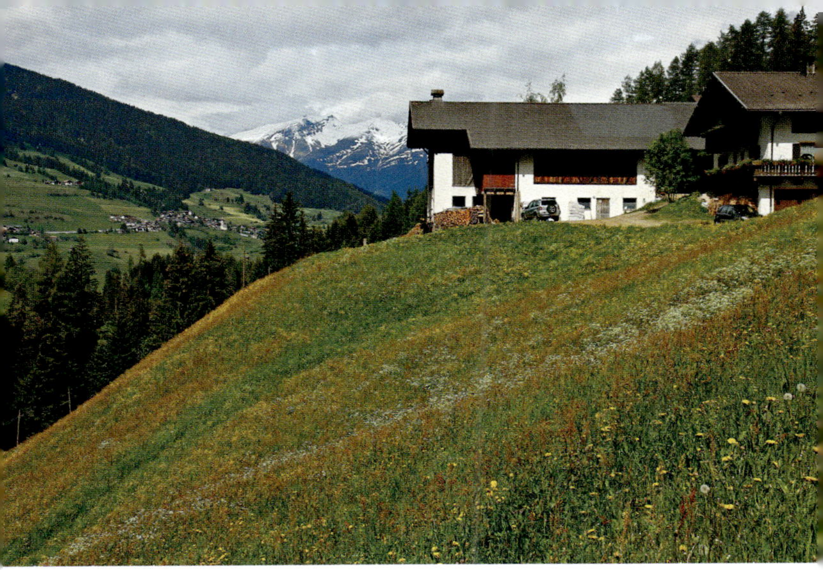

Nach dem Ausstieg gibt es einen idyllischen Rückweg.

jetzt durch ausgewaschene Kolke, über Steilstufen und schafft eine beeindruckende Szenerie. Schließlich weitet sich die düstere Kluft wieder – das Ende mit der oberen Kassa sowie die Ratschinger Straße mit dem Gasthaus **Jaufensteg** ❷, 1149 m, sind nah.

Ein paar Schritte weiter schlagen wir links die Bergstraße ein (Nr. 11B) und gelangen zu einzelnen Höfen. Der höchste wird beim Burghof erreicht, danach senkt sich das Anrainersträßchen wieder. Wir achten auf die Abzweigung zur **Ruine Reifenegg** ❸, 1151 m, und kehren auf dem Waldweg direkt nach **Stange** ❶ zurück.

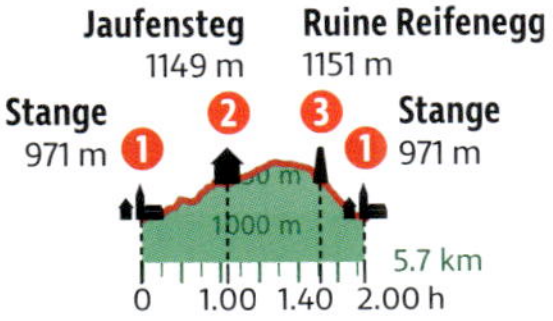

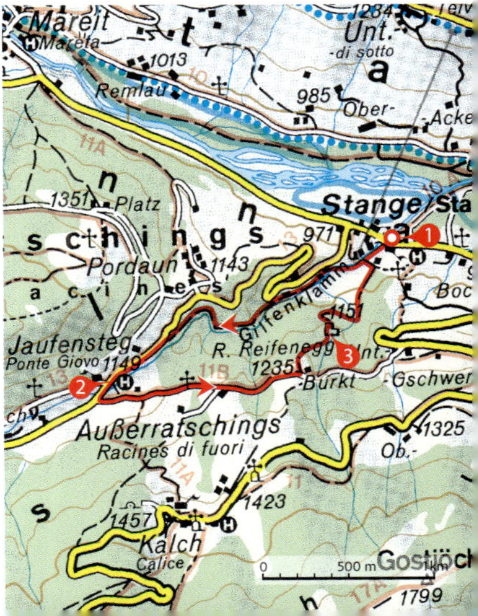

↗ 1450 m | ↘ 1450 m | 15.0 km

24 Ratschinger Weißen, 2822 m

7.15 h

Stilles Gipfelziel für Tüchtige

Die Ratschinger Weißen im Kammzug zwischen Ratschings und dem Hinterpasseier ist ein Ziel, das höhenmäßig sogar die bekanntere Hohe Kreuzspitze übertrumpft und eine gediegene Ausdauer verlangt. Wer diese nicht mitbringt, kann sich mit dem welligen Plateau der Gleckalm begnügen (der tolle Wasserfall wird beim Aufstieg schon berührt) oder auch nur mit der beschaulichen Rundtour über die Klammalm. Gipfelwärts wird man eher Schafe und Ziegen antreffen als andere Wanderer. Noch einsamer ist gewiss die schroffe Zirmaidspitze nebenan, ein Schaustück, das vor der Passeirer Bergwelt im Hintergrund besonders eindrucksvoll zur Geltung kommt.

Ausgangspunkt: Flading, 1482 m, im Ratschinger Talschluss. Busanbindung nur bis Bichl.
Anforderungen: Mindestens T3. Bis zur Gleckalm gut ausgebaute Bergwege, streckenweise in steilem Gelände. Richtung Gipfel auf Schafweiden eher spärlich ausgetreten, wenngleich auf beiden Routen zuverlässig markiert; Schlüsselpassage ist der steile Gipfelaufbau. Mit normaler Trittsicherheit beherrschbar, dazu gute Kondition für eine längere Tagestour.
Einkehr: Klammalm, 1925 m, Tel. +39 334 7097027.
Beste Jahreszeit: Juli bis September.
Variante: 1. Über den kleinen Glecksee gibt es noch einen dritten Zugang zum Gipfelbereich (Nr. 31B). 2. Die Klammalm-Runde für Genusswanderer dauert nur gut 2 Std. (»blau«).

Vom Parkplatz in **Flading** ❶, 1482 m, über die Brücke und im Talschluss aufwärts. Bei der Gabelung halten wir uns rechts (Nr. 30), wandern ein Stück weit über Almweiden und landen dann auf einem steileren Steig, der sich nach einem Waldareal am Rand einer Rinne höherschraubt. Diese Trasse wurde jüngst saniert (einige Fixseile). Nach dem zweiten Abzweig zur Klammalm bei einer Brücke ❷ steigt man rechter Hand in weitläufiges Almgelände aus. Nun nordwärts an die steile Geländestufe heran. Zwischendurch queren wir unmittelbar am imposanten Wasserfall entlang, ehe im Zickzack die Geländeschwelle des Gleckalm-Plateaus erreicht wird. Hier links und bei der übernächsten Verzweigung mit Nr. 31 an den Rand eines großen Bodens ❸. Die Markierung orientiert sich am Rücken zur Linken und gewinnt im Mattengelände an Höhe. Steiler wird es hinauf zu einer Schulter mit

Die benachbarte Zirmaidspitze macht eine schneidige Figur.

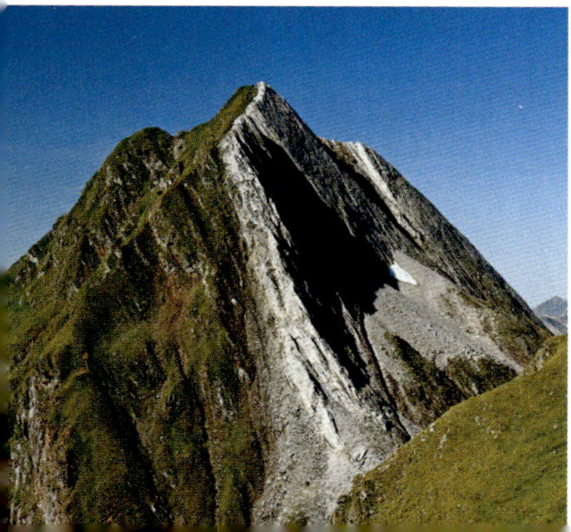

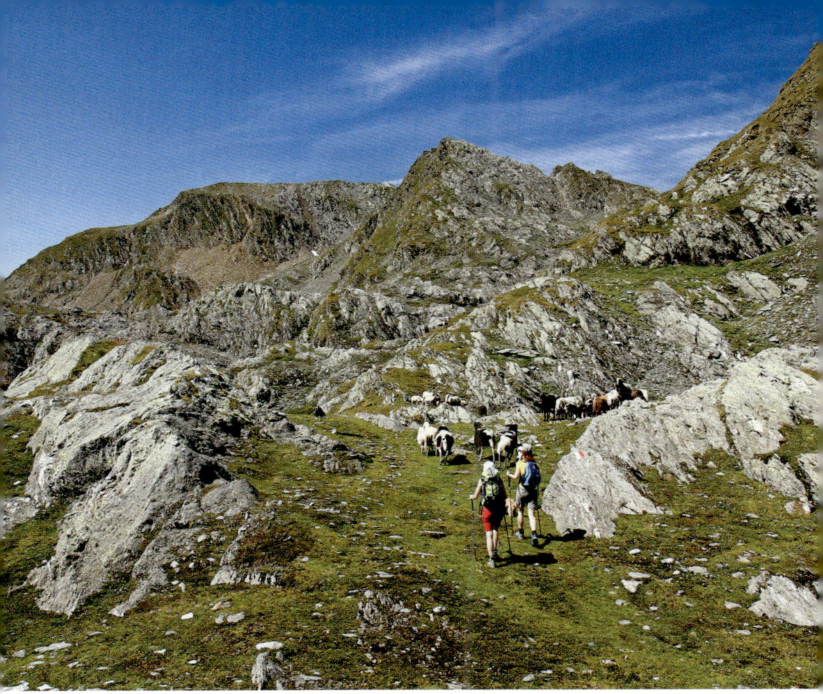

Auf den Schafweiden oberhalb der Ratschinger Scharte.

weithin sichtbarem Steinmann. Jenseits kurz abwärts und gemeinsam mit der Alternativroute von der Ratschinger Scharte links haltend in die Nähe von P. 2651 ❹. Achtung, ein Ausholen über das Zirmaidjoch – wie in manchen Karten dargestellt – ist offenkundig Unsinn! Vielmehr geht man den Gipfelaufbau jetzt direkt an, folgt der kleinen Spur über Gras und sandige

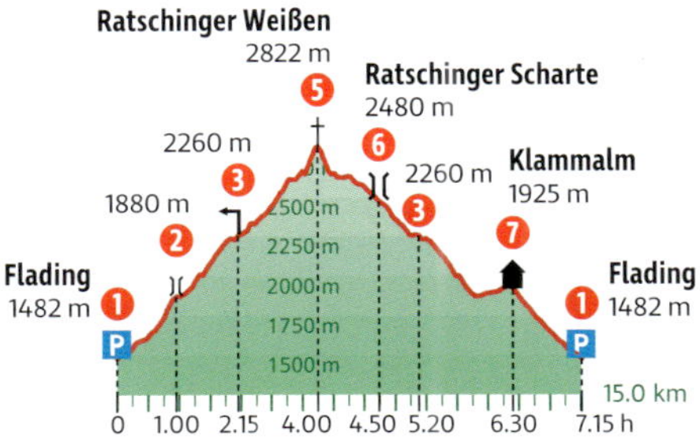

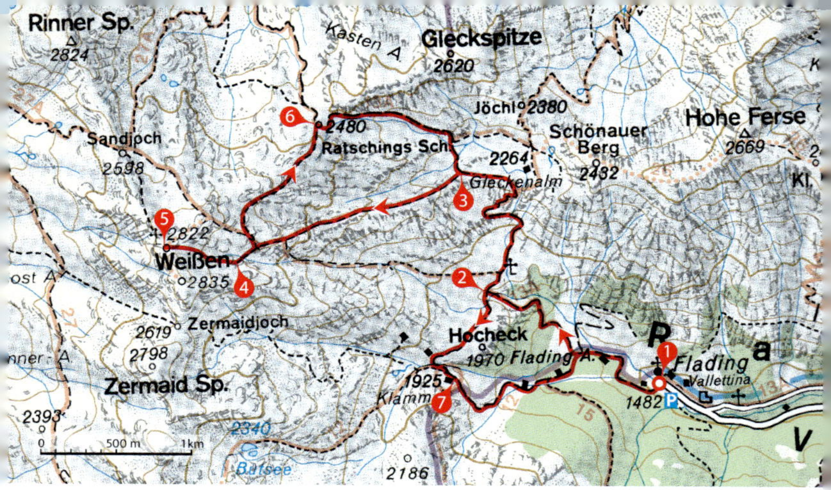

Ein landschaftliches Highlight ist der Wasserfall unterhalb der Gleckalm.

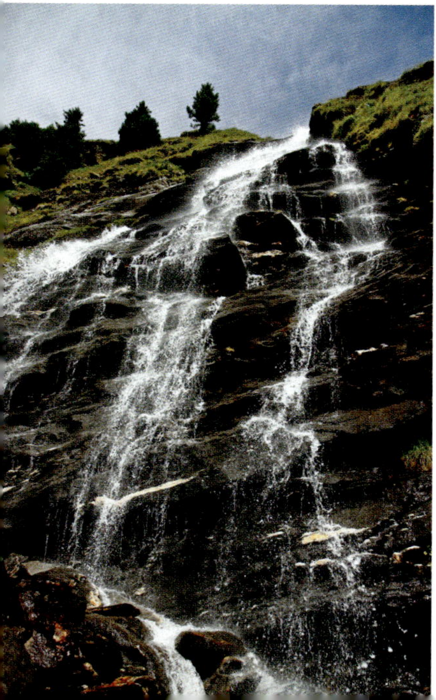

Schrofen steil aufwärts, überwindet eine Drahtseilpassage und gelangt zuletzt leicht zum Kreuz der **Ratschinger Weißen** ❺, 2822 m. Der allerhöchste Punkt liegt allerdings etwas weiter hinten.

Im Abstieg zunächst zurück zur Mulde unterhalb von P. 2651. Anschließend geht es mit Nr. 31A in Grundrichtung Nord bis Nordost über die Geländeterrassen und Schafweiden dahin. Nach einem kurzen Gegenanstieg senkt sich die Route zur **Ratschinger Scharte** ❻, 2480 m, ab. Dort besteht Anschluss Richtung Gleckalm, wobei man sich auf den welligen Hochböden rechts hält und damit wieder auf die bekannte Route zurückkommt. Unterhalb des Riegels bleiben wir am breiten Fahrweg, um gegen Ende noch der bewirtschafteten **Klammalm** ❼, 1925 m, einen Besuch abzustatten. Von der Jausenstation schließlich mit Nr. 12 auf typischem Almsteig hinunter nach **Flading** ❶.

↗ 1420 m | ↘ 1420 m | 12.9 km

6.40 h

TOP

Hohe Kreuzspitze, 2743 m

25

Der Höhepunkt am langen Jaufenkamm

Zu den prominentesten Gipfeln im Südtiroler Teil der Stubaier Alpen zählt die Hohe Kreuzspitze. Famos ist ihre Aussichtsposition über dem Passeiertal, aber auch die Ratschinger Bergumrahmung zeigt sich prima aufgeschlossen, ganz zu schweigen von den Fernblicken bei klarem Wetter, die fast ganz Südtirol umspannen. Von Flading im innersten Ratschingstal lockt der Berg Erfahrene zu einer idealen Überschreitung. Man steigt am besten über den Ostgrat auf und via Butsee ab. Dabei kann die Kleine Kreuzspitze rasch mitgenommen werden – oder auch als eigenständiges Ausweichziel dienen, falls man ob der großen Tour Zweifel hegt.

Ausgangspunkt: Flading, 1482 m, im Ratschinger Talschluss. Busanbindung nur bis Bichl.

Anforderungen: T4 am Ostgrat, T3 bis Kleine Kreuzspitze und T3+ auf der Abstiegsroute. In Summe recht anspruchsvolle Bergtour mit den schwierigsten Stellen am teils schrofigen oder gar felsigen Ostgrat (I). Auf der anderen Seite eine Spur leichter, aber ebenfalls gute Trittsicherheit erforderlich (Blockschutt im oberen Teil). Bis etwa 2400 m überwiegend steindurchsetztes Mattengelände. Volle Tagestour.

Einkehr: Klammalm, 1925 m, Tel. +39 334 7097027.

Beste Jahreszeit: Ende Juni bis in den Oktober, falls schneefrei.

Der Ostgrat bildet die schönste Anstiegslinie zur Hohen Kreuzspitze.

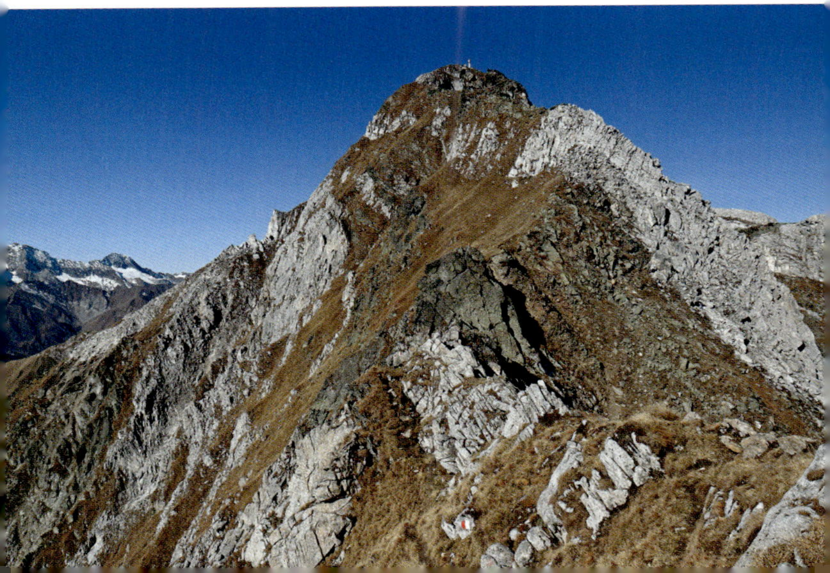

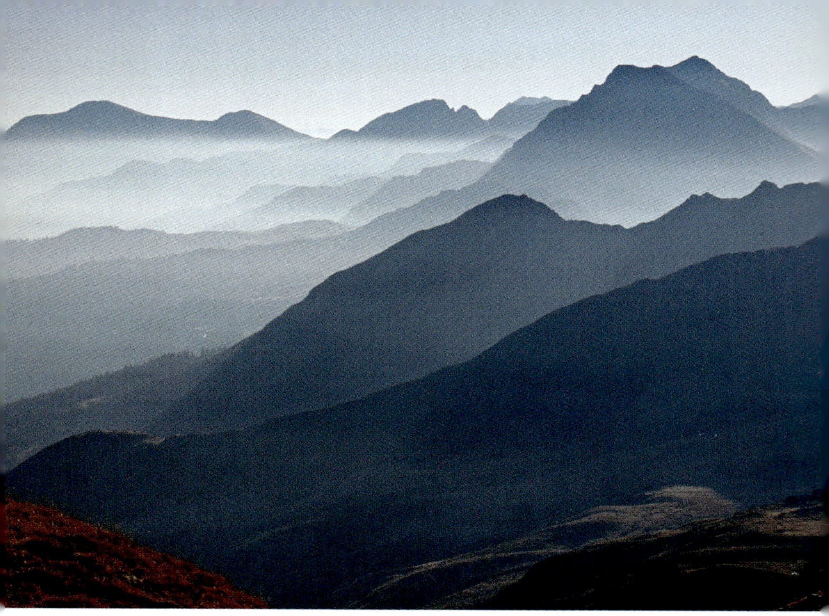

Traumhafter Herbsttag: Die Bergsilhouetten staffeln sich im Gegenlicht.

Bei **Flading** ❶, 1482 m, im Talschluss sofort über die Brücke und mit Nr. 12 bergauf, bei der Gabelung links und bald aus dem lichten Wald heraus über Weidegelände zur **Klammalm** ❷, 1925 m. Dahinter schwenken wir nach links in einen Bergkessel und bleiben bei einer weiteren Verzweigung, die uns die beiden Gipfelrouten offeriert, mit Nr. 12B auf der linken Seite des Bachs. Mäßig steil kommt man über Mattenböden südwärts voran. Später über eine Geländeschwelle in die höher gelegene Karmulde und von rechts her auf die Kammhöhe, gleich neben der **Kleinen Kreuzspitze** ❸, 2518 m,

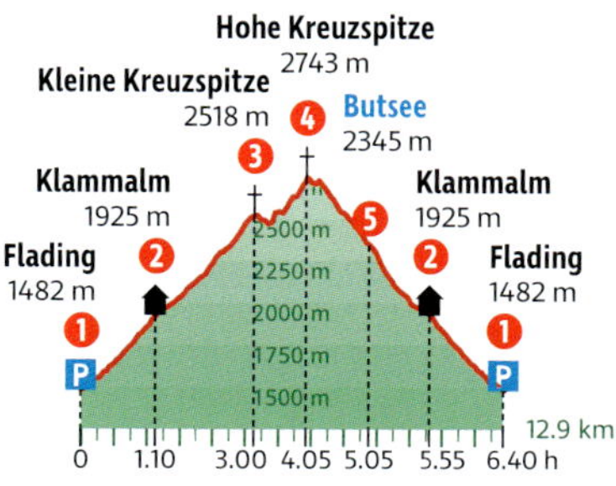

die über plattig-blockiges Gelände bestiegen wird. Zurück am Sattel packen wir beherzt den Ostgrat an, bewegen uns also weiter im Kammbereich, gelegentlich ein paar Meter seitlich ausweichend. Dies wird vor allem an einigen schrofferen Gratpartien erforderlich, manchmal auch mit geringem Höhenverlust. Die Pfadspur wechselt zwischen Grasgelände, Schrofen und echten Felsstellen (auffällig das häufig auftretende helle Marmorgestein) und ist immer wieder steil, aber auch sehr abwechslungsreich. In gefinkeltem Verlauf also um die einzelnen Hindernisse herum und mit gelegentlicher Händeunterstützung, aber stets steigähnlich, bis auf den Gipfel der **Hohen Kreuzspitze** ❹, 2743 m.

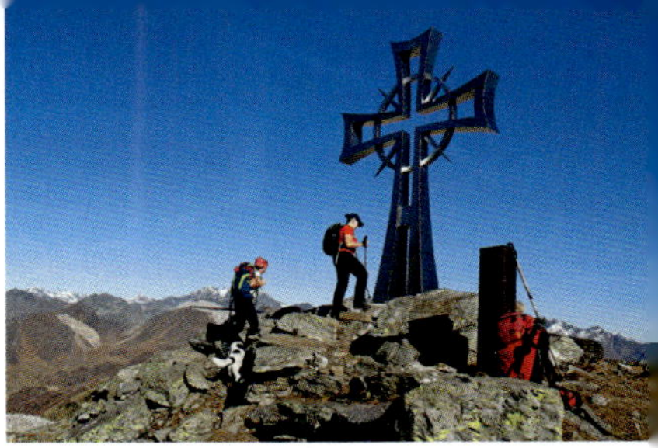

Nach rund vier Stunden ist der aussichtsreiche Gipfel erreicht.

Das Bergab führt anfangs am Grat entlang nach Westen in eine geröllige Mulde. Mittels kurzer Gegensteigung wird eine Rippe überwunden, um dahinter weiterhin durch Blockschutt in einen Karkessel abzusteigen. Dort wird das Gelände hin zu einer Verflachung sukzessive einfacher und angenehmer. Nächstes Ziel ist der **Butsee** ❺, 2345 m, auf einer Hangterrasse. Von dessen Schwelle über recht steiles, von Steinen durchsetztes Grasterrain eine Etage tiefer. Man nähert sich wieder der Aufstiegsroute und erreicht diese über eine Bachverbauung. Via **Klammalm** ❷ zurück nach **Flading** ❶.

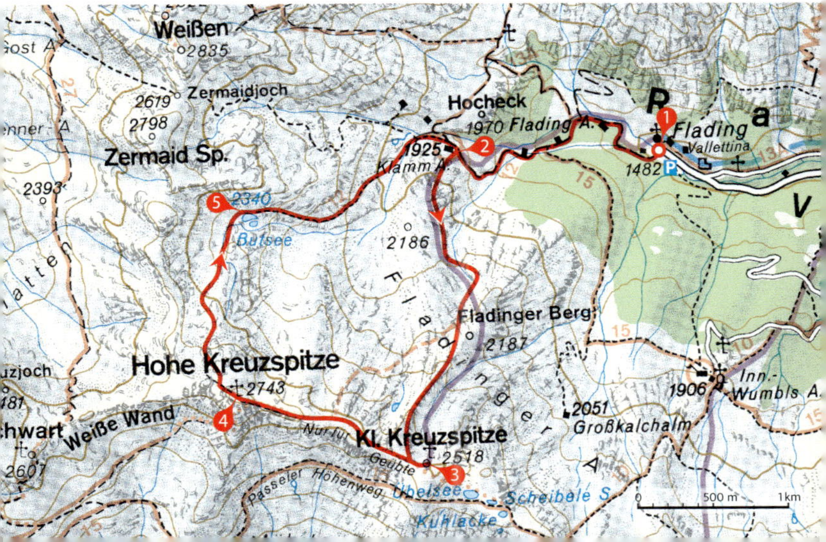

↗ 640 m | ↘ 640 m | 12.7 km

4.30 h

26 Fleckner, 2331 m

Ratschinger Kamm- und Almwanderung

Als Jaufenkamm bezeichnet man den vom Jaufenpass westwärts gerichteten Gipfelzug, der in der Hohen Kreuzspitze kulminiert und vor allem über dem Passeiertal zur Geltung kommt. Nordseitig befindet sich das Ratschingstal mit einer Reihe von Almgebieten, die in einem Teilbereich dem Skisport untergeordnet wurden. Außer dem Ratschinger Almenweg ist vor allem eine Kammwanderung von Interesse. Bis zum Fleckner sind die Anstrengungen moderat.

Ausgangspunkt: Ehemaliges Sterzinger Jaufenhaus, 1990 m, an der Nordrampe zum Jaufenpass. Im Sommer auch per Bus von Sterzing erreichbar.
Anforderungen: Kurzfristig T3 und weithin T2. Bergwanderwege mit zumeist gemäßigten Steigungen, nur am direkten Fleckner-Ostgrat etwas zünftiger. Auf der Route Nr. 10A keine ausgeprägte Trasse, daher Trittsicherheit vorteilhaft. Meist grasiges Terrain, manchmal etwas steindurchsetzt. Konditionell lockere Tagestour.
Einkehr: Saxnerhütte, 1939 m, Tel. +39 339 8633515. Wasserfaller Alm, 1903 m, Tel. +39 339 5951312, wasserfallristorante.it. Rinneralm, 1890 m, Tel. +39 335 5214148.
Beste Jahreszeit: Juni bis Oktober, wobei die Hütten in den Übergangszeiten eventuell nicht bewirtschaftet sind.
Variante: 1. Sehr lohnend ist eine Fortsetzung der Kammroute Nr. 12 zum Glaitner Hochjoch, 2389 m, und nach Gusto sogar weiter Richtung Kreuzspitze. Man entfernt sich dabei aber immer weiter vom Ausgangspunkt.
2. Ein südseitiger Höhenweg führt via Flecknerhütte zurück zur Jaufenstraße.

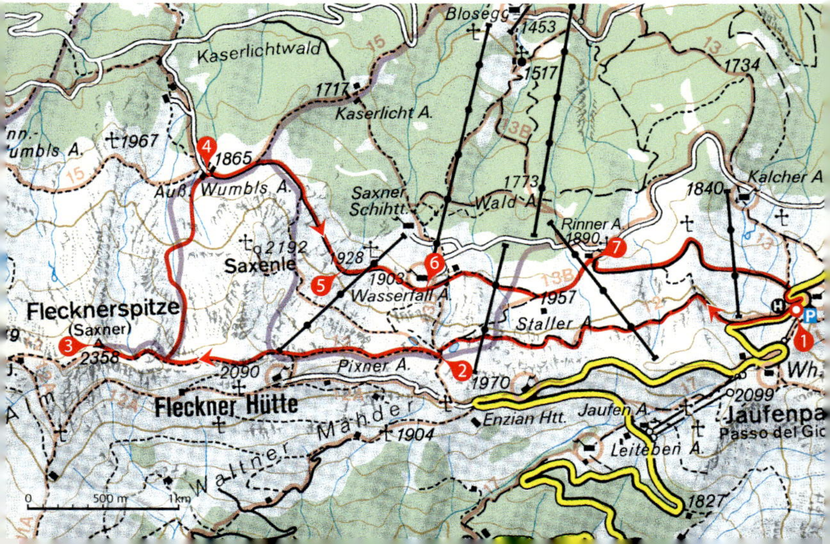

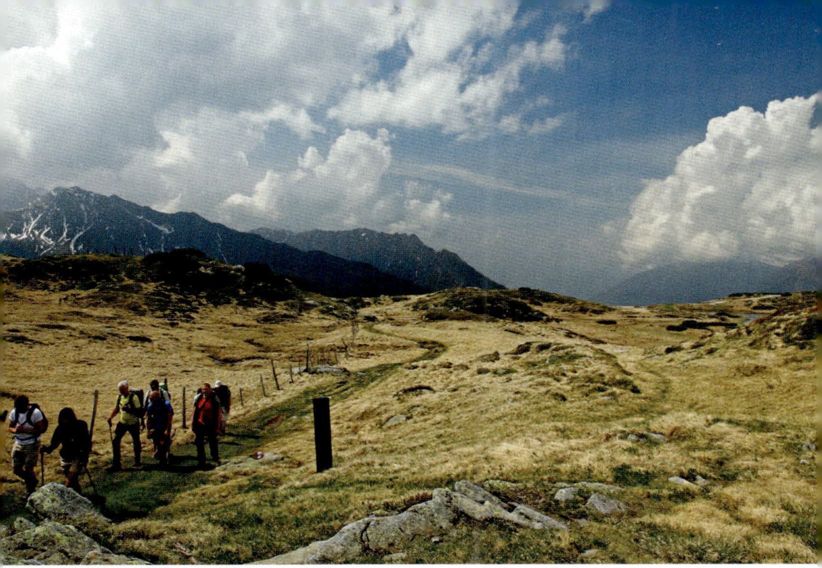

Über den weiten Rinnersattel verlief einst der Urweg über den Jaufenkamm.

Vom Standort des abgerissenen Sterzinger Jaufenhauses **1**, 1990 m, kurz an der Passstraße aufwärts, bis hinter dem Jaufenlift Weg Nr. 12 nach rechts abzweigt. Man bewegt sich nun ohne große Höhenunterschiede entlang der sanften Nordabdachung, mitunter auch über Skipisten hinweg. Leicht ansteigend erreichen wir nach einer Stunde den **Rinnersattel** **2**, 2031 m, wo auch ein südseitiger Zugang von der sogenannten Römerkehre einmündet. Von nun an hält sich unsere Route an den aussichtsreichen breiten Kammrücken. Die Flecknerhütte bleibt unterhalb, eine Erhebung mit Kreuz hingegen rechts abseits. Für den späteren Abstieg merken wir uns den (unbeschilderten) Abzweig Nr. 10A vor und nähern uns dem Gipfelaufbau des **Fleckners** **3**, 2331 m, der am schnellsten direkt über den Ostgrat erklommen wird (Pfadspur). Zurück kann man auch den offiziellen, nordseitig ausholenden Weg benutzen. Anschließend der erwähnten Nr. 10A folgend in ein weiträumiges Kar auf Ratschinger Seite hinab. Man hält sich vorübergehend rechts an die Begrenzung, dann wieder links zum ersten Boden. Teilweise ohne erkennbaren Pfad gilt es

An der Nordabdachung oberhalb von Ratschings reihen sich einige Almen aneinander, hier die Äußere Wumblsalm.

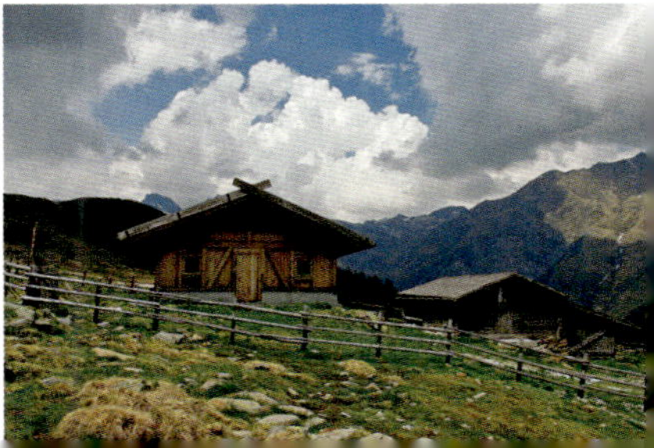

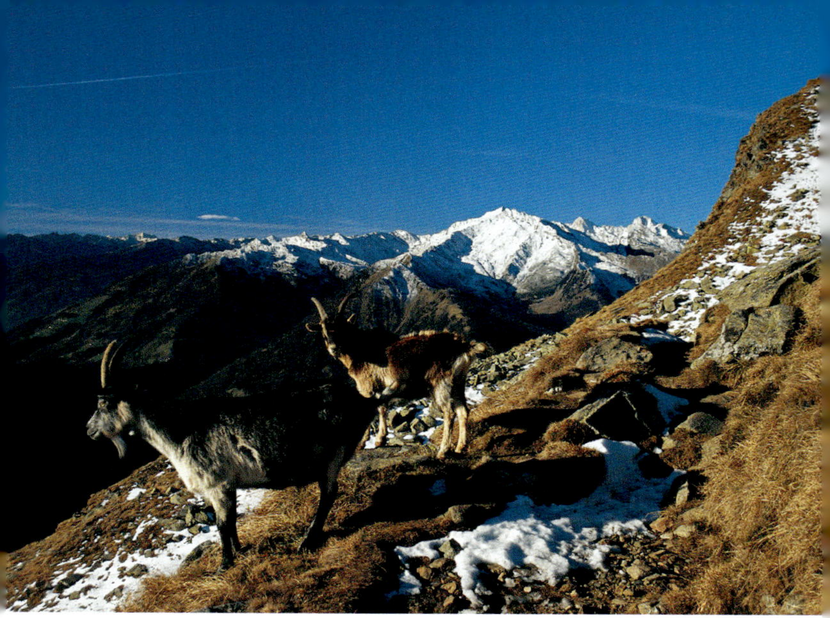

An einem klaren Spätherbsttag ist die Fleckner-Tour besonders schön.

über die nächsten Geländeabstufungen aufmerksam die Markierungen im Auge zu behalten – das steindurchsetzte Rasengelände ist davon abgesehen nicht schwierig. Richtpunkt ist die **Äußere Wumblsalm** ❹, 1865 m, wo wir den Ratschinger Almenweg aufnehmen, und zwar in östlicher Richtung. Die gut ausgebaute Trasse führt an einem Wetterkreuz vorbei leicht aufwärts zur **Saxnerhütte** ❺, 1939 m, und damit hinein ins Skigebiet. In relativ dichten Abständen folgen **Wasserfaller Alm** ❻, 1903 m, und **Rinneralm** ❼, 1890 m. Man kann sich das Einkehrziel darunter aussuchen. Ab Rinneralm erfolgt ein spürbarer Gegenanstieg über eine Piste, links um einen Schneezaun herum und quer durch die nächste Hangbucht noch etwas aufwärts zum Ausgangspunkt ❶.

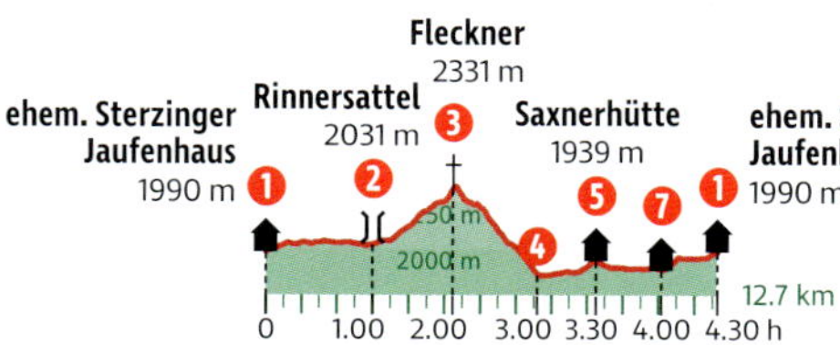

↗ 450 m | ↘ 450 m | 4.4 km

2.40 h

Jaufenspitze, 2480 m

Ein Katzensprung vom Jaufenpass, aber nur für versierte Katzen

Bei einer Fahrt über den Jaufen lenkt wohl jeder seinen Blick auf die markante Gipfelgestalt, die direkt über der Passhöhe emporragt. Und so mancher fühlt sich herausgefordert, die elegante Spitze auch zu erklimmen – schließlich mutet das Unterfangen überschaubar an. Dass dazwischen doch ein paar ernsthafte Hürden liegen, sollte allerdings nicht vernachlässigt werden. Im Umgang mit abschüssigem Fels- und Schrofengelände erprobt, kommt man freilich schnell wie selten zu einem schneidigen Gipfelerfolg. Manchmal eben auch eine Tour im Vorbeigehen …

Ausgangspunkt: Jaufenpass, 2099 m, Straßenverbindung zwischen Wipptal und Passeiertal. Der Parkraum direkt an der Scheitelhöhe kann tagsüber knapp werden. Von Sterzing verkehrt sommers ein Bus bis zum Jaufenhaus, von St. Leonhard in Passeier ebenfalls.
Anforderungen: T4. Markierter Steig, der in ausgesetztes und teilweise felsiges Gelände führt. Einige Drahtseile an plattigem Fels und auch freie Kletterstellen I. Grades, daher ausgeprägte Trittsicherheit und Schwindelfreiheit unerlässlich. Einzig der konditionelle Anspruch ist gering.
Einkehr: Edelweißhütte am Jaufenpass, kalcherhof.com/sporthotel/edelweisshuette.
Beste Jahreszeit: Mitte Juni bis Oktober, das Gelände sollte schneefrei sein.

Ausgangspunkt ist der Jaufenpass zwischen Sterzing und Passeier.

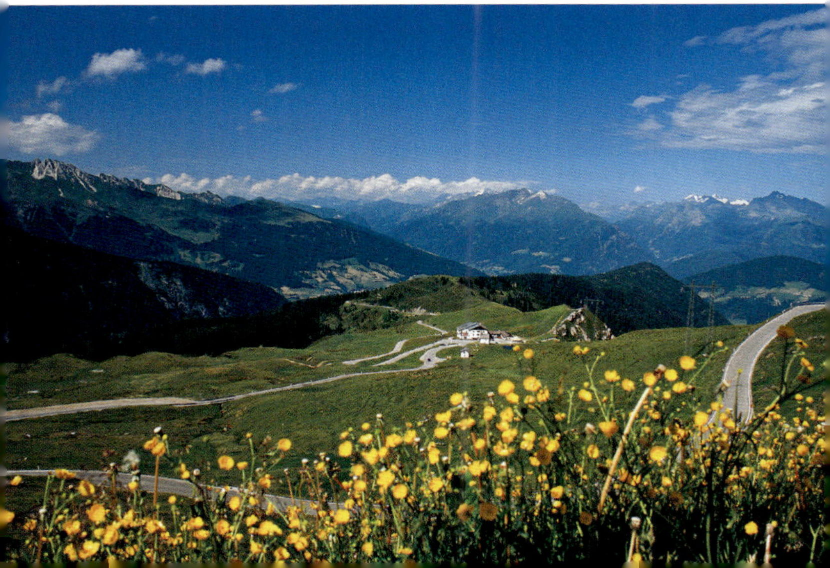

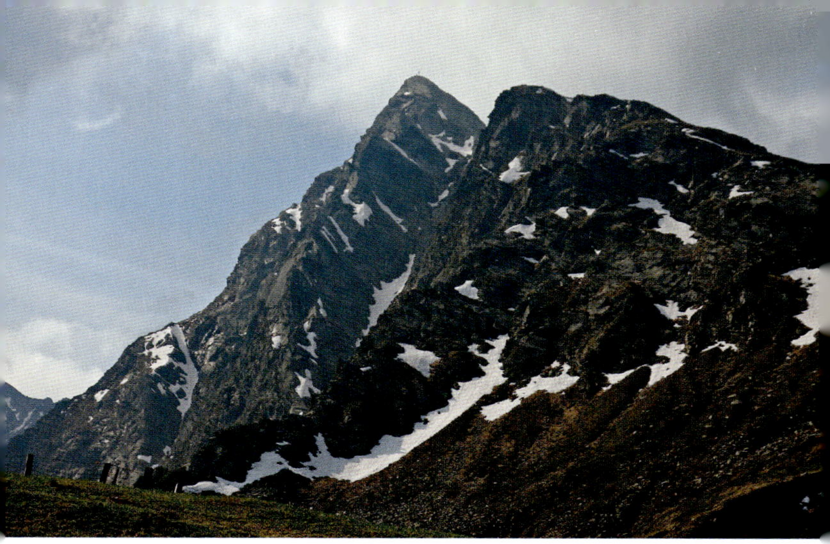

Erstaunlich schroff gebärdet sich die Jaufenspitze – die Nordkante ist sogar eine bekannte Klettertour im IV. Schwierigkeitsgrad.

Von der Edelweißhütte am **Jaufenpass** ❶, 2099 m, mit einem Linksbogen um den ersten Buckel herum und leicht abwärts in eine Senke, wo der Zugang vom ehemaligen Jaufenhaus dazukommt. Den folgenden Aufschwung passiert man mittels ansteigender Traverse nordseitig; derweil treten bereits erste kurze Kraxeleinlagen auf. Vom oberhalb gelegenen Wiesenabsatz folgen einige Serpentinen in der Flanke, bevor sich der Nordwestgrat markanter ausprägt. An plattigen Hindernissen helfen Drahtseile. Wo der Grat richtig schroff wird, weichen wir in die Westflanke aus, verlieren zwischendurch ein paar Höhenmeter, queren über erdige Schuttbänder und steigen bis unter den Südgipfel auf. Mit scharfem Linksknick auf den Grat und das letzte Stück nordwärts hinüber zum Kreuz auf der **Jaufenspitze** ❷, 2480 m. Der Abstieg verläuft gleich.

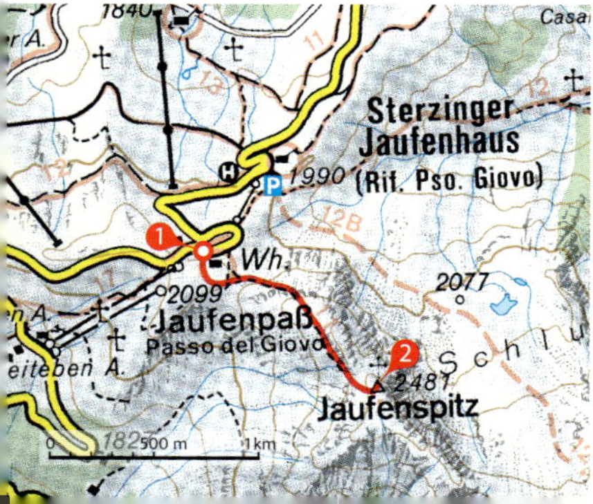

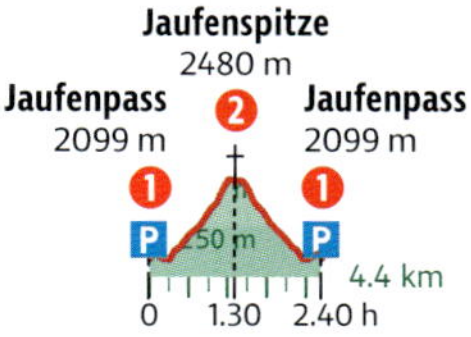

↗ 1200 m | ↘ 1200 m | 15.8 km

6.30 h

Bock, 2369 m

Vom Sennerberg- ins Ontratttal

Die Bezeichnung »Bock« wird man in gängigen Wanderkarten womöglich vergeblich suchen. Sie entstammt meinen Recherchen vor Ort, als ich mich ins touristisch ein wenig vernachlässigte Jaufental begeben habe. Wir befinden uns dort geografisch im nördlichsten Bereich der Sarntaler Alpen und können eine ausschweifende Runde durch zwei parallele Almhochtäler drehen, das Sennerbergtal und das Ontratttal (Antrattal). Als Bock wird jene Scharte bezeichnet, über die sich diese beiden Täler verbinden lassen. Die Tour ist recht lang und eine Einladung vor allem an Einsamkeitssucher, die weder große Namen noch einen Gipfel für ihr Bergglück brauchen. Obwohl: Zuhinterst wäre das Sarner Weißhorn vielleicht doch eine Verlockung ...

Ausgangspunkt: Jaufental-Mittertal, ca. 1160 m. Parkplatz und Haltestelle der Buslinie von Sterzing im Ort.
Anforderungen: T3. Markierte Routen, streckenweise jedoch nur spärlich gepfadet und auf beiden Seiten des Übergangs steiles Gelände, ohne besonders anspruchsvolle Einzelstellen. Mit guter Trittsicherheit und etwas Orientierungsvermögen beherrschbar. Im unteren Bereich, jeweils bis zu den Almen, gibt es Fahrwege. Tagfüllende Tour.
Einkehr: Ontrattalm, 1642 m, Tel. +39 0472 765355. Bergalm, 1608 m, Tel. +39 348 6765894.
Beste Jahreszeit: Mitte Juni bis Mitte Oktober.
Variante: Im Aufstieg links ausholend über die Pernfiechtalm, 1759 m.

Durchs Sennerbergtal geht's bergauf.

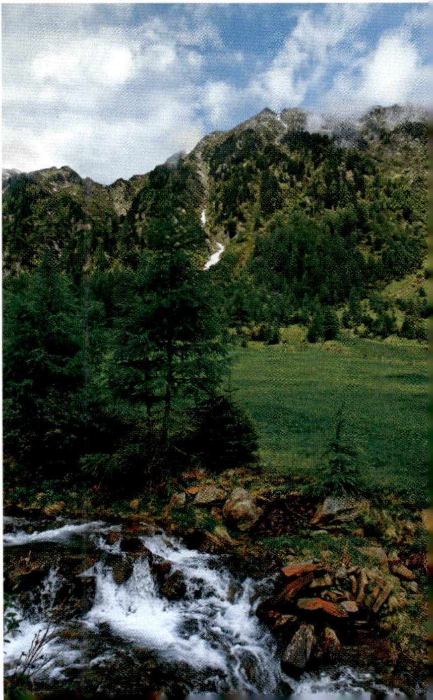

In **Mittertal** ❶ an der Kirche vorbei zum Hotel Jaufentaler Hof und ins Sennerbergtal hinein. Kurz vor Kaltenbrunn setzt eine Forststraße ein – diese verfolgen wir lange Zeit bis in die Nähe der **Sennerbergalm** ❷, 1562 m. Nun zwei Möglichkeiten: entweder am linken Talhang hinauf zur **Pernfiechtalm**, 1759 m, und später in großem Aufwärtsbogen durch den ganzen Almkessel oder weiter auf der alten Originalroute, wie sie

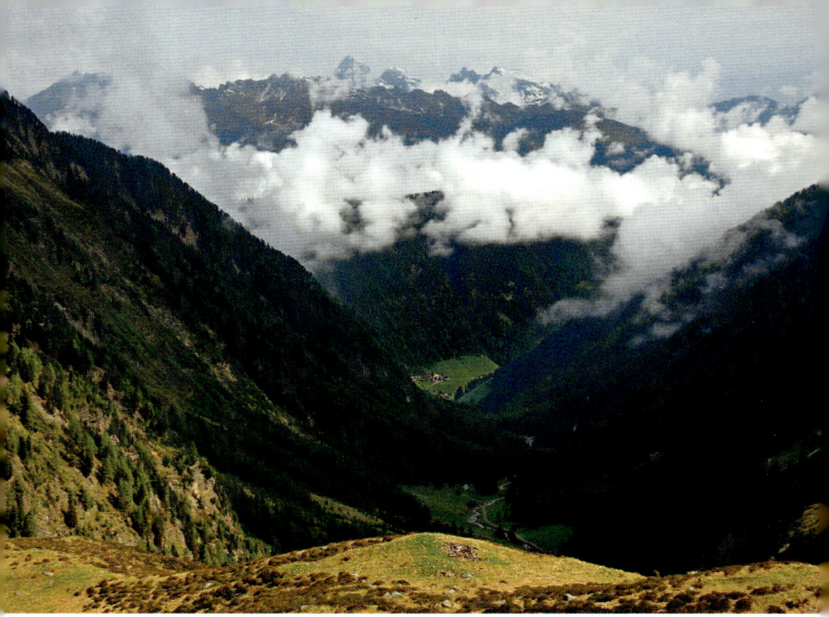

Rückblick von den Almterrassen ins Sennerbergtal.

in manchen Karten noch als Nr. 13 verzeichnet ist. Dafür bleiben wir auf der rechten Bachseite und gewinnen zunächst sachte durch Strauchbewuchs, dann aufsteilend auf grasigem Untergrund, an Höhe. Auf etwa 1850 Metern quert man nach links, überschreitet einen kleinen Graben und im Bereich eines Bodens den stärkeren Bach, der unterhalb einen Wasserfall bildet. Bei einer zerstörten Alm 3, 1998 m, wo nur noch die Grundmauern zu sehen sind, verbinden sich die Routen wieder. Der weitere Verlauf vollzieht einige markante Bögen. Zunächst südwärts hinan, dann nach Westen hinter den prägnanten Schrofenbuckel. Nachdem nochmals der Bach gekreuzt ist,

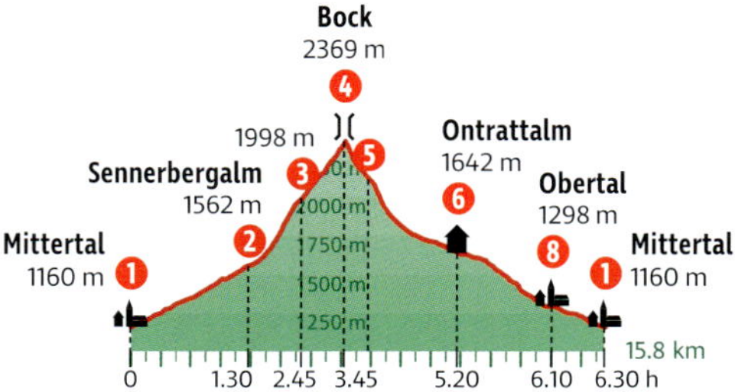

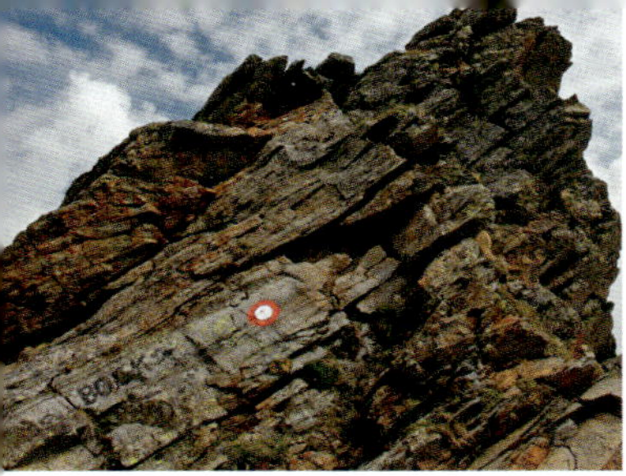

Felsiger Durchlass: die Scharte am Bock.

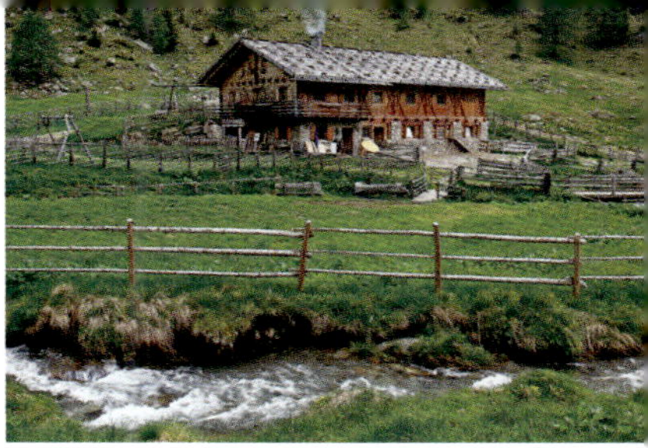

Die Bergalm im Ontratttal.

dreht man erneut Richtung Süden ein und gelangt in das Hochkar der Pfarre. An den schrofigen Steilflanken zur Rechten geht es im Zickzack höher und zuletzt mit einer Traverse (Drahtseil) in die Scharte namens **Bock** 4, 2369 m.

Sie verschafft uns einen Durchschlupf auf die Westseite, wo ein erdiger Pfad recht steil in die **Rossgruben** 5 hinabzieht. Auf dem obersten Karboden zweigt bei ca. 2120 Meter Höhe die Bezeichnung Nr. 12A zum Weisshorn ab. Wir gehen indes bergab die nächste Geländestufe an und gelangen damit in den Grund des inneren Ontratttals. Talauswärts wird zweimal der Bach überschritten (u.U. keine Stege). Sehr flach an **Ontrattalm** 6, 1642 m, und **Bergalm** 7, 1608 m, vorbei und danach in den engeren unteren Talabschnitt, wo jüngst offenbar eine neue Weganlage entstanden ist. Ansonsten steht auch der Güterweg zur Verfügung. Dieser kreuzt später nochmals den Ontrattbach, führt zu einem Wanderparkplatz und zu den Anwesen von **Obertal** 8, 1298 m. Auf der Straße verbleiben schließlich noch gut 20 Minuten zurück zum Ausgangspunkt im Ortsteil **Mittertal** 1.

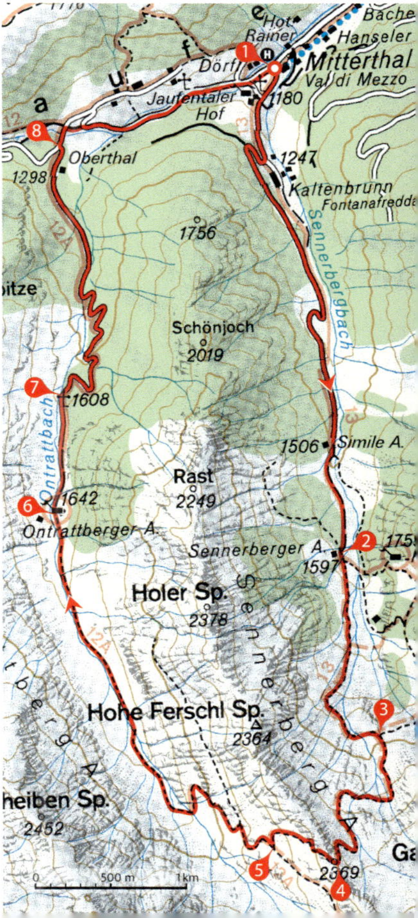

↗ 1200 m | ↘ 1200 m | 14.3 km

6.00 h

29 Zinseler, 2422 m

Verschwiegene Route über das Mandlseitejoch

Der Zinseler dürfte vielen als »schnelles Ziel« vom Penser Joch aus geläufig sein. Binnen einer Stunde ist man oben. Eine richtige Bergtour unternimmt hingegen, wer von Norden über das vorgelagerte Mandlseitejoch aufsteigt. Es lässt sich sogar ein Rundkurs konzipieren, der in stille Bergwinkel hoch über dem Eisacktal führt. Damit wird eine Zinseler-Tour sogar unerwartet exklusiv.

Ausgangspunkt: Anfahrt von Sterzing auf der Penser-Joch-Straße bis 1,6 km hinter Elzenbaum, dann rechts zum Weiler Schaiter (Schaitach) und hinter der Kehre noch ein Stück weiter, bis vor dem Eggerhof Nr. 14B als Forststraße abzweigt, ca. 1280 m.
Anforderungen: T3. Forststraßen im unteren Teil, sonst eher kleine Steige und Pfade, die am Zinseler leicht abschüssig und schrofig ausfallen und etwas Trittsicherheit erfordern. Für ein wegloses Stück zudem Routengespür und als volle Tagestour auch Ausdauer.
Einkehr: Keine am Weg.
Beste Jahreszeit: Juni bis Oktober.
Variante: Auf der gängigen Südroute von der Penser-Joch-Straße steigt man zu einem breiten Geländerücken auf, umgeht die Erhebung des Hühnerspiel rechts ins Gospeneider Jöchl und steuert aus der Kammsenke den Zinseler an, zuletzt von rechts her zum Gipfel. Schwierigkeit T2, Aufstieg 1.00 Std., zurück 0.45 Std.

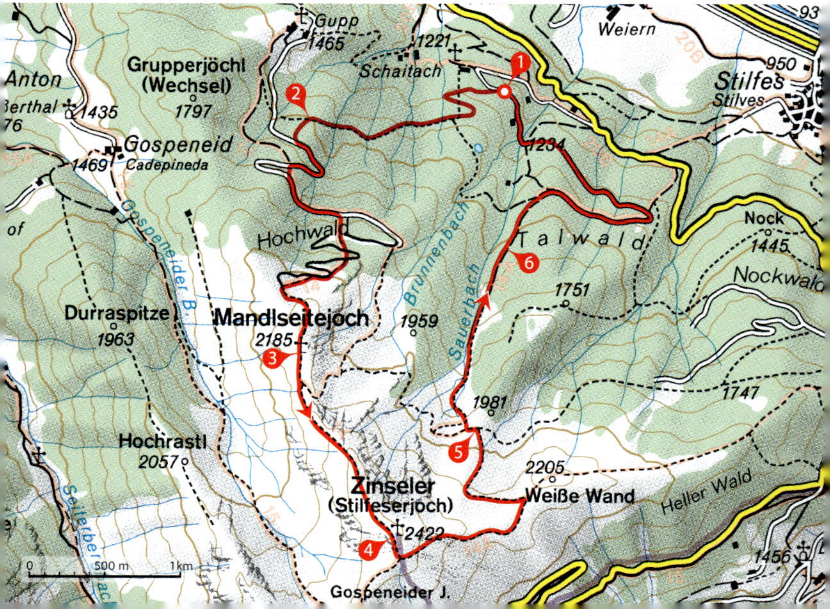

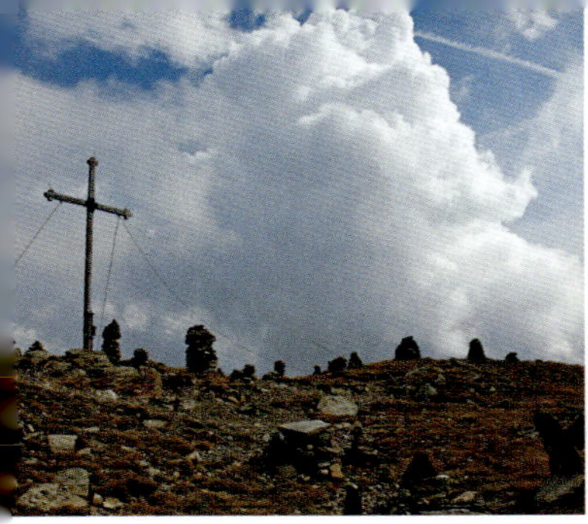

Steinmandlkolonie am Zinseler.

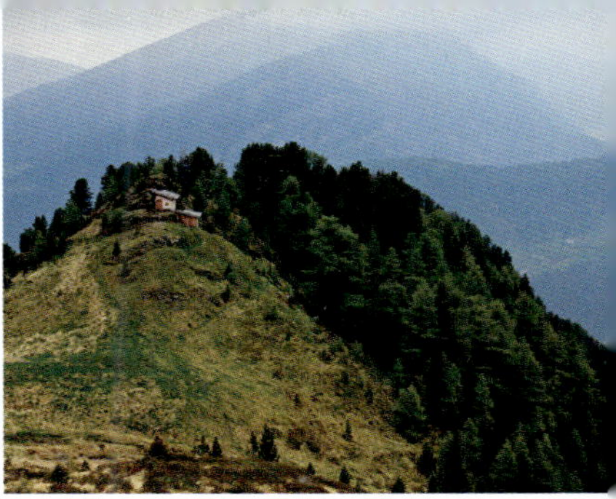

Die reizvoll gelegene Schafhütte.

Hinter **Schaiter** ❶ beginnt die Tour auf einer Forststraße (Nr. 14B), die leicht ansteigend quer durch den Nordhang zieht. Wo man weiter oben um eine andere Forststraße (Nr. 14 von Gupp) weiß, kann man sich weglos durch den Wald dorthin begeben ❷ – am besten an einer Art Rücken –, ansonsten wird das Eck ausgegangen. Bergwärts lassen sich bis unter das **Mandlseitejoch** ❸, 2185 m, weitere Abkürzungen vollziehen. Man erreicht ein Wetterkreuz mit Rastbank, wo sich das Panorama des Sterzinger Beckens genießen lässt, und geht anschließend knapp rechts an der Kuppe vorbei in die folgende Kammsenke. Am Nordwestrücken in teilweise steilerem, steindurchsetztem Gelände bis zum **Zinseler** ❹, 2422 m.
Der Abstieg beginnt direkt vom Kreuz weg mit Nr. 14A am schrofig-sandigen Ostrücken. Dieser läuft breiter aus und wird noch vor der Kuppe der Weißen Wand scharf nach links verlassen. Mit einem weiteren Rechtsknick in die Hangmulde hinab und in Richtung einer **Schafhütte** ❺, 1981 m, am Sattel einer Geländerippe. Linker Hand in die Eintalung des Sauerbachs und ohne Hindernisse tiefer. Zweimal wird eine Forststraße gekreuzt ❻, ca. 1550 m, bevor man den Steig Nr. 14A nach Stilfes verlässt und mit einer scharfen Linkskurve und einer Grabentraverse via Egger zurück zum Ausgangspunkt ❶ wandert.

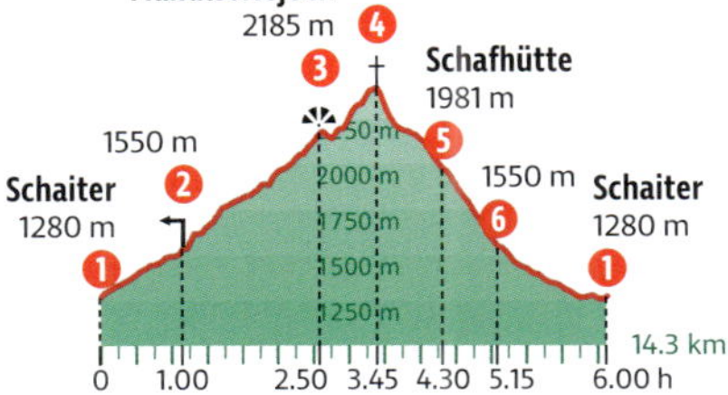

↗ 620 m | ↘ 620 m | 10.5 km

30 Sarner Weißhorn, 2705 m

4.30 h

Auf den formschönsten Gipfel der Sarntaler Alpen

Die oft bemühten Vergleiche mit dem Matterhorn hinken sicherlich ein wenig, doch aus bestimmten Perspektiven macht das Sarner Weißhorn, in manchen Karten auch Penser Weißhorn genannt, tatsächlich eine richtig schneidige Figur. Mit seinen gut 2700 Metern gehört es zur ersten Liga in der Gipfelflur der Sarntaler Alpen. Die Besteigung ist am Gipfelaufbau recht anspruchsvoll, aber mit dem vorteilhaften Ausgangspunkt am Penser Joch wird trotzdem eher eine genussorientierte Tour daraus. Der Zustieg ist in diesem Fall quasi ein richtiger Höhenweg.

Ausgangspunkt: Penser Joch, 2211 m, Scheitelpunkt der Straßenverbindung zwischen Sterzinger Becken und Sarntal. Kein Linienbus, in der Hauptsaison verkehrt an bestimmten Tagen (Di., Do. und Sa.) jedoch ein Wander-Shuttle ab Sterzing bzw. Sarnthein.
Anforderungen: Mindestens T4, meist leichter. Zunächst insgesamt nur wenig ansteigender Höhenweg, dann schuttreicher bis ins Gröller Joch (bis hierher »rot«), am Gipfelaufbau schließlich Felsgelände mit Drahtseilen und leichten Kletterstellen (I). Hier Trittsicherheit und absolute Schwindelfreiheit unerlässlich. Lockeres Tagesprogramm.
Einkehr/Unterkunft: Gasthaus Alpenrosenhof am Penser Joch, 2211 m, Mai bis Ende Oktober, Tel. +39 335 6547582, penserjoch.com.
Beste Jahreszeit: Wegen Schneefeldern meist erst ab Mitte oder Ende Juni, dann bis in den Oktober.
Variante: Ein Mini-Ausflug vom Penser Joch ist die kleine Runde über Gänsekragen und Penser-Joch-See.

Am **Penser Joch** ❶, 2211 m, nehmen wir den Höhenweg Nr. 12A in westlicher Richtung auf. Die Route führt anfangs durch die Südflanke des Gän-

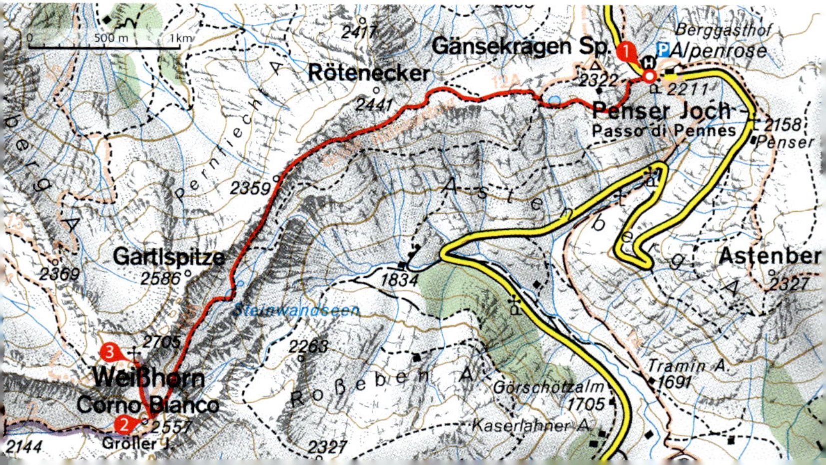

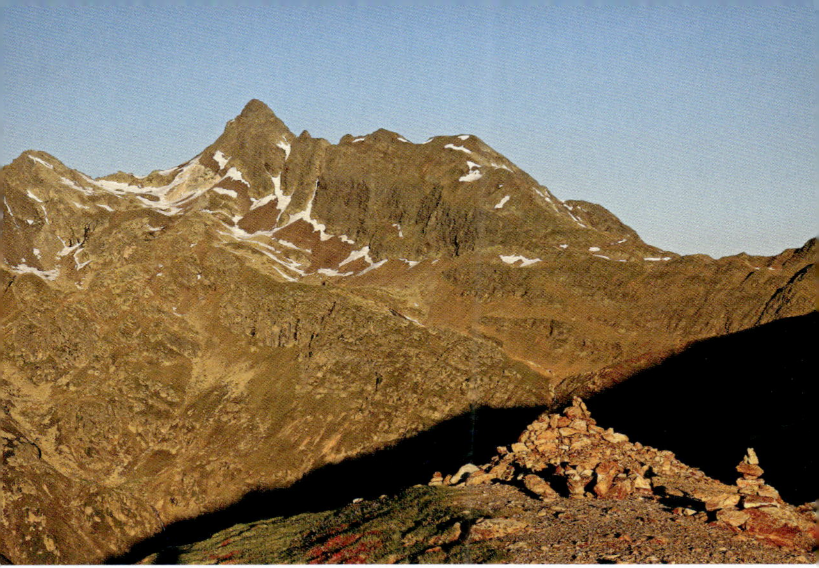

Vom Penser Joch wird die Formschönheit des Weißhorns ersichtlich.

sekragens, am Penser-Joch-See vorbei und in leichtem Auf und Ab durch mehrere seichte Geländebuchten. Damit geht es auch unterhalb der wenig prägnanten Röthenspitze entlang. Später mehr südwestwärts eindrehen und in die Nähe der Steinwandseen, die sich in eine Karterrasse am Fuß steilerer Flanken einbetten. Nun wird das Gelände geröllreicher und das Bergauf spürbarer. Man peilt das **Gröller Joch** ❷, 2557 m, am Übergang ins Oberbergtal an und wendet sich dort rechter Hand dem schroffen Gipfelaufbau des Weißhorns zu. Über Erde und Schutt zu den Felsen, die gut gestuft mit Drahtseilhilfe erklettert werden. Dabei laviert die Route zuerst nach rechts, zwischendurch etwas nach links und schlussendlich wieder rechts, um über den obersten Grat das Gipfelkreuz auf dem **Sarner Weißhorn** ❸, 2705 m, zu erreichen. Der Rückweg ist identisch.

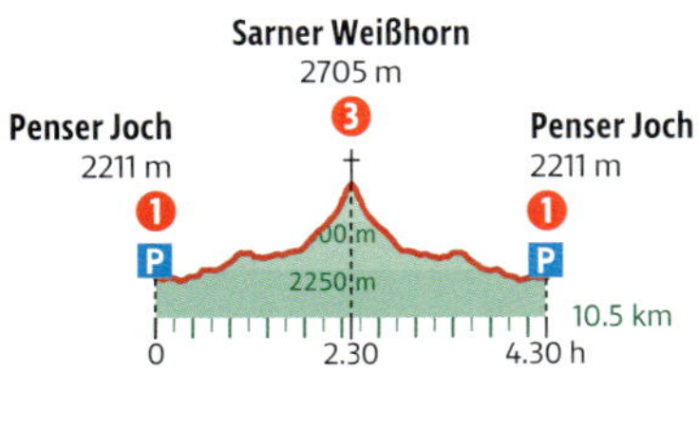

Das Gipfelpanorama reicht bis zum Alpenhauptkamm.

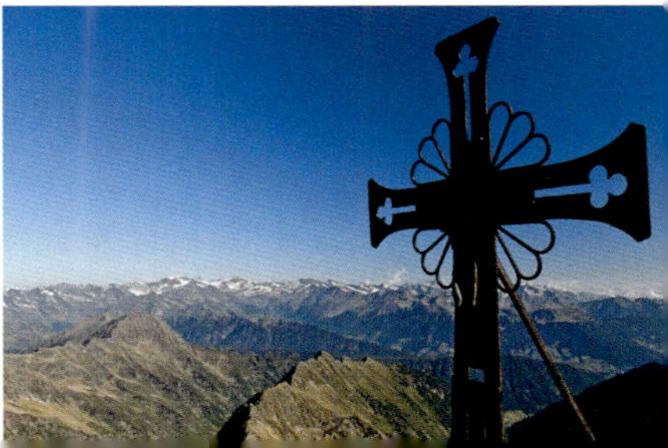

TOP

31 Tatschspitze, 2526 m

↗ 550 m | ↘ 550 m | 9.1 km

3.40 h

Große Schau hoch über dem Eisack

Die Tatschspitze bringt sich über dem Wipptal – besonders schön zu sehen auch vom oberen Teil der Penser-Joch-Nordrampe – recht auffällig, wenn auch etwas klobig, in Stellung und ist sogar mit respektablen Felsabstürzen garniert. Über die Westseite kommt man allerdings relativ leicht hinauf, weshalb der Gipfel von der Penser-Joch-Straße aus gern besucht wird. Ein weitreichendes Südtirol-Panorama ist wohl der größte Anreiz für den lediglich zweistündigen Aufstieg.

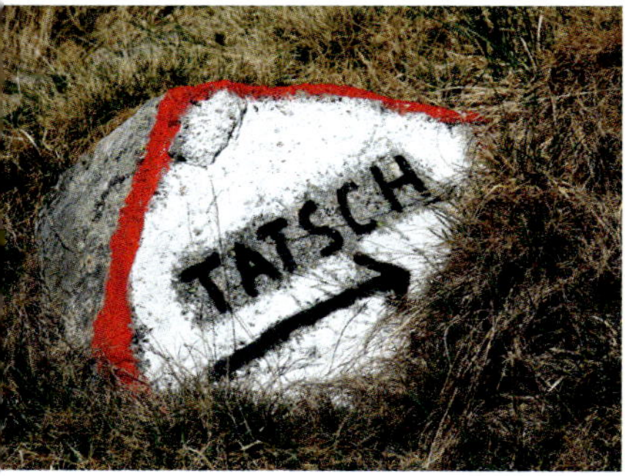

Ausgangspunkt: Penser Alm, 2158 m, an der Passstraße knapp 1 km südlich der Scheitelhöhe. Kein öffentlicher Linienverkehr; an manchen Tagen in der Hauptsaison Wander-Shuttle aus dem Sarntal.

Anforderungen: T3. Ordentlicher Bergweg, zunächst in leichtem Auf und Ab durch meist grasiges Gelände. In der aufsteilenden Gipfelflanke weichen die Matten sandigem Blockschutt, jedoch ohne besondere Schwierigkeiten. Halbtagestour.

Einkehr: Eventuell Ausschank auf der Penser Alm, ansonsten der Gasthof am nahen Penser Joch, 2211 m.

Beste Jahreszeit: Juni bis Oktober.

Variante: Eine kleine Wegvariante führt zu Beginn über den Astenberg hinweg. Man kann auch am Penser Joch starten (etwas länger).

Von der **Penser Alm** ❶, 2158 m, mit Nr. 14A südwärts bergauf, anschließend in großem Bogen um den Astenberg herum und damit leicht auf und ab von dessen West- auf die Südseite. Dort gesellt sich die Variante dazu. Wir

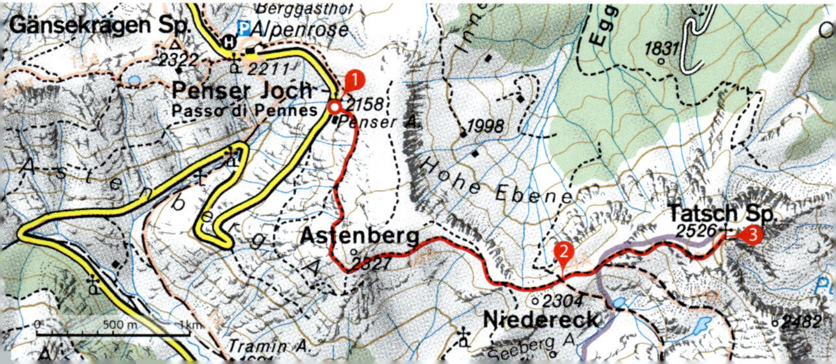

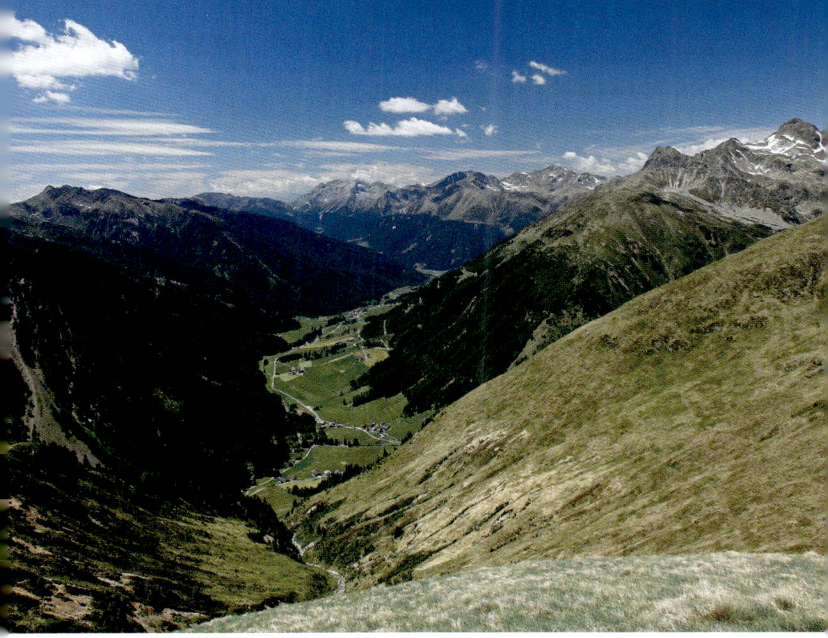

Auch ins obere Sarntal schweifen die Blicke.

wandern in Kammnähe bzw. leicht rechts ausweichend weiter, queren vor dem Niedereck allerdings in die abschüssige, bröselige Nordflanke hinein. Gleichwohl ist auch die folgende Abwärtstraverse gut stabilisiert und im Prinzip einfach. Nachdem die Route der Sarntaler Hufeisentour rechts abgezweigt ist ❷, durchläuft man eine schwache Senke und lässt auch einen Übergang zum Puntleider See rechts abziehen. An der steileren Westflanke unseres breit gelagerten Gipfels bleibt es vorerst noch grasig, ehe der Untergrund in sandigen Blockschutt wechselt. Im Zickzack hinauf bis zu einer Art Plateau, wo zwei Erhebungen abgesetzt sind. Das Kreuz der **Tatschspitze** ❸, 2526 m, steht linker Hand über den Ostabbrüchen. Retour nehmen wir dieselbe Route.

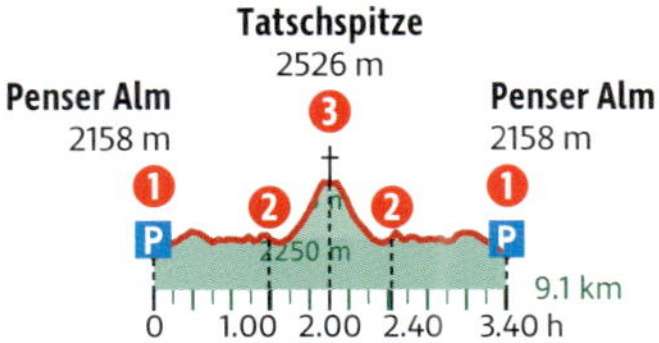

↗ 950 m | ↘ 1400 m | 20.7 km

32 Ziroger Höhenweg

6.40 h

Wo man dem Transit-Wahnsinn am Brenner entflieht

Das obere Wipptal zwischen Brenner und Sterzing wird von Reisenden – auch von den meisten Wanderfreunden – in der Regel eilig durchfahren. Wer sich schon mal fragt, was die begrenzenden Berge wohl zu bieten haben, kann durchaus Überraschendes entdecken. Auf halber Höhe zieht der Ziroger Höhenweg eine ziemlich lange Linie durch die Flanken, bietet trotz des häufig bewaldeten Geländes immer wieder idyllische Plätze mit herrlichen Ausblicken und macht bei einer ganzen Handvoll Einkehrmöglichkeiten Station. Einen Besuch wert ist schon beim Ausgangspunkt das traditionsreiche Gasthaus Brennerwolf mit seiner über 500 Jahre alten Stube. Es musste übrigens im Zuge des Autobahnbaus versetzt werden. Ob Enzian- oder Hühnerspielhütte, Riedberg- oder Prantner Alm – alle Jausenstationen lassen die Hektik der Brenner-Transitachse für eine Weile vergessen.

Ausgangspunkt: Gasthaus Brennerwolf, 1400 m. Zufahrt von der Brenner-Staatsstraße (ca. 2 km südlich des Ortes) über den Autobahnzubringer bzw. von der Ausfahrt Brenner kommend auf der abzweigenden Bergstraße hoch zum etwas versteckten Gasthaus. Zu Fuß vom Bahnhof Brenner sehr umständlich.
Endpunkt: Bahnhof Sterzing, 952 m. Richtung Brenner verkehren regelmäßig Regionalzüge. Bereits ab Braunhof gegebenenfalls mit dem City-Bus nach Sterzing.

Die Zirogalm hat dem Höhenweg den Namen verliehen.

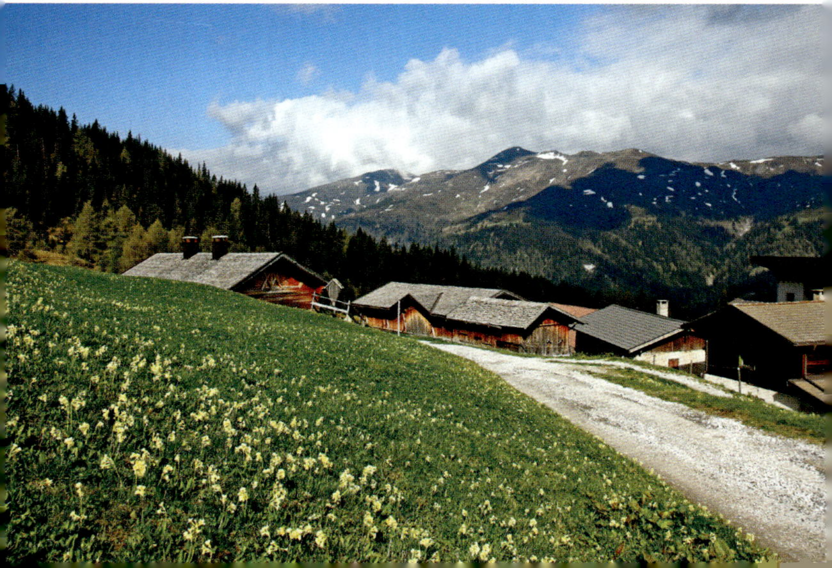

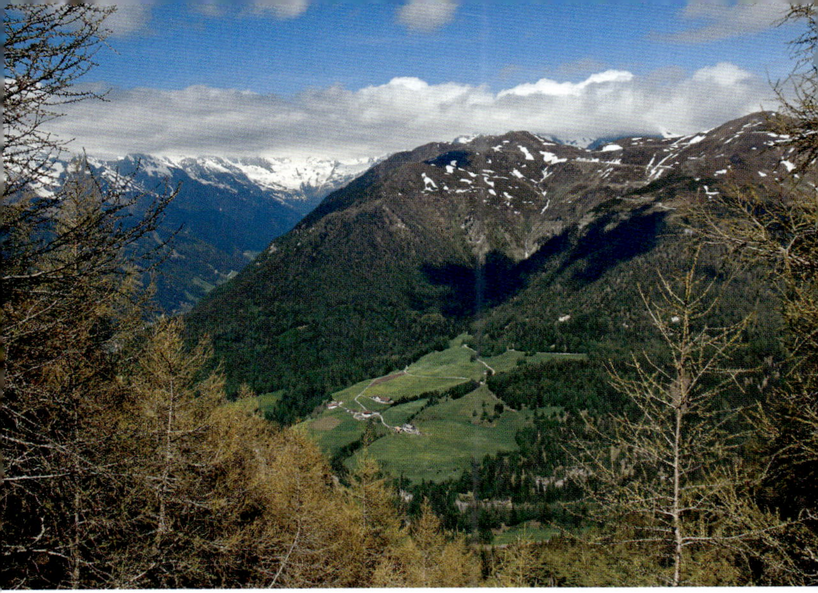

Immer wieder öffnen sich tolle Ausblicke über das Wipptal.

Anforderungen: T3, meist leichter. Lange Streckenwanderung entlang der Bergflanken, meist noch unterhalb der Waldgrenze. Der Mittelteil ist recht verschlungen und erfordert in kurzen Steilpassagen auch Trittsicherheit, sonst eher leicht. Entscheidend ist Marschfreude und Ausdauer für eine volle Tagestour.
Einkehr/Unterkunft: Brennerwolf, 1400 m. Enzianhütte, 1894 m, fast ganzjährig, Tel. +39 0472 631224. Hühnerspielhütte, 1868 m, Tel. +39 349 2252722. Riedbergalm, 1925 m. Prantner Alm, 1818 m, Tel. +39 333 4656009 oder +39 338 4959084, prantneralm.com. Braunhof, 1345 m, Di. Ruhetag, Tel. +39 0472 764695, jausenstation-braunhof.com.
Beste Jahreszeit: Juni bis Oktober.
Variante: Auch Teilbegehungen sind möglich; es gibt zwischendurch eine ganze Handvoll Zu- und Abstiegswege aus dem Wipptal.

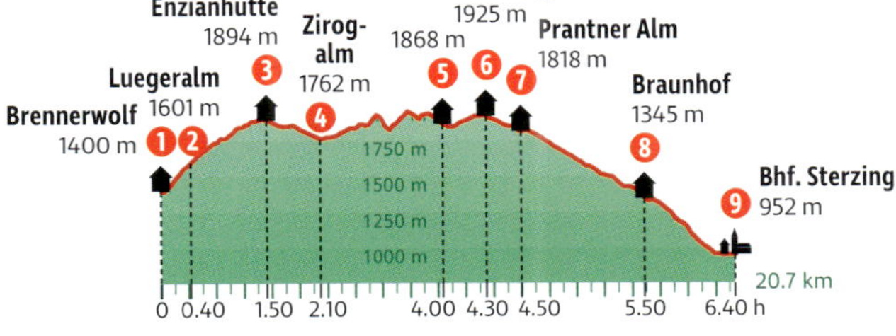

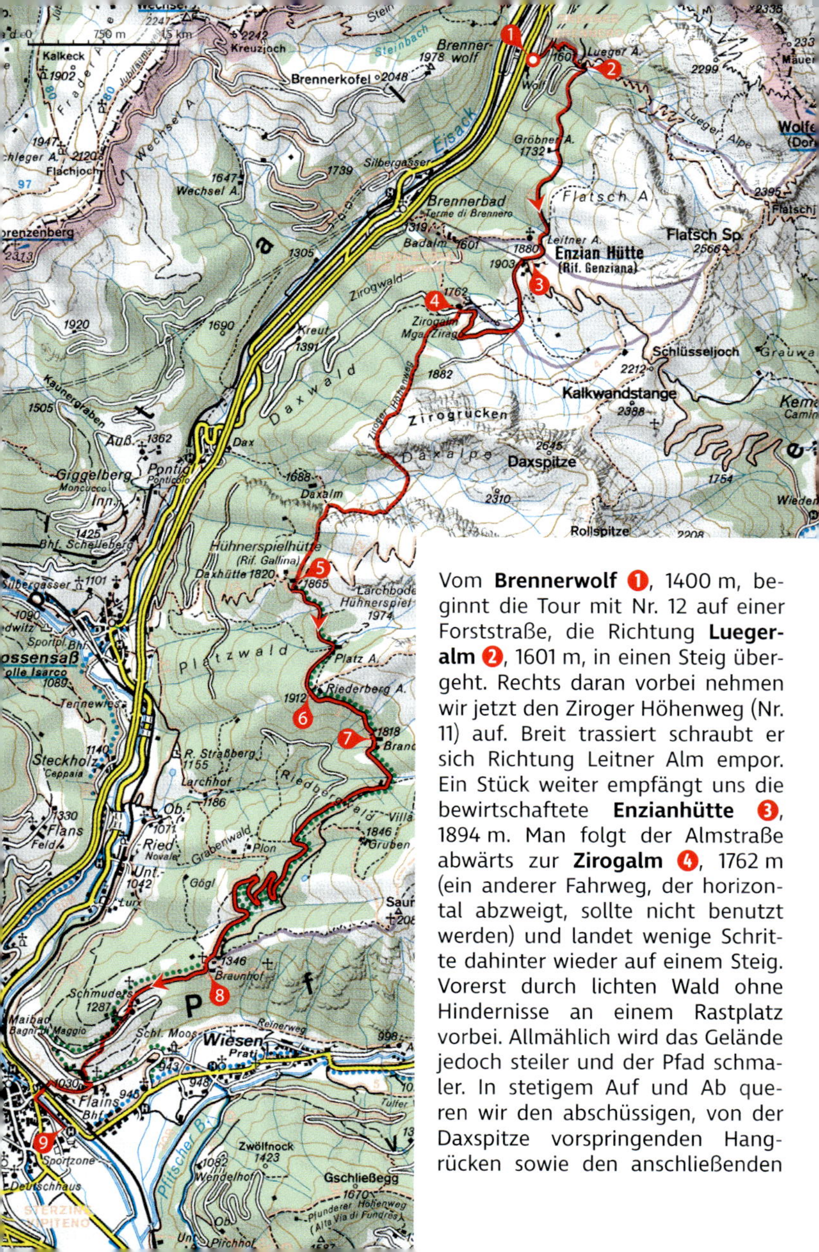

Vom **Brennerwolf** ❶, 1400 m, beginnt die Tour mit Nr. 12 auf einer Forststraße, die Richtung **Luegeralm** ❷, 1601 m, in einen Steig übergeht. Rechts daran vorbei nehmen wir jetzt den Ziroger Höhenweg (Nr. 11) auf. Breit trassiert schraubt er sich Richtung Leitner Alm empor. Ein Stück weiter empfängt uns die bewirtschaftete **Enzianhütte** ❸, 1894 m. Man folgt der Almstraße abwärts zur **Zirogalm** ❹, 1762 m (ein anderer Fahrweg, der horizontal abzweigt, sollte nicht benutzt werden) und landet wenige Schritte dahinter wieder auf einem Steig. Vorerst durch lichten Wald ohne Hindernisse an einem Rastplatz vorbei. Allmählich wird das Gelände jedoch steiler und der Pfad schmaler. In stetigem Auf und Ab queren wir den abschüssigen, von der Daxspitze vorspringenden Hangrücken sowie den anschließenden

Daxalmkessel, wo zwischendurch eine Bergsturzhalde zu traversieren ist. Ein steiler Anstieg leitet auf die Schulter des Hühnerspielrückens (P. 1926). Damit liegt der anspruchsvollste Abschnitt hinter uns. Entspannt laufen wir bei der **Hühnerspielhütte** 5, 1868 m, ein. Auf einem Fahrweg wird die Hangbucht mit der Platzalm ausgegangen. Bei der **Riedbergalm** 6, 1925 m, stoßen wir auf einen Wanderparkplatz (siehe Tour 34). Anschließend geht es auf der Forststraße leicht, aber beständig bergab. Man tangiert die **Prantner Alm** 7, 1818 m, und hat sowohl hier als auch später beim **Braunhof** 8, 1345 m, nochmals Gelegenheiten zur Einkehr. Das letzte Stück dorthin ist asphaltiert (die parallele Wanderroute Nr. 3 ist auch möglich, dauert aber länger). Vom Braunhof talwärts wählen wir allerdings den Weg Nr. 3, zumal die Schleifen der Bergstraße über das Ebenfeld und die Weiler Schmuders und Flains somit geschickt abgekürzt werden. Schließlich auf einem kleinen Sträßchen hinunter nach **Sterzing**, 945 m, durch die Bahnunterführung und in die Bahnhofstraße 9.

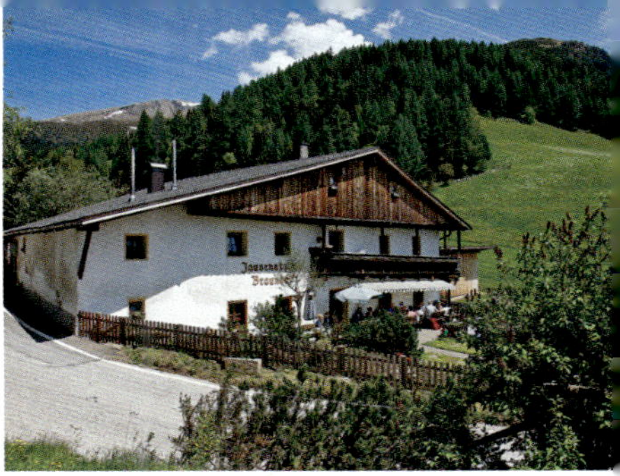

Letzte Einkehrmöglichkeit besteht beim Braunhof.

Bergfrühling bei der Prantner Alm.

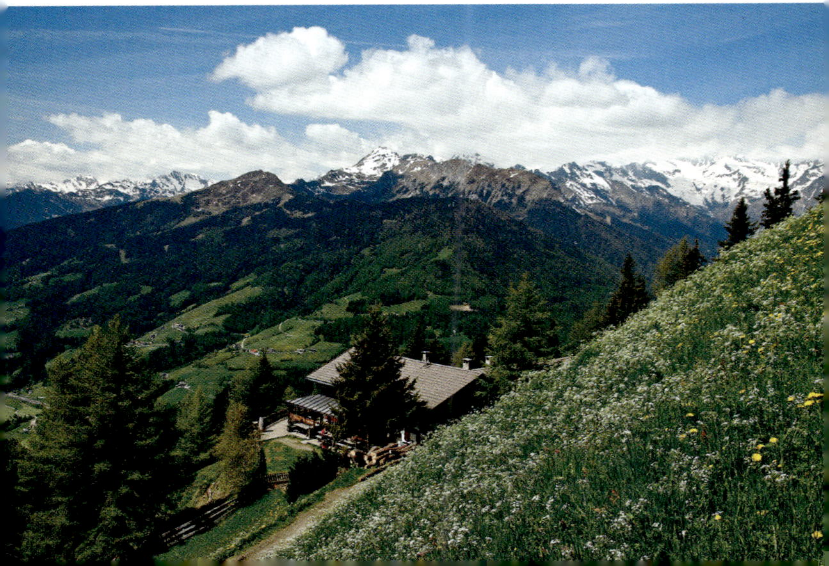

↗ 900 m | ↘ 900 m | 12.6 km

33 Hühnerspielhütte, 1868 m, und Riedbergalm, 1925 m

5.00 h

In die Almregion oberhalb von Gossensaß

Diese Wanderung überschneidet sich streckenweise mit dem Ziroger Höhenweg, vollzieht sich von Gossensaß aus jedoch auf deutlich engerem Zirkel. Ziel sind die Jausenstationen an der Waldgrenze, wo man das Flair des Almsommers aufsaugen kann.

Ausgangspunkt: Gossensaß, 1098 m, im Wipptal. Öffentlicher Parkplatz in der Tribulaunstraße, Bahnhof auf der Linie zwischen Sterzing und Brenner, Bushaltestelle an der Durchgangsstraße.
Anforderungen: T2+. Größtenteils Waldwege, die streckenweise recht steil verlaufen (besonders Nr. 6A im Abstieg). Bei Nässe unangenehme Abschnitte. Im oberen Teil problemlose Fahrwege. Elementare Trittsicherheit vorteilhaft.
Einkehr: Hühnerspielhütte, 1868 m, Tel. +39 349 2252722. Riedbergalm, 1925 m. Prantner Alm, 1818 m, Tel. +39 333 4656009 oder +39 338 4959084.
Beste Jahreszeit: Juni bis Oktober.

In **Gossensaß** ❶, 1098 m, beginnt der Weg Nr. 22 (Beschilderung »Hühnerspielhütte«) nahe der nördlichen Ortsausfahrt. Eng zwischen Häusern hindurch auf einen Wald- und Wiesenpfad, der die Brenner-Autobahn unterquert und zum Hof **Hochwieden** ❷, ca. 1260 m, ansteigt. Wir treffen auf eine Forststraße, nutzen hinter einer Doppelkehre aber die Abkürzungen des alten Steiges. Erst weiter oben begeht man die letzten Serpentinen des Wirtschaftsweges und gelangt damit zur **Hühnerspielhütte** ❸, 1868 m, auf der gleichnamigen Alm. Fast eben gehen wir den Einschnitt des Platzgrabens mit der Platzalm aus und erreichen bei der **Riedbergalm** ❹, 1925 m, den höchsten Punkt der Tour.

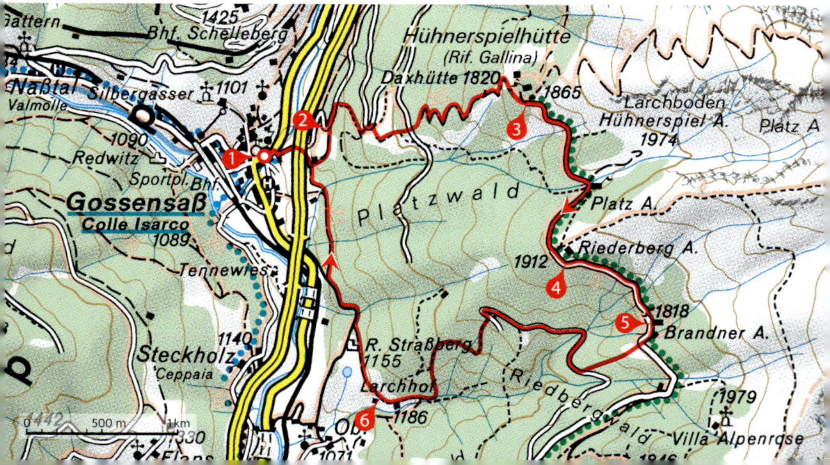

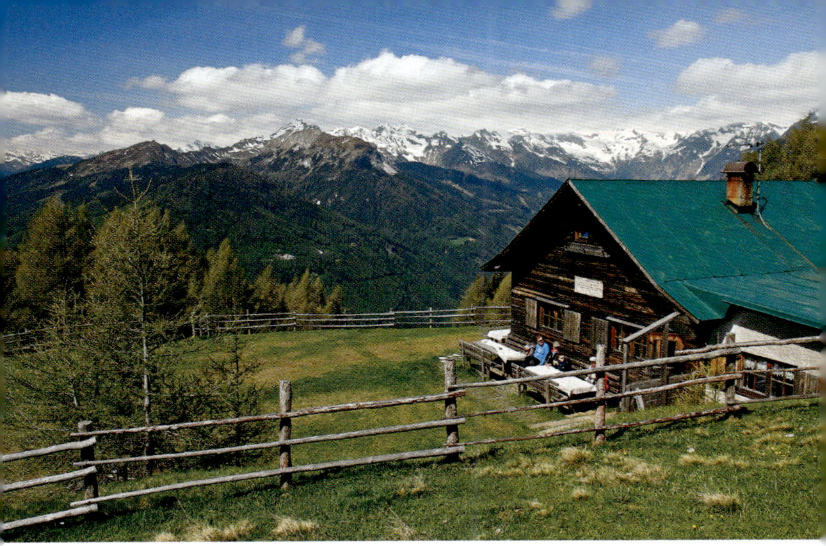

Beschauliche Rast auf der Hühnerspielhütte.

Danach senkt sich die Almstraße wieder ab und bringt uns Richtung **Prantner Alm** 5, 1818 m. Man achtet auf Markierung 6A, gelangt mit wenigen Schritten abwärts zum Gasthaus und setzt den Abstieg auf steilem Waldsteig fort. Auf einer querenden Forststraße nach rechts (!), im Bogen durch den Kessel des Grabenbachs und weiter nach Fallrütt, wo die breite Trasse endet. Wir nehmen nach links einen Anschlusspfad auf, der eine mit wucherndem Gras bewachsene Blöße rechts absteigend traversiert (bei Nässe lästig). Anschließend ziemlich steil hinunter bis zum **Larchhof** 6, ca. 1200 m. Die asphaltierte Zufahrt führt oberhalb der Ruine Straßberg vorbei. Man verlässt sie an bezeichneter Stelle nach rechts auf einen Waldweg. Bei der nächsten Gabelung wählen wir die obere Variante (Nr. 21), die schön am Hang entlangquert und uns via Platzhof am günstigsten nach **Gossensaß** 1 zurückbringt.

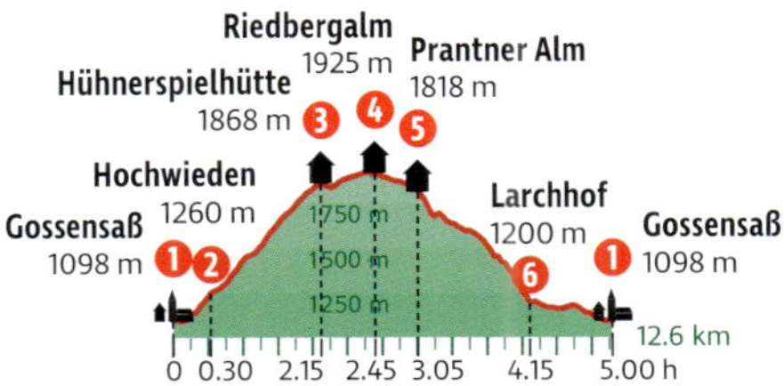

↗ 1000 m | ↘ 1000 m | 10.2 km

34 Weißspitze, 2714 m, und Amthorspitze, 2748 m

5.00 h

Ungleiches Gipfelpaar über dem oberen Eisack

Diese beiden Gipfel – die Weißspitze elegant spitzig mit auffällig hellem Gestein, die Amthorspitze hingegen eher behäbig – befinden sich im südlichen Ausläufer des Tuxer Kamms, der letztlich bis gegen das Sterzinger Becken abstreicht. Sie gehören zum Kulissenbild der Stadt und können jeweils über ihre Westseiten bestiegen werden, wobei die Gratverbindung eine Kombination erlaubt. Bis Anfang der 1990er-Jahre waren an der Amthorspitze, traditionell auch als Hühnerspiel geläufig, eine Seilbahn sowie eine militärische Station in Betrieb – die unattraktiven Erschließungen sind leider noch gegenwärtig.

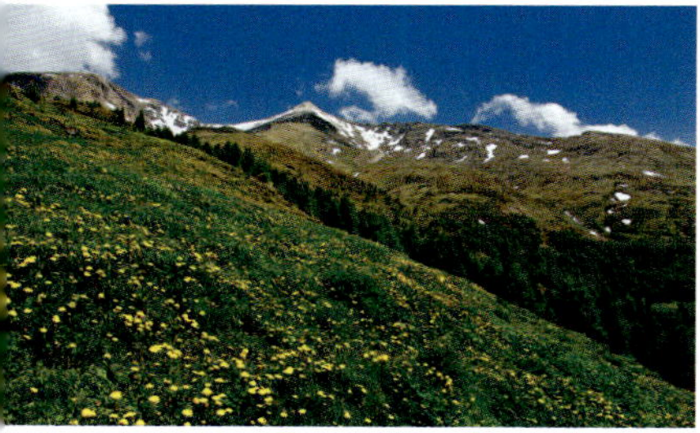

Der Aufstieg zur Weißspitze beginnt bereits im Almgebiet.

Ausgangspunkt: Riedbergalm, 1912 m. Zufahrt von Sterzing/Wiesen über Flains, Schmuders und den Braunhof, später auf einer öffentlich befahrbaren Forststraße bis zum Parkplatz bei der Alm.

Anforderungen: T3. An den Westrücken jeweils weitgehend problemlose Bergwege, auf langen Strecken in gleichmäßiger Steilheit, an der Weißspitze insgesamt ein wenig fordernder. Merklich schwieriger ist der Übergang zwischen beiden Gipfeln, hier Trittsicherheit in brüchigem Terrain erforderlich. Normale Tagestour.

Einkehr: Hühnerspielhütte, 1868 m, Tel. +39 349 2252722. Riedbergalm, 1925 m.

Beste Jahreszeit: Mitte Juni bis Mitte Oktober.

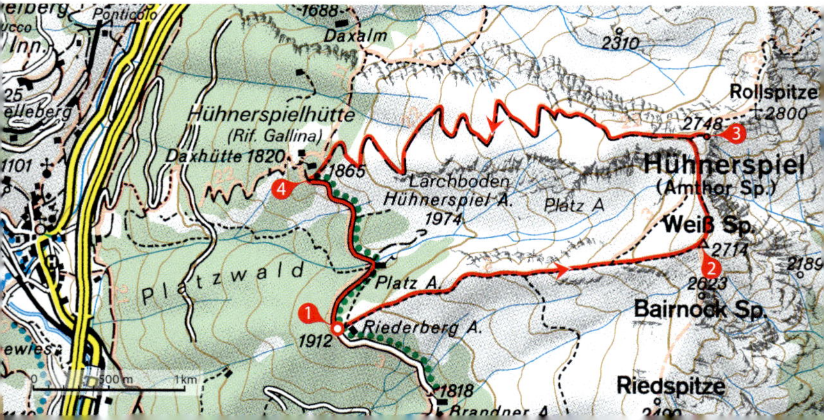

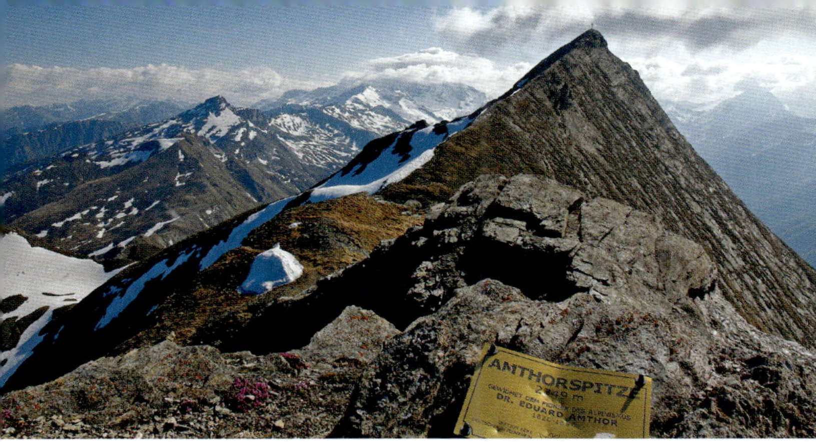

Alpines Ambiente auf der Amthorspitze gegen die benachbarte Rollspitze.

Unmittelbar bei der **Riedbergalm** ❶, 1925 m, setzt der stumpfe Westrücken zur Weißspitze an. Ohne Besonderheiten geht es vorerst über alpine Rasen bergauf, später zunehmend im Geröll. Vor dem Gipfel der **Weißspitze** ❷, 2714 m, prägt sich der Rücken dann etwas steiler und schärfer aus. Über Bröselgelände geht es nordwärts in den Gratsattel P. 2623 hinab. Im Gegenanstieg wird die Rinne unterhalb einer brüchigen Kerbe traversiert, bevor man mittels Leiter eine senkrechte Stufe überwindet. Kurz darauf ist der Gipfel der **Amthorspitze** ❸, 2748 m, gewonnen.
Auf der Westseite des Berges steigen wir zu den Antennenanlagen und der alten Seilbahnstation ab. Mehr als drüben an der Weißspitze holt die Route zu einem Kehrenkurs aus und windet sich am weitläufigen Westhang bergab. Hin und wieder passiert man Schneefangzäune. Die Trasse des alten Karrenweges (Nr. 22) ist schon etwas überwachsen, an sich aber harmlos. Sie bringt uns schließlich zur bewirtschafteten **Hühnerspielhütte** ❹, 1868 m. Von dort steht noch eine Traverse zurück zur **Riedbergalm** ❶ bevor – auf breitem Wirtschaftsweg mit etwas Gegensteigung an der Platzalm vorbei.

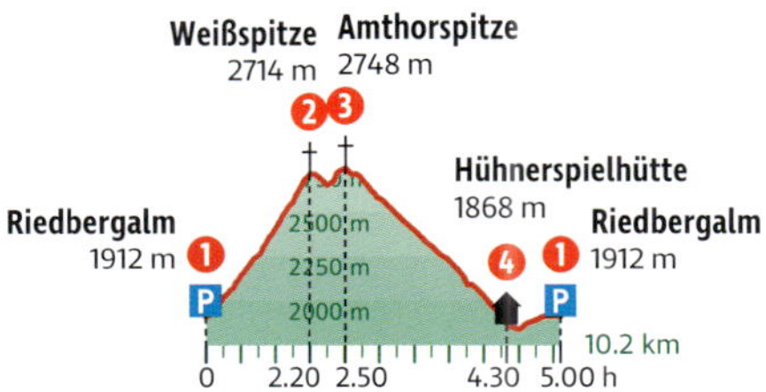

↗ 740 m | ↘ 740 m | 6.4 km

35 Saun, 2085 m

3.30 h

Der letzte Kammausläufer über Sterzing

Streng topografisch ist der Saun kein eigenständiger Gipfel, sondern eher die südlichste Schulter jenes Kammzuges, der das Wipptal vom Pfitscher Tal trennt. Einheimische schätzen den schönen Aussichtspunkt, der sich ab Braunhof in einer halbtägigen Spritztour erreichen lässt und die heimatlichen Gefilde zu Füßen legt. Knapp oberhalb der Waldgrenze erhaschen wir ein Panorama der Sterzinger Gegend, wie es echten Gipfeln durchaus ebenbürtig ist. Im Westen öffnen sich die Täler von Ratschings, Ridnaun und Pflersch mit ihrer herrlichen Bergwelt.

Ausgangspunkt: Braunhof, 1345 m. Zufahrt von Sterzing/Wiesen über Flains und Schmuders, ca. viermal täglich auch mit dem City-Bus von Sterzing erreichbar.
Anforderungen: T2+. Oft ziemlich steile Waldwege, die für Gelegenheitswanderer schon ein wenig fordernd erscheinen können, jedoch keine besonderen Schwierigkeiten bergen. Erst zuoberst erdiger Pfad durch Wiesengelände. Halbtagestour.
Einkehr: Braunhof, Tel. +39 0472 764695, jausenstation-braunhof.com.
Beste Jahreszeit: Von Mai bis zum Einwintern.
Variante: Vom Saun lässt sich eine tolle Kammwanderung via Riedspitze und Bairnock bis zur Weißspitze, 2714 m, anschließen (etwa 2.00 Std. bis dorthin, Bewertung mindestens T3).

Gleich oberhalb des **Braunhofes** ❶, 1345 m, verlassen wir die Straße mit Nr. 6 auf einen Waldweg, der ziemlich steil anzieht. Nach etwa einer halben Stunde bei der Gabelung rechts ❷ und fortan auf schmalerer Trasse

Auf der Saxeralm.

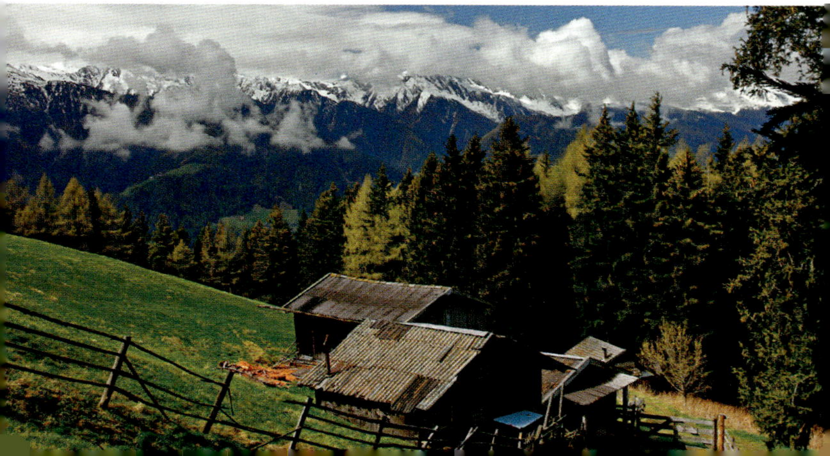

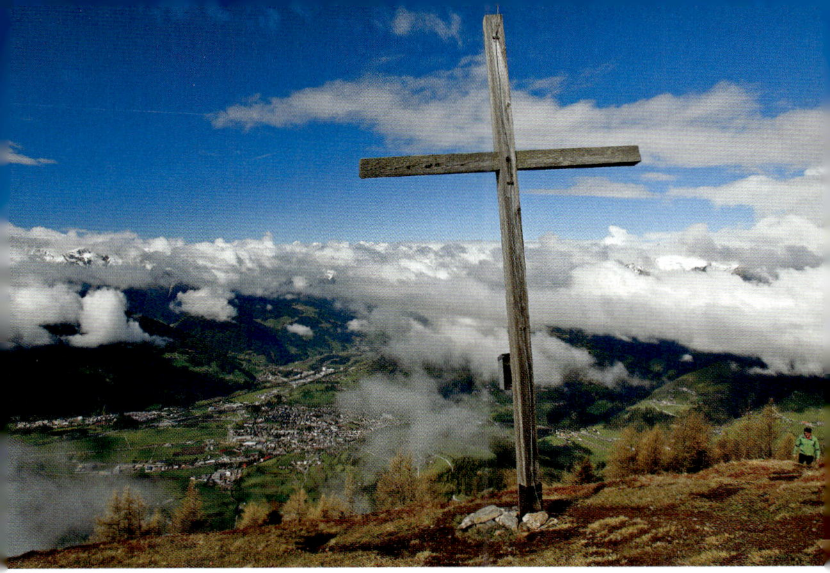

Der Saun zählt zu den schönsten leicht erreichbaren Logenplätzen rund um Sterzing.

in dichtem Wald bergauf. Mit dem Zickzack ist es effektiv nicht mehr so steil. Kurz nach dem Hinweisschild für die Variante 6B treten wir ins freie Wiesengelände hinaus und bewältigen den letzten Steilhang auf erdigem Pfad bis zum Kreuz am **Saun** ❸, ca. 2060 m. Ein paar Meter höher befindet sich die kotierte Bergschulter (P. 2085).

Im Abstieg können wir nach einigen Minuten die besagte Route Nr. 6B nach rechts einschlagen und absolvieren dort zunächst eine Traverse. Dann geht es in ähnlicher Manier bergab, wobei eine markante Linkskurve vollzogen wird. An der **Saxeralm** ❹, ca. 1700 m, vorbei stoßen wir auf den Weg Nr. 3. Damit schräg abwärts, zwischendurch einen Graben kreuzend und auf den Hinweg einmündend zurück zum **Braunhof** ❶.

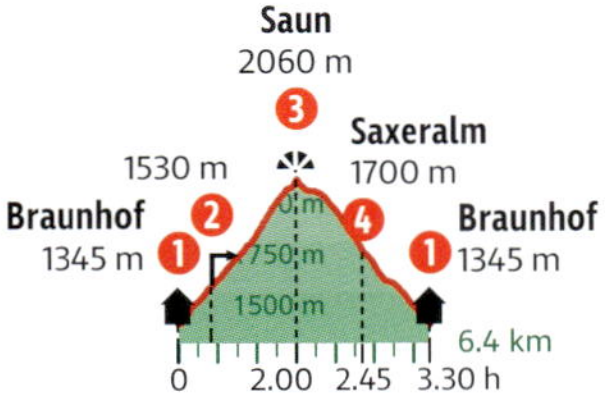

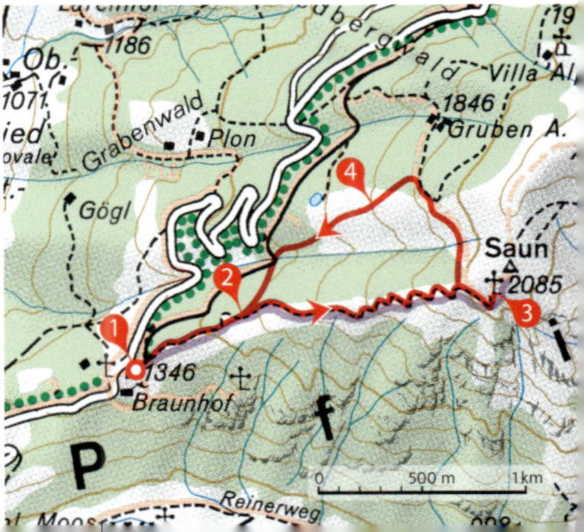

↗ 1540 m | ↘ 1540 m | 15.2 km

36 Wolfendorn, 2776 m, und Flatschspitze, 2566 m

7.30 h

Auf die Hausberge von Kematen im Pfitscher Tal

Anhand seiner prägnanten Form ist der Wolfendorn über dem Pfitscher Tal unverkennbar. Marschtüchtige setzen ihn gern aufs Programm, denn zur Popularität gehört auch eine bekanntermaßen schöne und vielfältige Aussicht, die weit nach Nordtirol hineinreicht, bei Idealwetter aber auch quer über Südtiroler Gefilde bis zur Ortlergruppe. Besonders imposant erscheint die nähere Umrahmung des Pfitscher Tals. Wer noch eine Schippe draufzulegen vermag, kann sozusagen in einem Aufwasch die benachbarte Flatschspitze besteigen. Der Mehraufwand beträgt ungefähr eine Stunde. Außerdem hat man damit die Möglichkeit, via Schlüsseljoch eine andere Abstiegsroute zu wählen.

Ausgangspunkt: Kematen, 1440 m, Parkplatz im Ort. Linienverkehr von Sterzing ins Pfitscher Tal.
Anforderungen: T3. Lange Bergtour auf teils kleinen Steigen. Die tieferen Bereiche können bei Nässe etwas unerquicklich sein (besonders im Hofergraben), der Gipfelbereich am Wolfendorn ist schrofig. Wandertechnisch für grundlegend Trittsichere nur mittelschwer, konditionell jedoch ziemlich anspruchsvolle Tagesleistung.
Einkehr: Eventuell Grubbergalm, 2002 m.
Beste Jahreszeit: Juni bis Oktober, falls weitgehend schneefrei.
Variante: Die Gipfelkombination ist prinzipiell auch aus dem Wipptal

Das Dorf Kematen im Pfitscher Tal.

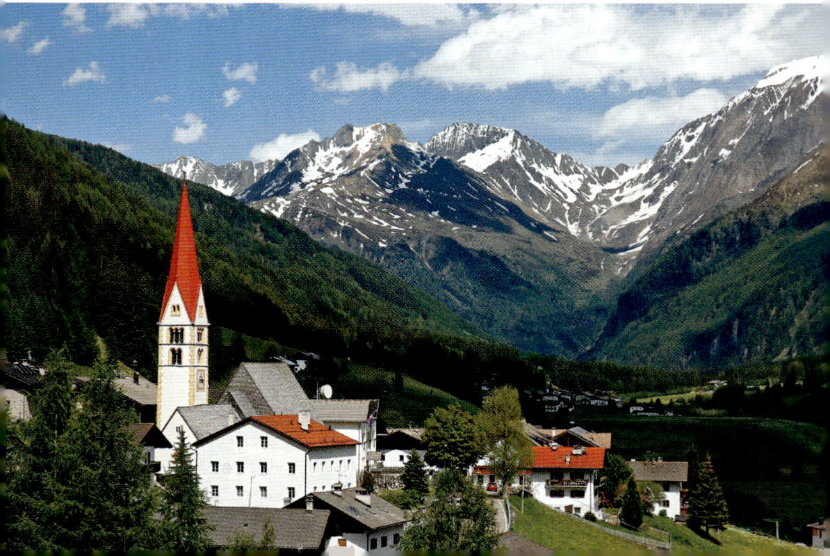

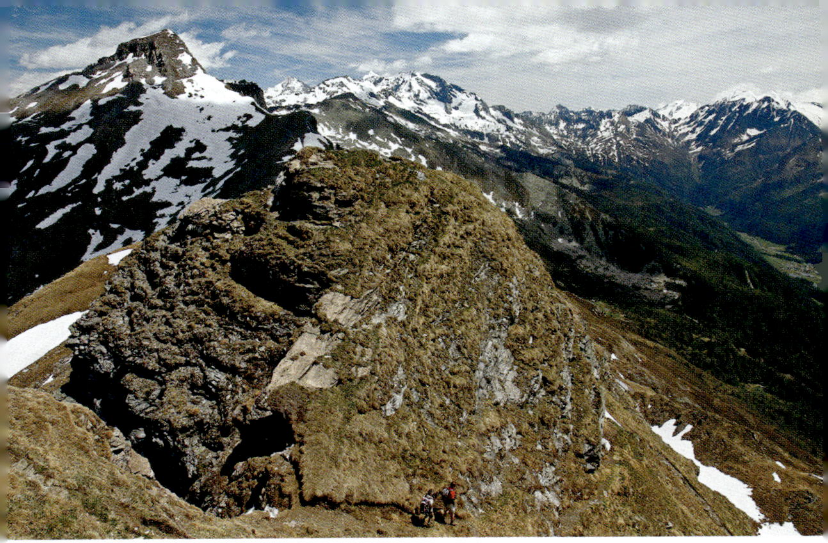

Die Flatschspitze ist ein feines Zugabeziel – hier mit Rückblick zum Wolfendorn.

möglich. Startpunkt ist das Gasthaus Brennerwolf, von dort kann man mit Nr. 12 ins Flatschjoch ansteigen. Vom Schlüsseljoch führt später ein Weg hinab zur Enzianhütte und damit zum Ziroger Höhenweg (vgl. Tour 32).

Bei der Kirche in **Kematen** ❶, 1440 m, beginnt der Steig Nr. 5 hinauf in eine Wiesenhangmulde. Durch die Schneise höher und dann rechts haltend zur Einmündung in den Karrenweg zur Grubbergalm. Links nebenan befindet sich die Hatzlacke. Mit ein paar Kurven wird die sommers bewirtschaftete **Grubbergalm** ❷, 2002 m, erreicht. Weiter oben dreht die Route markant nach links ab. Ein ehemaliger Militärweg zieht durch die Flanken, über den Vorsprung am Hohenhals, 2230 m, in eine kleine Mulde, aus der nun das **Flatschjoch** ❸, 2395 m, erstiegen wird. Es schließt sich eine Reihe von Ser-

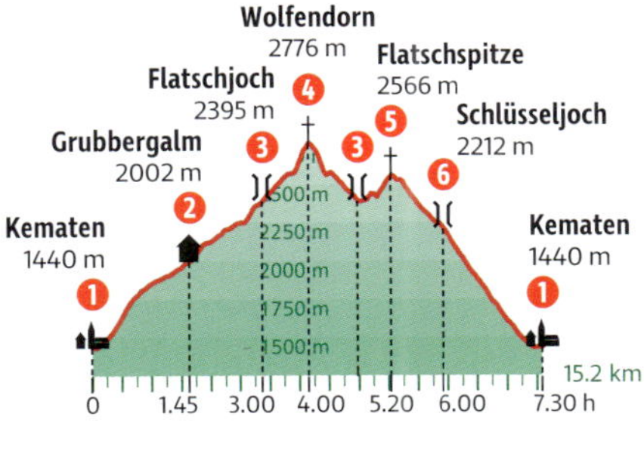

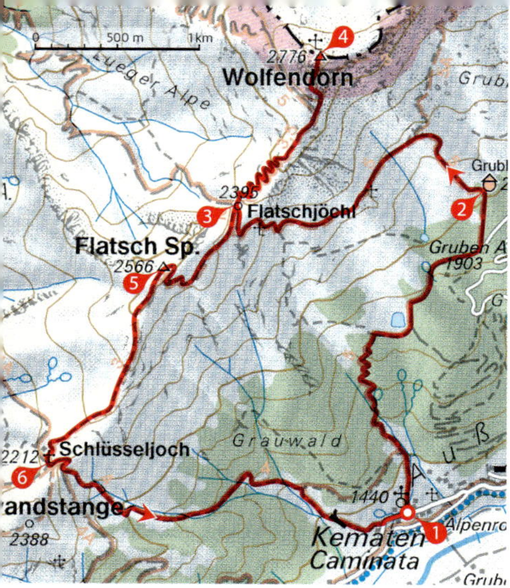

pentinen an. Danach ein Stück weit gerade an den Gipfelaufbau heran und nochmals im Zickzack durch die aufsteilende Südflanke auf den **Wolfendorn** ❹, 2776 m.

Zurück am **Flatschjoch** ❸ folgen wir Route Nr. 3 und queren südseitig um den markanten Zacken herum. Durch eine Mulde (P. 2444) leicht aufwärts und dahinter mit einigen Schleifen steiler durch die Flanke bis auf die grasige **Flatschspitze** ❺, 2566 m. Der Abstieg führt Richtung Südwesten über eine Vorkuppe und am weitläufigen Rücken zur Kreuzung im **Schlüsseljoch** ❻, 2212 m. Gleich unterhalb scheren wir vom Militärsträßchen aus und wählen den Direktabstieg Nr. 4. Kehren leiten in einen Hangtrichter hinab. Im Hofergraben kann der Weg ziemlich strauchverwachsen sein – man achte gut auf die Richtungswechsel. Bewaldetes Gelände mit Lichtungen und schließlich ein langer Wiesenstreifen, wo die Pfadspur mitunter ebenfalls nicht deutlich ist, prägen den weiteren Abstieg zurück nach **Kematen** ❶.

Die Hatzlacke beim Aufstieg zur Grubbergalm.

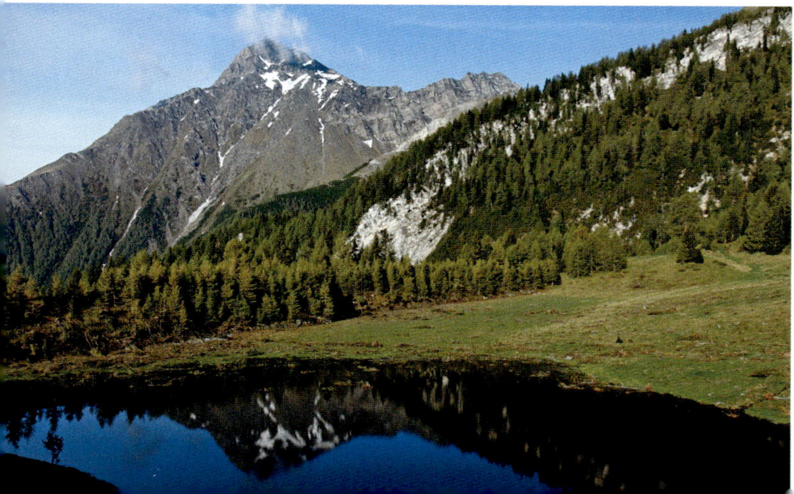

↗ 1640 m | ↘ 1640 m | 17.7 km

8.20 h

Landshuter Europahütte, 2693 m, und Kraxentrager, 2999 m

37

Mitten in Tirol und doch auf der Grenze

1899 wurde direkt auf der Höhe des Alpenhauptkamms die Landshuter Hütte errichtet. Zwei Jahrzehnte später führte dann eine neue Staatsgrenze genau durch das Gebäude – ein Kuriosum, das lange Zeit für Wirrungen und Probleme sorgte und eine Bewirtschaftung erschwerte. Heutzutage steht das Schutzhaus unter dem europäischen Einigungsgedanken und der gemeinsamen Führung des DAV und CAI, manifestiert im Namen »Landshuter Europahütte«. Künftig soll ein Neubau entstehen. Nach langem Aufstieg aus dem Pfitscher Tal sind stimmungsvolle Ausblicke gen Nord und Süd bei Schönwetter garantiert, getoppt noch am Hausberg namens Kraxentrager, dem lediglich ein Meter zum Dreitausender fehlt. Mit den Augen wäre man folglich drüber …

Ausgangspunkt: Platz, ca. 1420 m, im Pfitscher Tal. Parkplatz und Haltepunkt der Buslinie von Sterzing neben dem Pfitscherhof.
Anforderungen: T3, bis Hütte eine Nuance leichter. Bergwege unterschiedlicher Beschaffenheit, meist gut angelegt, auf der Abstiegsroute Nr. 3B phasenweise spärlicher ausgetreten. Wald im unteren Bereich, Mattengelände in der Mitte und nach oben hin steinig, teils über grobe Blockfelder. Die felsige Schlüsselstelle am Kraxentrager ist gesichert. Gute Trittsicherheit obligatorisch. Übernachtung möglich, ansonsten eine konditionell sehr fordernde Tagestour (ohne Gipfel ca. 6.30 Std., 1280 Hm).
Einkehr/Unterkunft: Landshuter Europahütte, 2693 m, DAV/CAI, Mitte Juni bis Ende September, Tel. +39 0472 646076 oder +39 338 2124738, europahuette.it.
Beste Jahreszeit: Juli bis September.

Am Kraxentrager wird das Gelände felsiger.

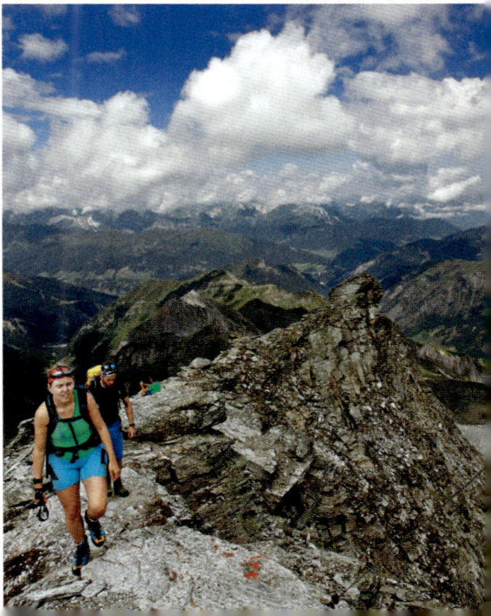

Beim Pfitscherhof in **Platz** ❶, 1420 m, starten wir zunächst auf einer Höfezufahrt. Man orientiert sich zum Rand der Wiese und kreuzt den begleitenden Bach nach rechts. Entlang der Nachbarwiese Richtung Wald und auf einem Forstweg weiter, bis Nr. 3A markant nach rechts abknickt. Der gut ausgebaute Weg schraubt sich in vielen Schleifen höher, passiert auf gut 1900 Metern ❷ den Abzweig zur Pirstlingalm (Bürstlingalm) und bewegt sich am lang gestreckten Südausläufer der

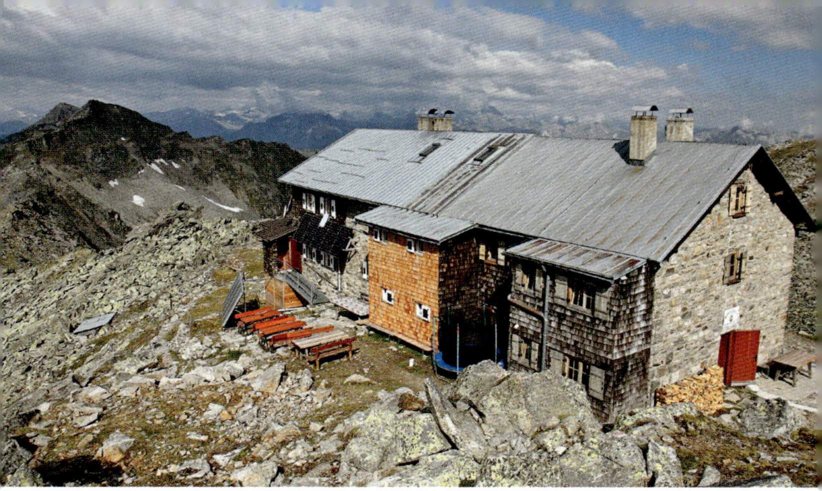

Direkt auf der Grenze zwischen Nord- und Südtirol liegt die Landshuter Europahütte.

Friedrichshöhe. Ab ca. 2000 Meter Höhe wird der Wald lichter, bald stehen nur noch einzelne Bäume. In aufwendig verlegten Blockfeldern biegt unsere Trasse vorübergehend nach links aus, tangiert aber später wieder den Gratrücken und vollzieht zahlreiche Kehren bis zur Höhe des Hauptkamms. Hier empfängt uns die stolze **Landshuter Europahütte** ❸, 2693 m.
Zum Kraxentrager geht es in den nahen Sattel, anschließend über eine Blocktrasse zunächst gerade, dann schräg rechts aufwärts. Über letzte grasige Flecken schließt die Route zum Südwestgrat auf, führt etwas luftig auf ein Köpfchen und dahinter an Felsen kurzzeitig steil und gesichert abwärts. Weiter am Blockgrat, der sich verbreitert und in die aufsteilende Gipfelflanke überleitet. Bei etwaigen Schneefeldern ist Vorsicht geboten, ansonsten aber unschwierig bis zum Kreuz auf dem **Kraxentrager** ❹, 2999 m.

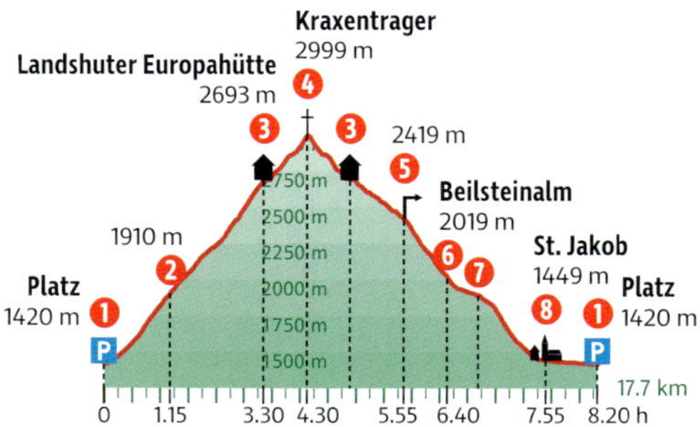

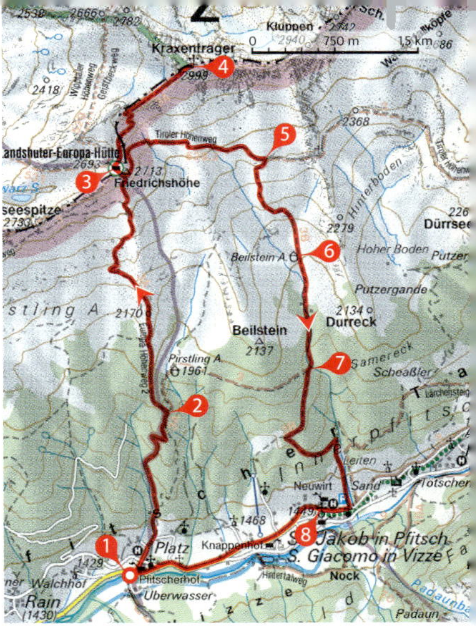

Zurück bei der **Landshuter Europahütte** ❸ respektive am nahen Sattel schlagen wir den **Landshuter Höhenweg** (Nr. 3) ein. Damit eine ganze Weile leicht absteigend gen Osten, bis bei **P. 2419** ❺ Weg Nr. 3B talwärts ausgewiesen wird. Eine erste steilere Hangstufe wird in Kehren überwunden. Auf dem Wiesenabsatz nach links und über die nächste Geländestufe an der **Beilsteinalm** ❻, 2019 m, vorbei. Etwas tiefer kommen wir auf einen großen Boden mit mäandrierenden Bächen und tauchen in lichten Wald ein. Nachdem eine Verbindung zur Pirstlingalm abgezweigt ist ❼, wird der Weg allmählich wieder steiler. In der hohen Waldstufe holt er weit nach links aus und führt schließlich nach **St. Jakob** ❽, 1449 m, hinunter. Wir wandern auf der oberen Querstraße durch den Ort, stoßen später auf die Pfitscher Durchgangsstraße und haben dann noch gut 800 Meter Strecke bis **Platz** ❶ vor uns.

Die Abstiegsroute über die Beilsteinalm ist besonders urwüchsig.

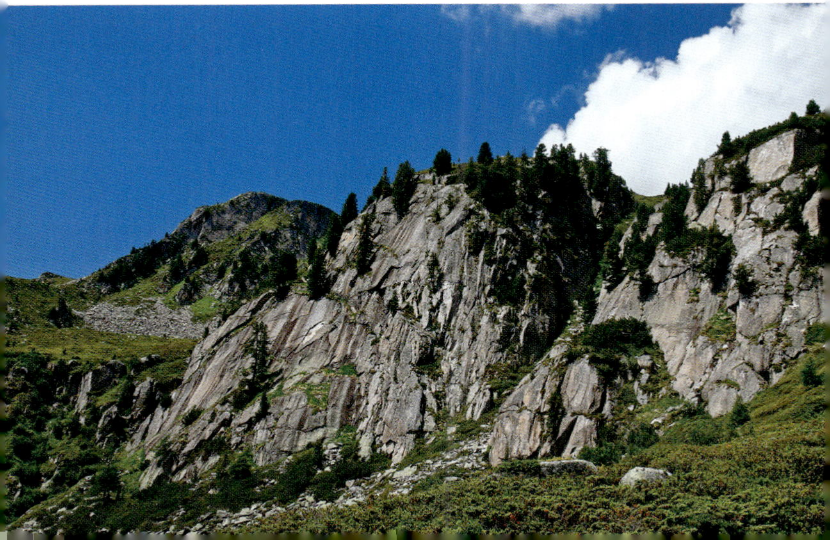

TOP

38 Landshuter Höhenweg

↗ 640 m | ↘ 640 m | 16.1 km

5.30 h

Die bequeme Panoramameile zur Landshuter Europahütte

Der wohl genussvollste Höhenweg im Bereich des Pfitscher Tals verbindet das Pfitscher Joch mit der Landshuter Europahütte an der Friedrichshöhe. Angelegt gegen Ende des 19. Jahrhunderts von der Alpenvereinssektion Landshut führt er eigentlich sogar noch viel weiter bis zur Amthorspitze bei Gossensaß. Doch in Mode blieb nur die weniger beschwerliche östliche Teilstrecke. So kann die hoch gelegene Hütte am Alpenhauptkamm auch ohne viel Schweißvergießen erreicht werden. Im Blickfeld steht die kantige Gipfelriege südlich des Pfitscher Tals mit Grabspitze, Wilder Kreuzspitze und Co.

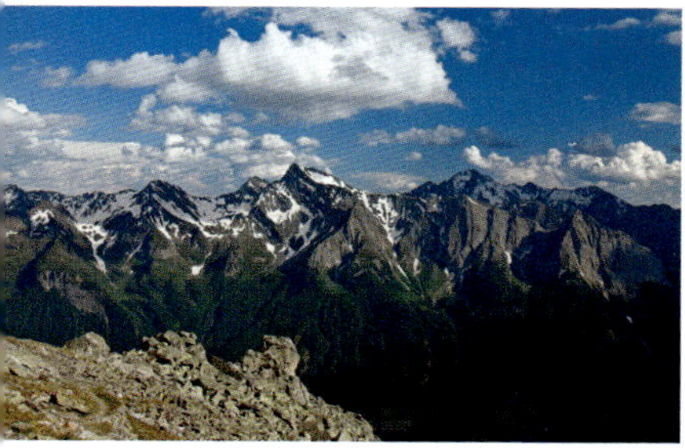

Blick auf die Nordfront der Pfunderer Berge.

Ausgangspunkt: Pfitscher Joch, 2250 m, erreichbar per Shuttlebus von Ende Juni bis Mitte September um 7.30 und 8.45 Uhr ab Linienbus-Endhaltestelle »Angerhöfe«; Rückfahrt um 16.20 Uhr. Obligatorische Anmeldung und weitere Infos unter Tel. +39 0472 630121 oder 630210. Ansonsten auch Start beim Parkplatz Arzwände, vgl. Tour 39.
Anforderungen: T2. Komfortabel angelegter Höhenweg, trotz des etwas steinigen Geländes einfach zu begehen. Dabei stets nur mäßige Steigungen. Hindernisse sind allenfalls im Frühsommer bei Schneefeldern zu befürchten. Hin und zurück tagfüllend.
Einkehr/Unterkunft: Landshuter Europahütte, 2693 m, DAV/CAI, Mitte Juni bis Ende September, Tel. +39 0472 646076 oder +39 338 2124738, europahuette.it.
Beste Jahreszeit: Juli bis September.
Variante: Abstieg auf einem der beiden in Tour 37 beschriebenen Wege ins Pfitscher Tal (Platz bzw. St. Jakob).

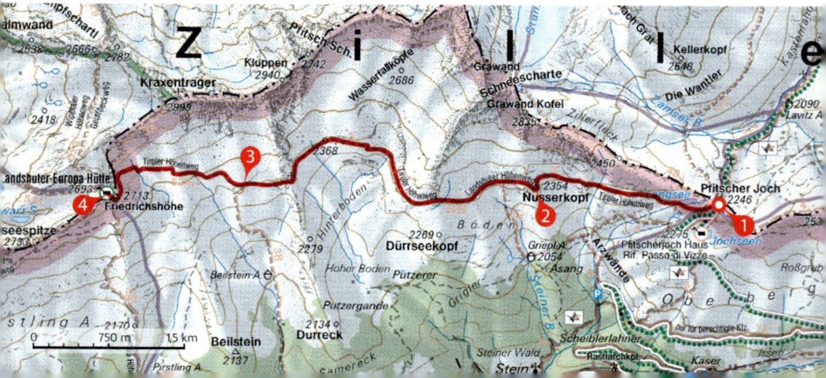

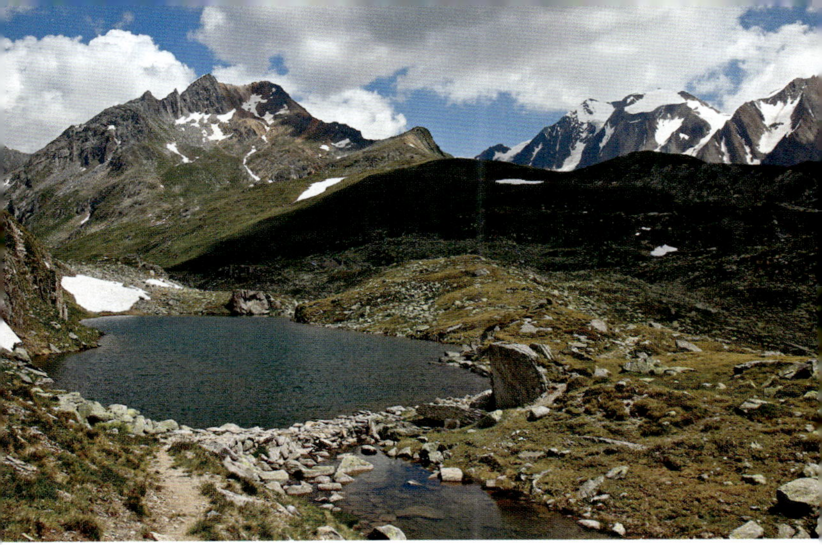

Bei den Pfitscher-Joch-Seen nehmen wir den Landshuter Höhenweg auf.

Vom **Pfitscher Joch** ❶, 2250 m, begeben wir uns in westlicher Richtung auf den Landshuter Höhenweg (Nr. 3). Er schlängelt sich anfangs an den Pfitscher-Joch-Seen vorbei und schneidet dann während einer langen Traverse insgesamt leicht ansteigend die Flanken des Tuxer Kamms. Nächster auffälliger Zwischenpunkt ist die Rippe am **Nusserkopf** ❷, 2354 m. Mit geringen Höhenunterschieden setzen wir die Wanderung am Gratsporn der Grawand vorbei fort und gehen im großen Bogen die folgende Geländebucht aus. An der vom Kluppen abstreichenden Rippe steht eine Rastbank mit Bildstock. Etwas später passieren wir bei **P. 2419** ❸ die Abzweigung nach St. Jakob in Pfitsch und durchschreiten auch die Karweitung unterhalb des Kraxentragers, wobei man nun sukzessive an Höhe gewinnt. Zuletzt entweder in einen Sattel und von der Nordseite her zur **Landshuter Europahütte** ❹, 2693 m, oder aber links um die Friedrichshöhe herum zum Tagesziel. Der Rückweg ist identisch.

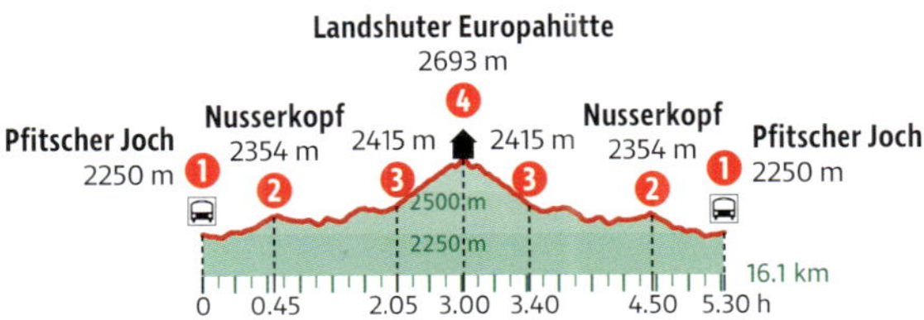

↗ 1100 m | ↘ 1100 m | 10.5 km

39 Rotbachlspitze, 2895 m

5.30 h

Feiner Logenplatz über dem Pfitscher Joch

Zwischen dem Bollwerk des hängegletscherbewehrten Hochfernerstocks und dem Tuxer Hauptkamm, wo Olperer, Schrammacher und Hohe Wand wunderbar aufgeschlossen stehen, besitzt die Rotbachlspitze eine geradezu ideale Position. Sie ist quasi der Hausberg des Pfitscher Jochs, das als leichtester Durchlass am Zillertaler Hauptkamm ja häufig erwandert, überschritten und auch von Mountainbikern befahren wird. Über den Westrücken lässt sich der Gipfel unkompliziert besteigen.

Ausgangspunkt: Parkplatz Arzwände, ca. 1800 m, am Ende des öffentlich befahrbaren Teils der Pfitscher-Joch-Straße. Per Shuttlebus kann man auch bis zum Pfitscher Joch, 2250 m, gelangen (von Ende Juni bis Mitte September um 7.30 und 8.45 Uhr ab Linienbus-Endhaltestelle »Angerhöfe«; obligatorische Anmeldung und weitere Infos unter Tel. +39 0472 630121 oder 630210).
Anforderungen: T3. Markierter Bergsteig ohne schwierige Stellen, beim Zustieg durch Latschen-, Zwergstrauch- und Mattengelände, gipfelwärts später im Schutt (nur selten grobblockig) und gegen Ende steil, aber nicht allzu rutschig. Mit elementarer Trittsicherheit beherrschbar, dazu Ausdauer für eine durchschnittliche Tagestour, mit Shuttle sogar recht moderat.
Einkehr/Unterkunft: Pfitscher-Joch-Haus, 2275 m, privat, Mitte Juni bis Anfang/Mitte Oktober, Tel. +39 0472 630119, pfitscherjochhaus.com/de/.
Beste Jahreszeit: Ende Juni bis Mitte Oktober.

Gleich hinter dem **Parkplatz Arzwände** ❶, ca. 1800 m, beginnt in einer Rechtskehre der Steig Nr. 4. Er zieht in das teilweise latschenbedeckte, überwiegend aber von Zwergsträuchern geprägte Windtal hinein. Nach einem Abzweig zur Landshuter Europahütte orientieren wir uns mehr nach rechts, erreichen eine kleine Hangmulde und steigen rechts heraus zur obersten Pfitscher-Joch-Straße. Kurz darauf setzt am **Pfitscher Joch** ❷, 2250 m, – wenig unterhalb der Hütte – die Gipfelroute (ebenfalls Nr. 4) an.

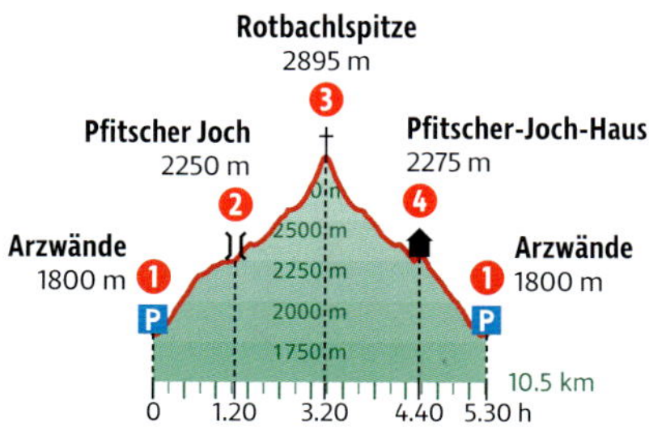

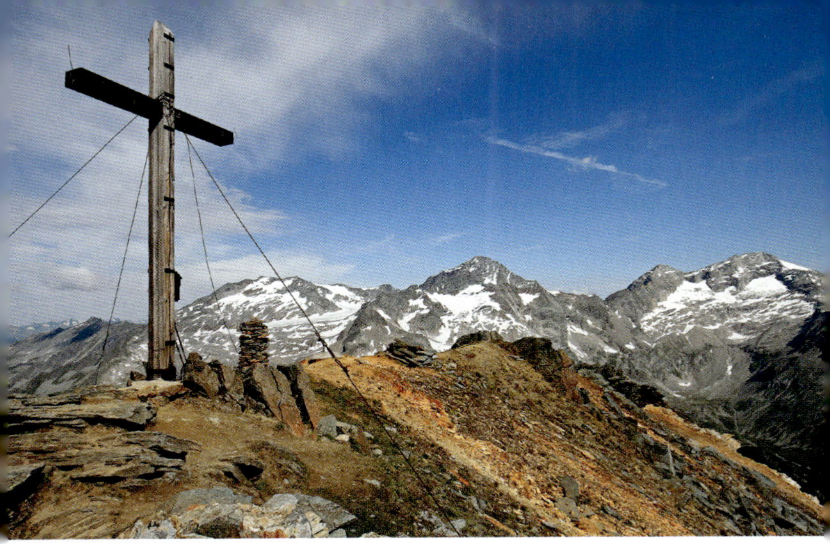

Von der Rotbachlspitze lässt sich der Tuxer Kamm mit seinen Dreitausendern bewundern.

Von der linken Seite her gelangen wir auf den breiten Westrücken, der sich vorerst noch grasbewachsen präsentiert, später vorübergehend etwas blockig. Am Gipfelaufschwung der **Rotbachlspitze** ❸, 2895 m, dominiert dann rötlicher Feinschutt, der sich auf festgefügter Spur recht gut begehen lässt. Der Abstieg zum Pfitscher Joch ist identisch. Nach einer Einkehr im nahen **Pfitscher-Joch-Haus** ❹, 2275 m, kann man abwechslungshalber die Route Nr. 3 wählen. Sie kreuzt bald einmal das ehemalige Militärsträßchen und leitet über die Abdachung der Jochplatte allmählich tiefer in den lichten Bergwald. Aufpassen, dass man später nicht zu weit Richtung Stein absteigt, sondern kurz rechts einwärts zum Parkplatz ❶ geht.

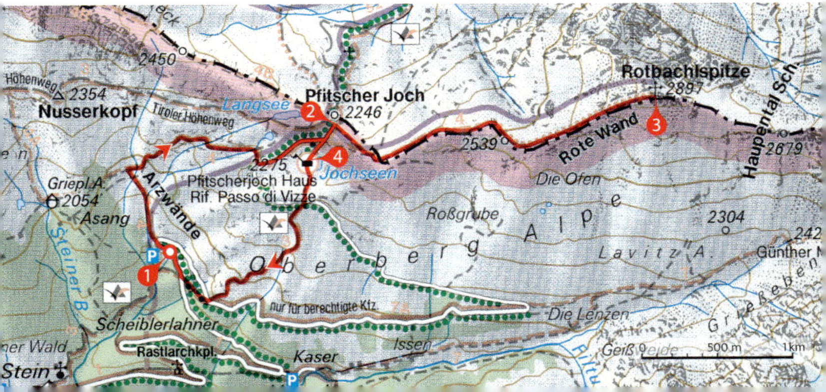

↗ 900 m | ↘ 900 m | 9.7 km

40 Günther-Messner-Biwak, ca. 2500 m

4.50 h

Ins stille Hochtal unter der Hochferner-Nordwand

Kein Gipfel oder besonderer Aussichtspunkt, keine Hütte oder Alm mit leckerer Marende und auch kein anheimelnder Bergsee ist das Ziel dieser Tour. Warum sollte man als Nicht-Extrembergsteiger zum Günther-Messner-Biwak – das als Stützpunkt für schwierige Durchstiege in der Hochferner-Nordwand dient – aufsteigen? Nun, man lernt einen ziemlich abgeschiedenen Winkel der Pfitscher Bergwelt kennen und ist womöglich einen Tag allein mit seinen Gedanken unter dräuenden Wänden aus Fels und Eis …

Ausgangspunkt: Dritte Kehre der Pfitscher-Joch-Straße, 1718 m. Hier beschränkte Parkmöglichkeiten, etwas mehr gibt es ein Stück weit davor. Ein Shuttlebus verkehrt zwischen Ende Juni bis Mitte September um 7.30 und 8.45 Uhr ab Linienbus-Endhaltestelle »Angerhöfe«; Anmeldung und weitere Infos unter Tel. +39 0472 630121 oder 630210.
Anforderungen: T2–3. Unschwieriger Bergweg, der vor allem im unteren Bereich (Almwiesen) streckenweise stark überwachsen und bei Nässe unerfreulich ist. Bei spärlicher Markierung können auch Probleme in der Feinorientierung auftreten. Nach oben hin schuttreiches Moränengelände. Konditionell mäßig anstrengendes Tagespensum.
Einkehr: Keine.
Beste Jahreszeit: Mitte Juni bis Mitte Oktober.
Variante: Man kann auch vom obersten Parkplatz Arzwände zur fünften Kehre gehen und über Variante Nr. 7A in die Route einfädeln.
Hinweis: Die in Karten zumeist angegebene Höhe von 2429 m erscheint zu niedrig, am Biwak selbst steht 2529 m, was wiederum etwas zu hoch sein dürfte. Laut GPS etwa 2500 m.

Von der **Pfitscher-Joch-Straße** ❶, 1718 m, nach Beschilderung zu einer massiven Brücke über den Oberbergbach, vorerst weiter auf der Hochfeiler-Route kurz und kräftig aufwärts, dann aber links abzweigend über eine Lichtung (Kaser, 1755 m) und nochmals abwärts über den Bach. Nach diesem umständlichen Parcours landen wir endlich auf der alten Routenführung, die im vorderen Bereich wegen Vermurung aufgegeben werden

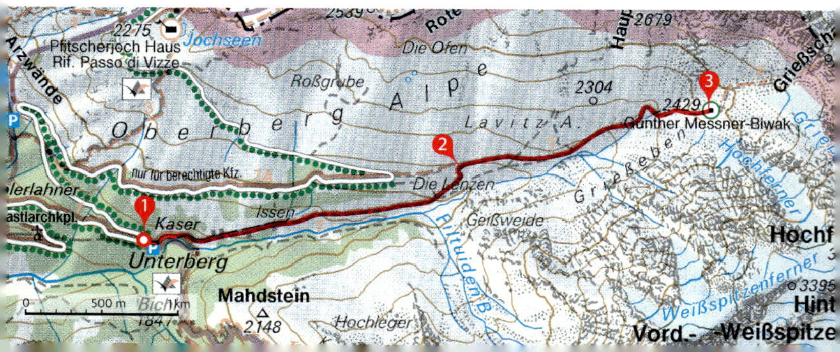

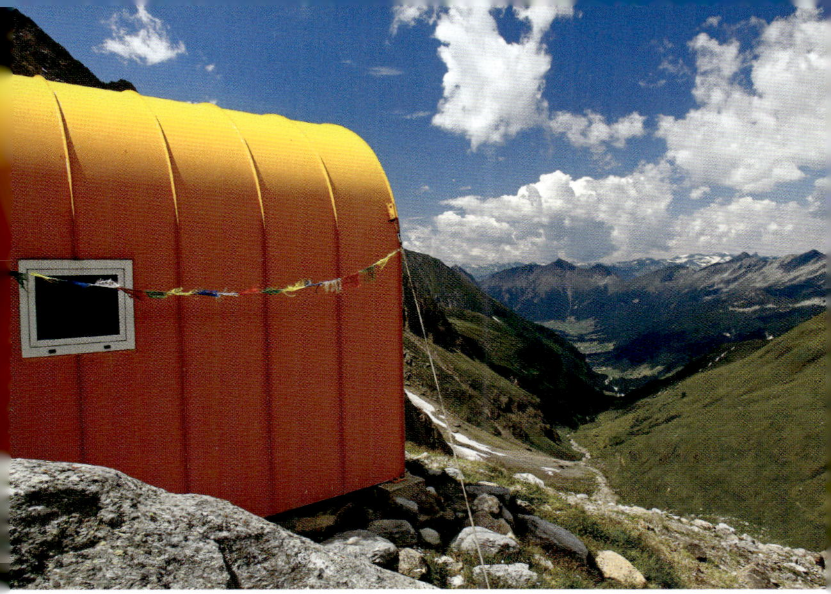

Von der Biwakschachtel blickt man hinaus ins Pfitscher Tal.

musste. Eine Wiesenterrasse oberhalb des Grabens trägt den Weiterweg – an zahlreichen, teils aufgelassenen Stadeln vorbei mäßig steil gen Osten. Sommers wuchern die Wiesen ziemlich, und der Pfad ist unter Umständen schwer erkennbar. Es geht aber mehr oder weniger geradeaus dahin, in Abständen über Viehzäune hinweg. Wir durchstreifen somit das Almgebiet von Oberberg auf ganzer Länge, nehmen den Zugang Nr. 7A auf ❷ und setzen unseren Weg am Südhang entlang taleinwärts fort. Man kommt Richtung Grieseben voran, überschreitet einen Bach nach rechts und folgt über die letzten 200 Höhenmeter einem steileren Moränensteig bis zum gelben **Günther-Messner-Biwak** ❸, ca. 2500 m. Zurück geht es auf derselben Route.

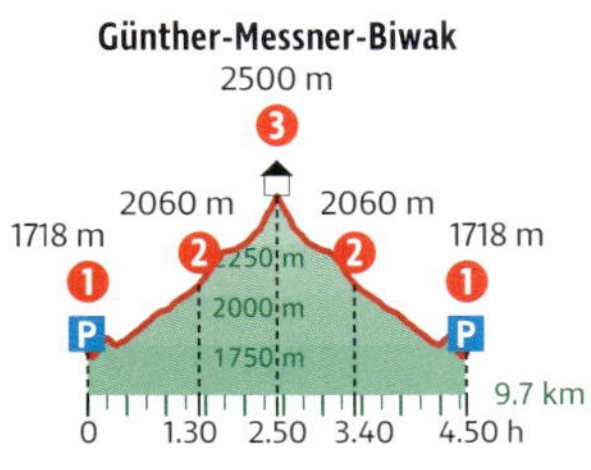

Direkt oberhalb befinden sich einschüchternde Hängegletscher.

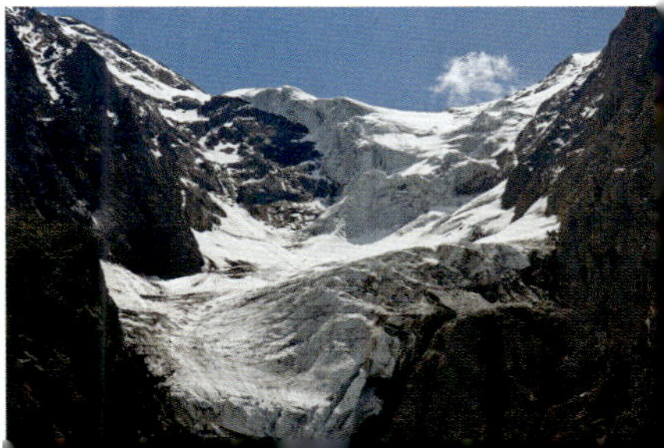

TOP

41

Hochfeilerhütte, 2710 m

↗ 1130 m | ↘ 1130 m | 12.6 km

6.00 h

Alpinstützpunkt im innersten Winkel von Pfitsch

Ausgerichtet auf den höchsten Berg der Zillertaler Alpen baute der Österreichische Alpenklub schon 1881 die Wiener Hütte am sogenannten Hintergras zwischen den Moränenfeldern von Glider- und Weißkarferner. Nachdem sie 1967 unter nicht restlos geklärten Umständen zerstört wurde, war die Hochfeiler-Tour fast zwei Jahrzehnte lang logistisch erschwert, bis sich der Alpenverein Südtirol entschloss, etwas höher einen neuen Stützpunkt zu errichten. Diese Hochfeilerhütte ist seither sehr beliebt – auch für einen normalen Hüttenausflug, falls man keine Gipfelambitionen hegt. Die Umgebung strahlt hochalpines Flair aus.

Ausgangspunkt: Dritte Kehre der Pfitscher-Joch-Straße, 1718 m. Hier beschränkte Parkmöglichkeiten, etwas mehr gibt es ein Stück weit davor. Ein Shuttlebus verkehrt zwischen Ende Juni bis Mitte September um 7.30 und 8.45 Uhr ab Linienbus-Endhaltestelle »Angerhöfe« (Rückfahrt ab Kehre um 16.45 Uhr). Anmeldung und weitere Infos unter Tel. +39 0472 630121 oder 630210.
Anforderungen: T3. Meist ordentliche Bergwege, teils aber abschüssiges und im unteren Bereich auch stark mit Buschwerk bewachsenes Gelände, das eine gewisse Trittsicherheit verlangt. Durchschnittliches Tagespensum, bei Übernachtung kann der Hochfeiler (Tour 42) bestiegen werden.
Einkehr/Unterkunft: Hochfeilerhütte, 2710 m, Mitte Juni bis Mitte September, Tel. +39 0472 646071 oder +39 329 1318270, hochfeilerhuette.com.
Beste Jahreszeit: Während der Hüttenöffnungszeit.

Von der dritten Kehre der **Pfitscher-Joch-Straße** ❶, 1718 m, kurz abwärts zum Oberbergbach, der auf massiver Brücke überschritten wird. Auf einem Waldweg geht es aufwärts zu den verfallenen Stadeln von Wiener

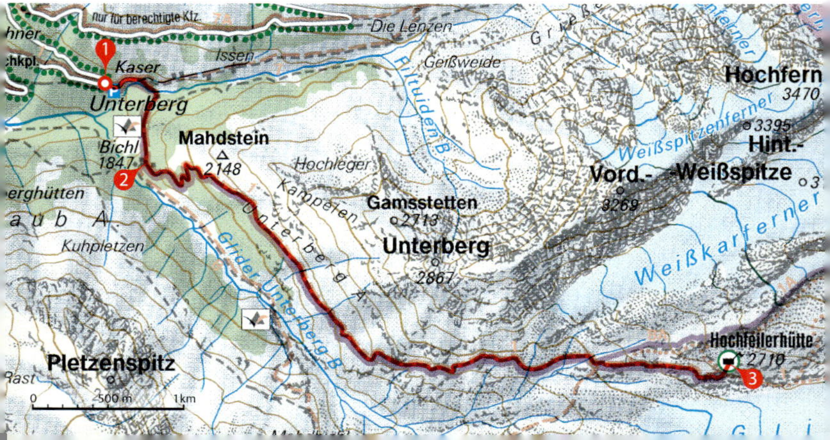

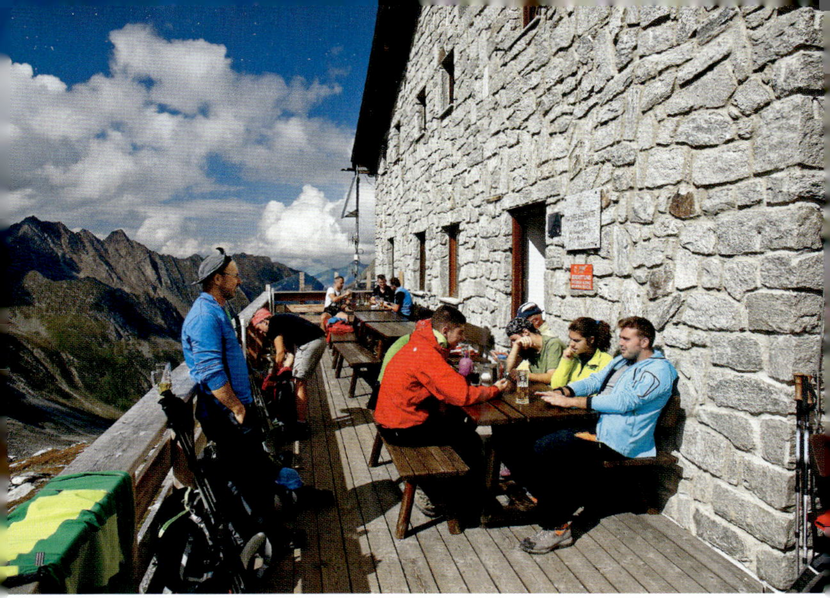

Auf der Sonnenterrasse der Hochfeilerhütte.

Neustatt, vor Ort **Bichl** ❷, 1847 m, genannt. Hier zweigt Weg Nr. 8 zur Gliderscharte ab. Unsere Route (Nr. 1) windet sich am üppig bewachsenen Hang in die Höhe und geht dann ein gutes Stück oberhalb der Talsohle in eine Traverse über. Einzelne kleine Felshindernisse gestalten die Sache etwas holprig. Nach und nach wird die Biegung des Glidertals mitvollzogen. Auf leicht ausgesetzten Bändern (mitunter Drahtseile) sowie in steilen Graspleisen gewinnt man wieder deutlicher an Höhe, kreuzt einige Bäche ins Hintergras (hier Direktzugang Richtung Hochfeiler möglich) und absolviert das letzte Stück etwas schuttreicher hinauf zur **Hochfeilerhütte** ❸, 2710 m. Der Abstieg ist identisch.

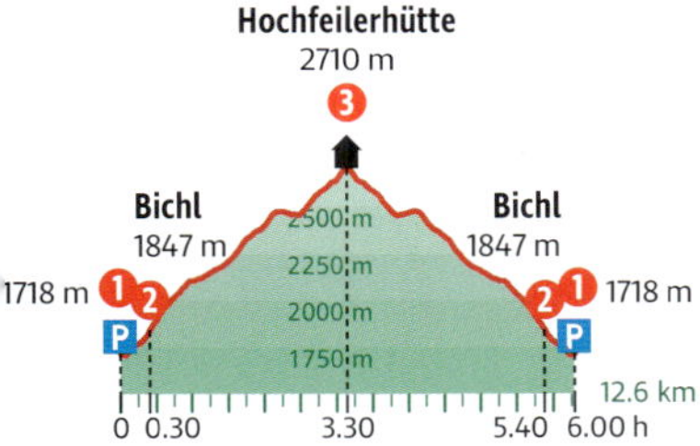

Zwischenrast auf den Bergwiesen.

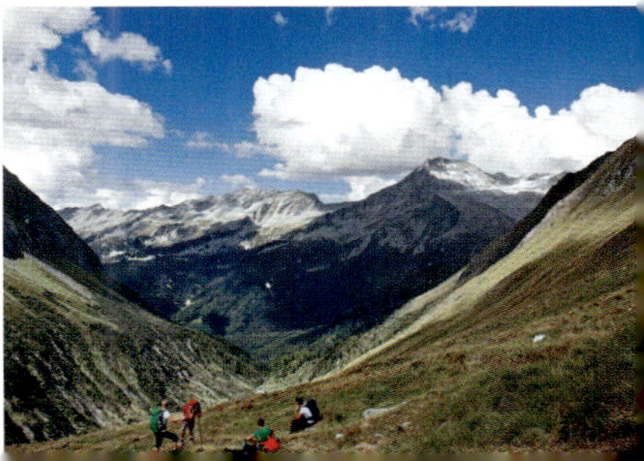

TOP

↗ 800 m | ↘ 800 m | 5.3 km

42 Hochfeiler, 3509 m

4.10 h

Buchstäbliches Gipfel-Highlight für gestandene Alpinwanderer

Höher geht's nimmer – jedenfalls nicht im Einzugsgebiet dieses Tourenführers! Erstaunlich, dass ausgerechnet der höchste Berg der wilden Zillertaler Alpen mit verhältnismäßig moderaten Anforderungen zu erklimmen ist. Auf Wanderniveau bezogen muss die Tour zwar als »schwarz« deklariert werden; der Anstieg wird im Sommer jedoch häufig komplett eisfrei und ist dann auf weithin steigähnlich ausgetretenen Spuren ohne größere Hürden zu vollziehen. Manchmal bleibt allerdings zuoberst auch eine Firnschneide zurück, die früher das Erkennungsmerkmal des Berges bildete. Es kommt halt ganz auf die Verhältnisse an, ob sich der Hochfeiler als »wanderbarer« Dreitausender präsentiert oder noch spürbaren Hochtourencharakter aufweist. Hochalpin dramatisch bleibt in jedem Fall das Gipfelerlebnis, das Tiefblicke auf zerrissene Gletscher genauso einschließt wie die weite Schau über Tiroler Lande, vom Ortler bis zum Großglockner.

Ausgangspunkt: Hochfeilerhütte, 2710 m. Zugang in 3.30 Std. von der Pfitscher-Joch-Straße, siehe Tour 41.
Anforderungen: T4 (bei optimalen Bedingungen). Durchwegs gut zu verfolgender Steig oder zumindest steigähnliche Spuren, zuerst in erdigem Gelände, phasenweise auch Blockschutt vorherrschend. Am schwierigsten sind die gesicherte Passage gleich zu Beginn (Grad A) sowie der

Stimmungsvoll: zu früher Morgenstunde am Hochfeilerweg.

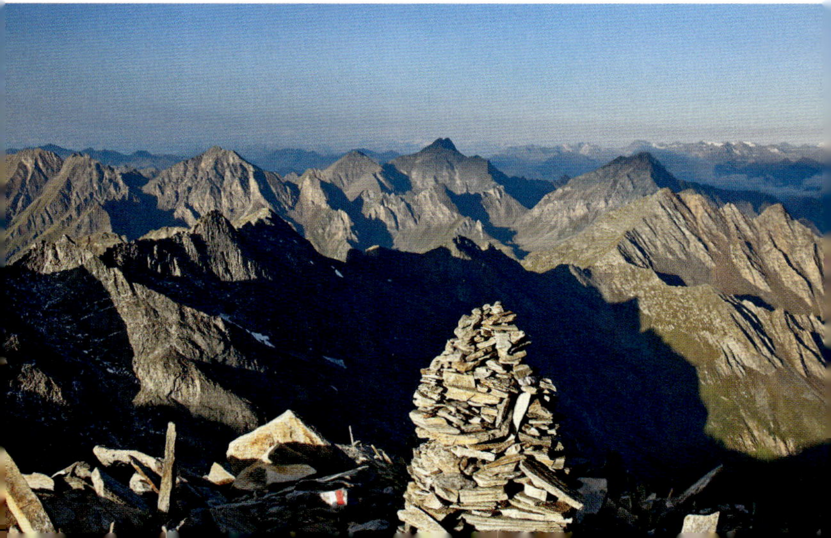

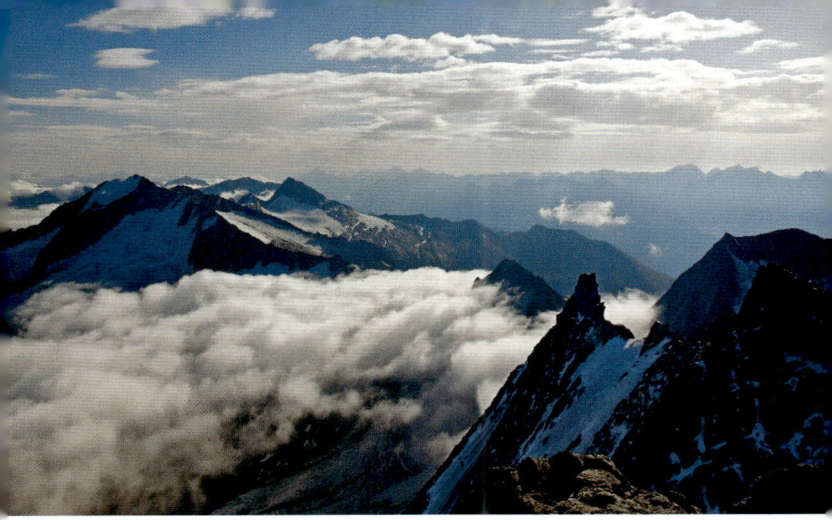

Panoramablick entlang des Zillertaler Hauptkamms.

Gipfelaufschwung, der sich eventuell auch als Firngrat präsentieren kann (dann Steigeisen vorteilhaft oder gar notwendig).
Einkehr/Unterkunft: Hochfeilerhütte, 2710 m, Mitte Juni bis Mitte September, Tel. +39 0472 646071 oder +39 329 1318270, hochfeilerhuette.com.
Beste Jahreszeit: Juli bis September.

Bei Schönwetter herrscht am Gipfel buntes Treiben.

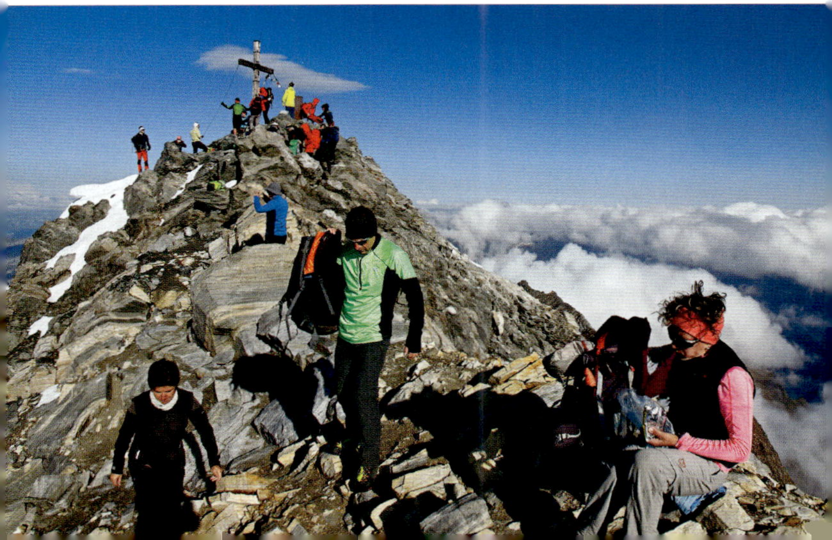

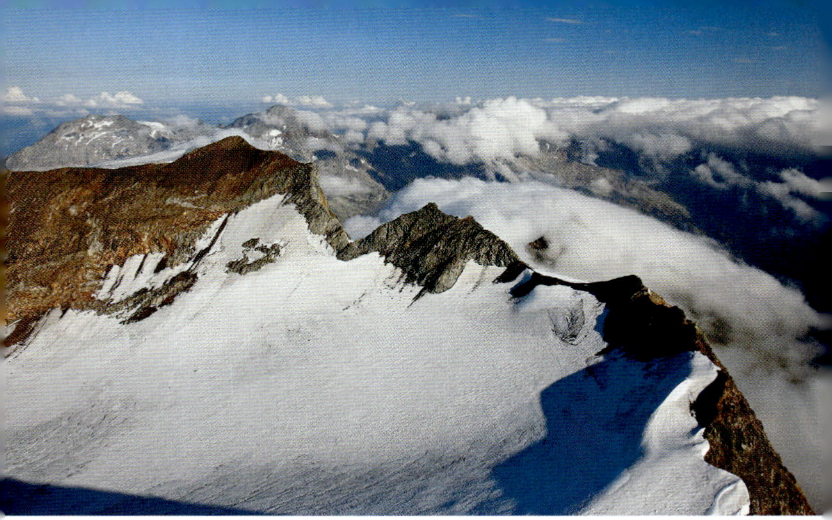

Im höchsten Stockwerk: die Gletschermulde mit dem Hochferner.

Von der **Hochfeilerhütte ❶**, 2710 m, scharf links zu einem Schrofenriegel, der mit Drahtseilhilfe hinauf zur Gratkante erstiegen wird. Dieser Südwestgratausläufer des Hochfeilers ist vorerst wenig ausgeprägt – auf erdigen, teilweise etwas verzweigten Steigspuren kommt man meist in moderater Steigung voran. Ab und zu schiebt sich gröberer Blockschutt dazwischen. Auf knapp 3200 Meter Höhe erreichen wir eine markante Verflachung; kurz darauf mündet der nicht gut signalisierte und mittlerweile zu meidende Zustieg von der Edelrauthütte ein. In aufsteilendem Gelände geht es hinauf zum oberen Gratrücken – leicht felsig durchsetzt, aber stets auf deutlichen Steigspuren – und dann an den eventuell überfirnten Schlussgrat heran. Entweder direkt entlang der Schneide oder gegebenenfalls knapp rechts ausweichend in ausgeapertem Gelände zum Gipfel des **Hochfeilers ❷**, 3509 m. Der Abstieg verläuft auf derselben Route.

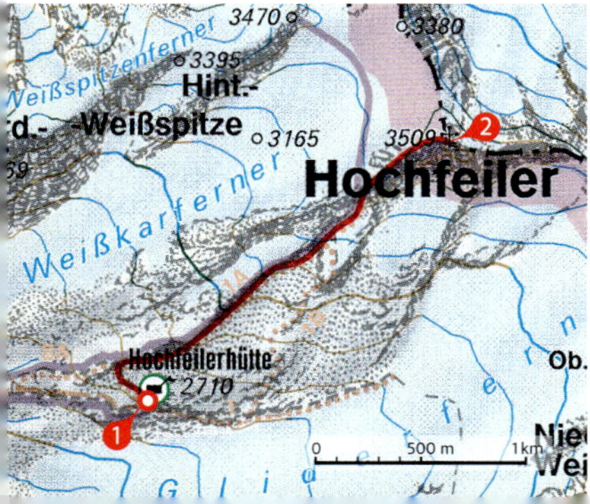

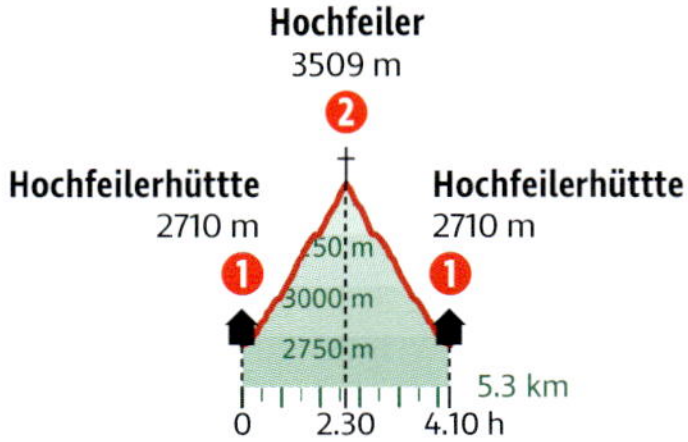

Grabspitze, 3059 m

Rassiges Alpinziel in den Pfunderer Bergen

Die Pfunderer Berge, die sich als ziemlich groß geratenes »Anhängsel« der Zillertaler Alpen von Pfitsch bis gegen das Pustertal und Tauferer Tal erstrecken, sind in weiten Bereichen ein ziemlich einsames Bergland. Und zudem ein recht charismatisches, wie Gipfelgestalten à la Grabspitze beweisen. Der Dreitausender selektiert die Anwärter angesichts einer langen beschwerlichen Route, die drunten im Pfitscher Tal mit abschreckenden fünf Stunden Aufstiegszeit angegeben wird. Beansprucht von dieser happigen Aufgabe kann ich im Nachhinein aber durchaus in Lobpreisung verfallen: Hier fühlen wir uns den Urformen der Bergsteigerei sehr nah und werden überdies mit einer Aussicht belohnt, die vom Ortler bis zu den Sextener Dolomiten, vom Karwendel bis zu Brenta und Adamello reicht.

Ausgangspunkt: Platz, ca. 1420 m, im Pfitscher Tal. Parkmöglichkeit bei der Brücke/Stichstraße gegenüber dem Pfitscherhof; Bushaltestelle.
Anforderungen: T4. Markierte Route, die speziell im mittleren Teil dürftig gepfadet bzw. in vermurten Gräben sogar unterbrochen ist. Im Wald steiler, aber ordentlicher Steig, in der oberen Hälfte Steigspuren im Blockschutt und am Grat einige Felsstellen, die etwas Händeunterstützung verlangen (allenfalls kurz I. Grad). Ausgeprägte Trittsicherheit, etwas Orientierungsvermögen und vor allem eine gute Kondition sind Voraussetzung für diese lange Tagestour ohne Einkehrmöglichkeit.
Einkehr: Keine.
Beste Jahreszeit: Juli bis September.
Variante: Weg Nr. 11A führt um den Hang herum zur Viedalpe, von dort Abstieg nach St. Jakob möglich.

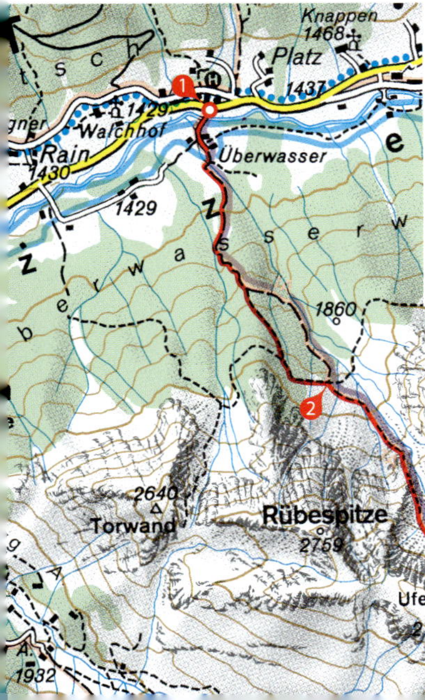
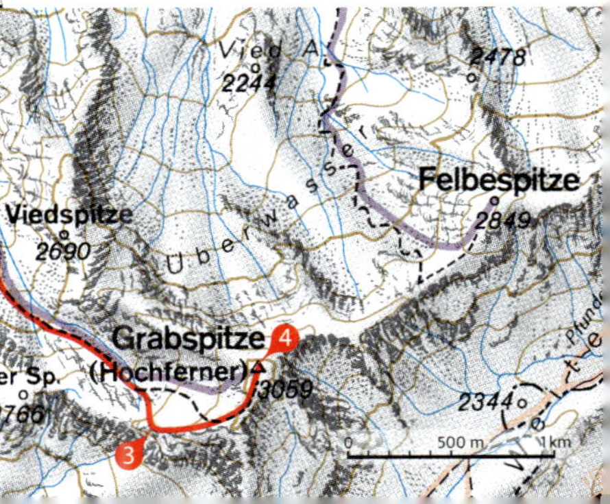

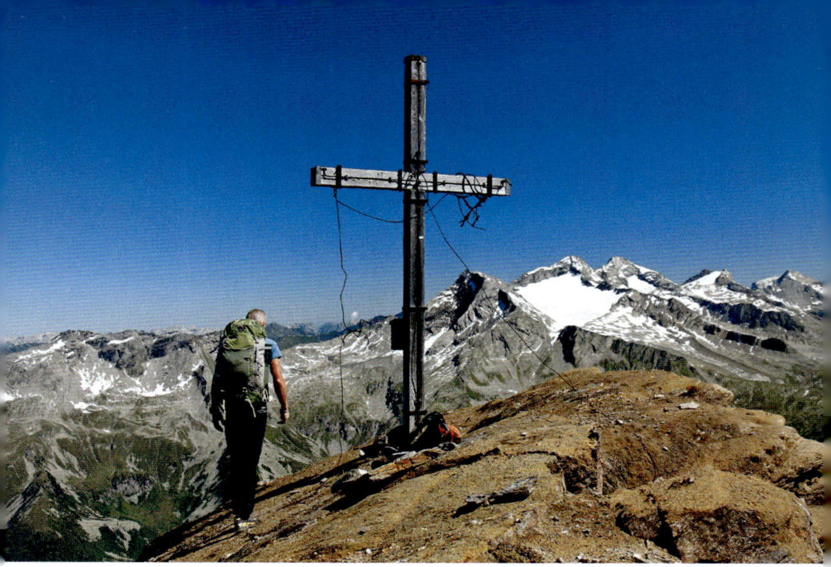

Hochgefühle auf der Grabspitze, die eher selten bestiegen wird.

Wir starten beim Pfitscher Weiler **Platz** ❶ bzw. den Höfen von Überwasser und begeben uns mit Nr. 11 zunächst links vom Bach über Wiesen ins Gehölz. Der Graben wird erst etwas weiter hinten als in Karten dargestellt nach rechts überquert. Danach geht es auf einem Forstweg in den Bergwald, bald abgelöst von einem kleineren Steig, der sich kräftig emporschraubt. Nach einem markanten Rechtsknick kommt man auf rund 1800 Metern zu einer Lichtung (Schild »Landschaftsschutzgebiet«). Eine Viertelstunde später wird eine kleine Jagdhütte, 1904 m, passiert. Damit allmählich aus dem Wald heraus und links haltend fast eben in einen ausgedehnten Kessel. Kurz vor dem Überwassergraben gabelt sich der Weg ❷, 1914 m: Während Nr. 11A weiterquert, bezeichnet Nr. 11 unsere Gipfelroute.
Am folgenden Wiesenhang sind sowohl Spur als auch Markierung dürftig. Man muss alsbald einen ersten Graben kreuzen (wegen steiler, u.U. abgerutschter Böschungen mit Augenmaß), anschließend noch eine zweite, wasserführende Runse. Vorübergehend also auf der linken Seite weiter, ehe der Bach oberhalb seiner Kaskadenstufe nochmals überschritten wird. Auf erdiger Spur am Steilhang höher und allmählich in ein flacheres Kar hinein. Hier herrscht teilweise vermurtes Blockschuttgelände vor, doch die zuvor ungenügenden Markierungen werden nun zuverlässiger. Etwas aufsteilend über die nächste Schwelle ins Hochkar, dort aber nicht weiter durch die Kesselmulde, sondern rechts davon aufwärts. Wir durchschreiten noch eine kleine Senke und erreichen dann endlich den Grat ❸, ca. 2780 m, zwischen

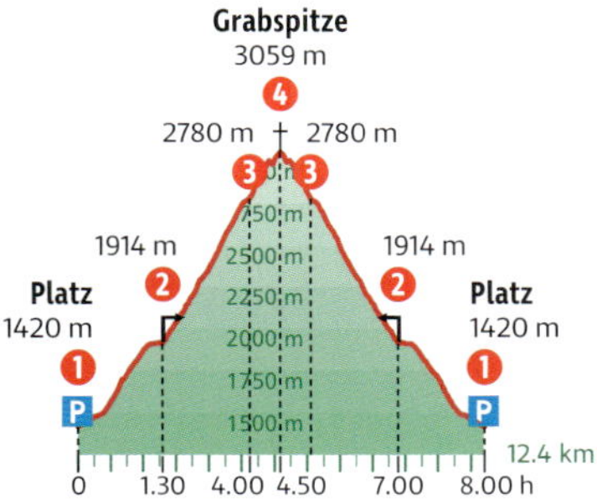

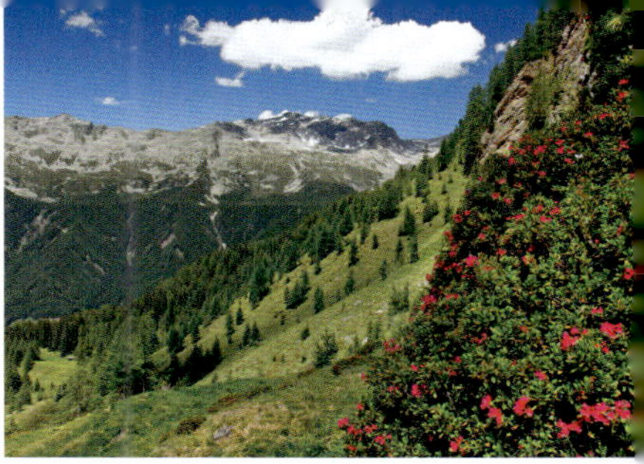

Auf halber Höhe blühen die Alpenrosen, weiter oben wird es karg.

Rübispitze und Grabspitze: Startrampe für das spannende Finale. Mit der klaren Leitlinie vor Augen geht es ostwärts bis zum markanten P. 3024 hinauf (trotz einiger blockiger Felsstellen meist steigähnlich), anschließend teilweise ausgesetzter um einige Hindernisse lavierend gegen Nordosten. Auf den letzten Metern führt eine auffällig sandige Spur zum höchsten Punkt der **Grabspitze** 4, 3059 m.
Der Abstieg erfolgt auf derselben Route. Die etwas unangenehmen Grabenquerungen könnte man größtenteils vermeiden, indem man rechts davon bis zum Querweg Nr. 11A absteigt – aufgrund wegloser Grashänge jedoch auch nicht das Gelbe vom Ei.

Blick zur Wilden Kreuzspitze, dem Hauptgipfel der Pfunderer Berge.

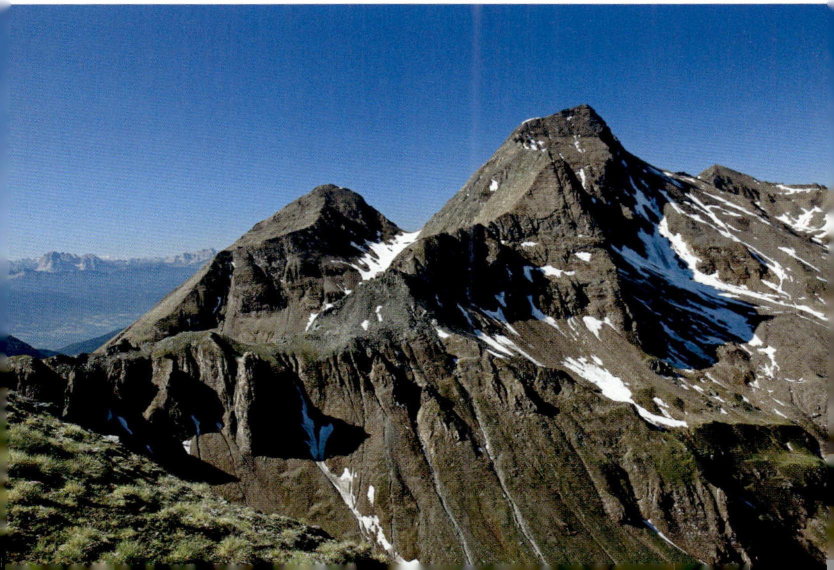

↗ 1770 m | ↘ 1770 m | 17.7 km

44 Wilde Kreuzspitze, 3132 m

8.45 h

Stramme Tour zum Hauptgipfel der Pfunderer Berge

Mit der Wilden Kreuzspitze finden wir den höchsten Gipfel der Pfunderer Berge und ein Ziel, das von tüchtigen Bergwanderern häufiger aufs Programm gesetzt wird. Allerdings geschieht dies meistens nicht von Pfitsch aus, sondern aus dem inneren Valser Tal über die Brixner Hütte oder den Wilden See. Die Pfitscher Route steht hingegen in guter Gesellschaft zur im vorigen Kapitel beschriebenen Grabspitze – 5.30 Std. bis zum Gipfel vermerkt der Wegweiser! Das ist fürwahr ein strammes Pensum, doch die Wilde Kreuzspitze lohnt bei guter Fernsicht jedwede Mühsal. Und man kann die Tour durchaus abwechslungsreich gestalten, indem man nämlich die Zugangsrouten durchs Burgumer Tal und Großbergtal via Karjöchl miteinander kombiniert. Das wäre für sich genommen schon eine lohnende und respektable Runde, gekrönt freilich vom Gipfelstich, der über teils extremes Gehgelände führt. Mit dem Steilschutt muss man sich irgendwie arrangieren …

Ausgangspunkt: Burgum, 1369 m, kleiner Weiler im Pfitscher Tal mit Bushaltestelle (Linie von Sterzing). Der Wanderparkplatz oberhalb hilft nur im Fall einer Rückkehr auf dem Anstiegsweg.
Anforderungen: T4 (ohne Gipfel T3). Große, anstrengende Bergtour, die bis in mittlere Lagen auf teils spärlichen Almwegen verläuft, nach oben hin auf ausgedehnten Schieferschutthängen, im Gipfelbereich felsdurchsetzt. Markierungen mitunter blass und dürftig; Schneefelder und vermurte Passagen können Hindernisse aufwerfen. Davon abgesehen für Trittsichere nicht übermäßig schwierig. Top-Kondition erforderlich, ohne Gipfel hingegen normales, mittelschweres Tagespensum.
Einkehr/Unterkunft: Keine. Die Sterzinger Hütte kann aber bei Reservierung als Selbstversorgerunterkunft genutzt werden, Tel. +39 0472 765375.
Beste Jahreszeit: Juli bis September.
Variante: Eine gipfellose Runde über das Karjöchl erspart 500 Hm und 2.20 Std.

Von **Burgum** ❶, 1369 m, geht es mit Nr. 2 in den Einschnitt des Burgumer Tals. Man verlässt den Fahrweg alsbald und setzt den Aufstieg auf einem Waldsteig fort. Nach einer Weile zum Bach hin und auf die linke Seite. Dort gleichmäßig ansteigend zu einer grasigen Hangmulde, wo der Pfad mitunter etwas überwachsen ist. Durch ein lichtes Waldareal ins Gebiet der **Burgumer Alm** ❷, 1996 m, deren Ställe drüben auf der anderen Bachseite liegen. Der kleine Wiesenpfad ist undeutlich, prägt sich aber sukzessive wieder

Die Sterzinger Hütte steht leider nicht mehr als Stützpunkt zur Verfügung.

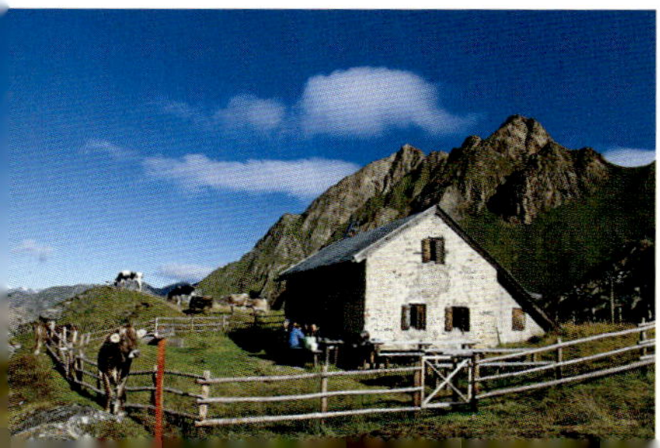

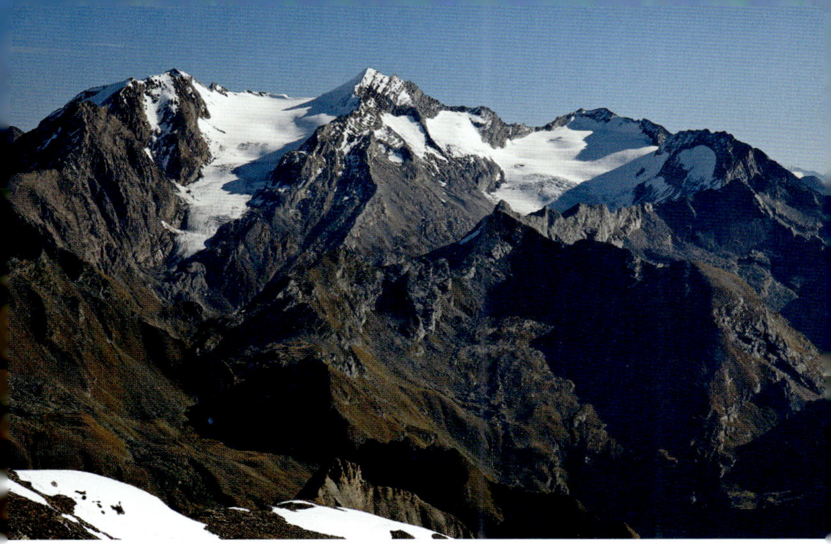

Hochferner, Hochfeiler und Weißzint als eisige Skyline im Panorama.

besser aus und führt zum Absatz mit der **Sterzinger Hütte** ❸, 2344 m: ein schöner Rastplatz, allerdings ohne Einkehrmöglichkeit. Wir behalten die Richtung bei und gelangen in den Hintergrund des Hochtals, wo die Matten allmählich in Schuttgelände übergehen. Recht steil ist der Schlussanstieg ins **Karjöchl** ❹, 2630 m, Übergang ins Großbergtal. Rechter Hand wird es an den ausgedehnten Schieferschutthängen in der Nordwestflanke der Wilden Kreuzspitze noch deutlich beschwerlicher. In nachgiebigem Bröselgelände windet sich die Steigspur bergwärts, hier und da auch mal verschüttet und bis in den Sommer hinein oft noch schneebedeckt. Man

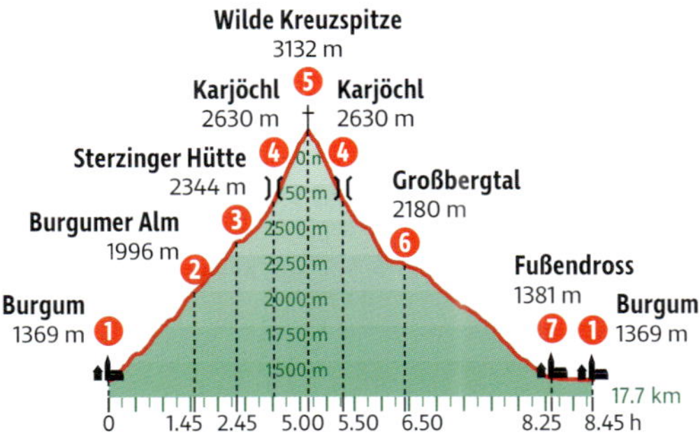

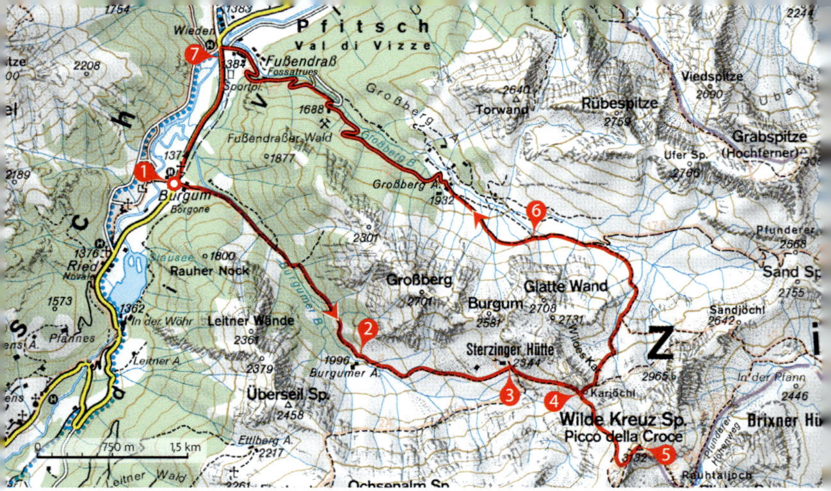

steuert eine kleine Lücke im Südwestgrat an – kaum 100 Meter unterhalb des Gipfels. Zuletzt rechts vom Grat über einige Felsen hinauf zur **Wilden Kreuzspitze** ❺, 3132 m.

Erstaunlich: Beim Rückweg zum **Karjöchl** ❹ kommt der Trittsichere im reibungsintensiven Steilschutt relativ schnell voran. Vom Sattel geht es nordostseitig auf nicht besonders solider Spur ins Wilde Kar hinab. Am Boden zweigt eine Verbindung zum Sandjöchl rechts ab, während wir den Abstieg teils ohne erkennbaren Pfad über einen Wiesenhang fortsetzen. Die Grundrichtung ist klar, dennoch sollte man die spärlichen roten Punkte nicht aus den Augen verlieren. Weiter unten auf den Weideböden links haltend hinaus zum Güterweg im **Großbergtal** ❻, ca. 2180 m (man bleibt links vom Bach). Hinter der Großbergalm wird das Gefälle ins untere Tal deutlicher. Wir beachten die Abkürzungen im Fußendrosser Wald und gelangen schließlich in den Weiler **Fußendross** ❼, 1381 m. Dort trennen uns noch rund 1,5 km vom Ausgangspunkt **Burgum** ❶ – rasch vollzogen entlang der Talstraße.

Den Abstieg wählen wir durchs Großbergtal.

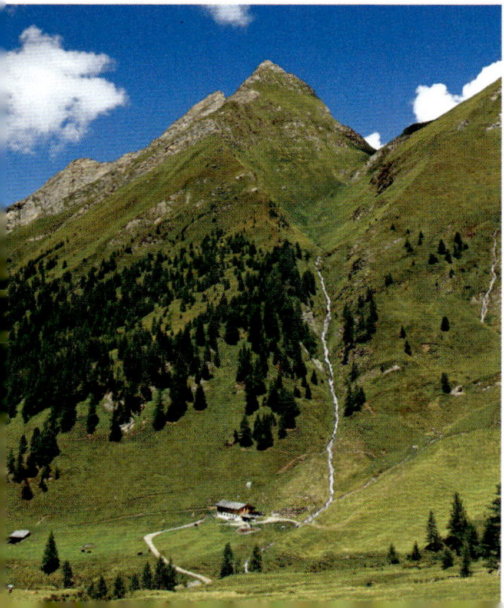

↗ 1170 m | ↘ 1170 m | 10.0 km

5.45 h

Höllenkragen, 2387 m

Ungewöhnliche Tour auf den Wipptaler Aussichtsberg

Der Höllenkragen ist sicher keine Schönheit von Berg, setzt sich aber über dem Wipptal – nahe der Verzweigung hinein nach Pfitsch – ziemlich breit in Szene. Man ahnt schon, dass die Aussicht wunderbar und sehr aufschlussreich sein muss. Im Gipfelbereich treffen mehrere Routen zusammen, sodass es einiges Variationspotenzial gibt. Ich stelle hier eine Rundtour vom Pfitscher Weiler Tulfer vor, die durchaus Exklusivität verspricht. Der Aufstieg über den gesamten Westgrat ist nämlich als »wilder Weg« einzustufen und daher nur Kennern geläufig. Die Schwierigkeit geht damit etwas über das durchschnittliche Maß hinaus, jedoch ohne größere Wagnisse.

Ausgangspunkt: Tulfer, Streuweiler im vorderen Pfitscher Tal. Kurz vor dem Pretzhof, ca. 1260 m, beim Abzweig von Weg Nr. 5, in einer Nische parken (oder beim Pretzhof selbst, falls dort eingekehrt wird). Keine unmittelbare Busanbindung.
Anforderungen: T4 am Westgrat, Abstieg maximal T3. Im Bergauf ziemlich wilde, urwüchsige Route, besonders am nicht bezeichneten Westgrat, wo sich die Spur schon mal verliert. Der Bewuchs ist nur marginal hinderlich, das Gelände stellenweise ziemlich steil und bei Nässe ungeeignet. Trittsicherheit und Routeninstinkt wichtig, wobei es nach oben hin offener und leichter wird. Ebenfalls recht kleiner Steig Nr. 5 beim Abstieg, jedoch gewöhnlicher und eine Nummer leichter. Volle Tagestour.
Einkehr: Pretzhof, gasteig.pretzhof.com. Sonst keine unterwegs.
Beste Jahreszeit: Juni bis Oktober.
Variante: 1. Von P. 1790 Querung zur

Wipptal-Panorama am Höllenkragen.

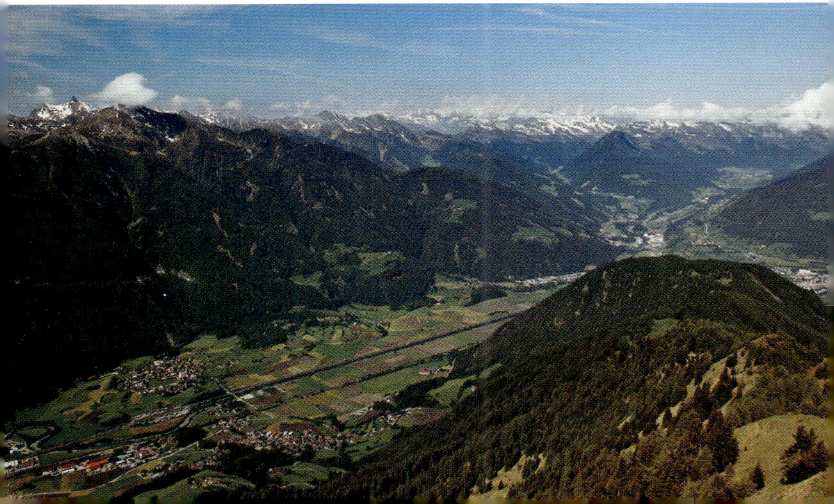

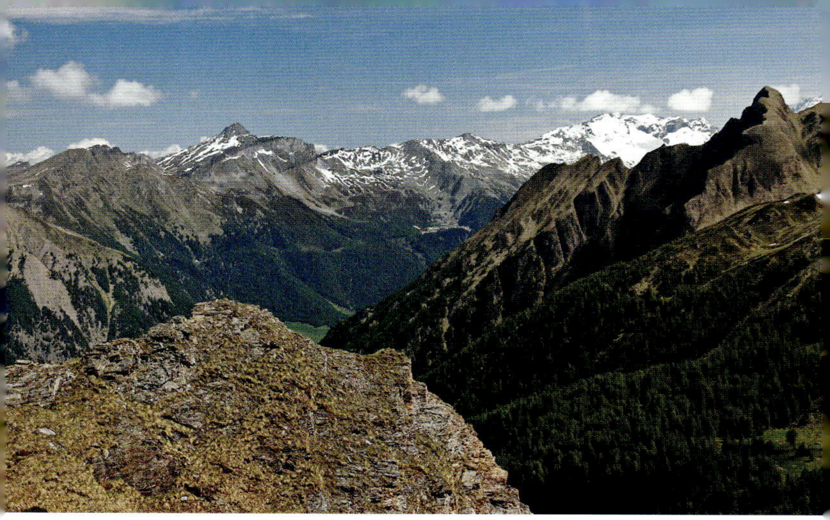

Die Überschreitung vermittelt viel von der Pfitscher Bergwelt.

Plitschalm, 1820 m, dann via Trenserjochhütte zum Jagerjöchl, 2136 m, und über den Südgrat zum Gipfel. Durchwegs markiert und in Summe nur »rot«.

2. Man kann generell auch von Trens bzw. vom oberhalb gelegenen Streuweiler Partinges aufsteigen (am besten in Kombination oberer Westgrat/Südgrat).

Kurz vor dem **Pretzhof in Tulfer** ❶, ca. 1260 m, nehmen wir Route Nr. 5A in den Bergwald auf, wo oft nur ein kleiner Steig ausgeprägt ist. Etwas knifflig gestaltet sich die Querung des Hoferlahngrabens. Im lichten Jungwaldbewuchs kann die Spur überwuchert sein, während sie in dichten Waldbeständen verhältnismäßig angenehmer ist, allerdings oft steil, etwa nach Kreuzung einer zweiten Rinne hinauf zu einer Forststraße. Diese bringt uns nun zum Sattel **P. 1790** ❷ am Kammrücken voran. Hier gehen wir ohne Hinweis direkt den vorerst bewaldeten Westgrat an. Manchmal ist die Pfadspur gar nicht leicht zu entdecken, doch entfernt man sich allenfalls mal ein paar Meter vom Bergrücken. Steilpassagen fehlen nicht, so zum Beispiel kurz vor dem Absatz am **Zwölfernöckl** ❸, 2044 m. Nach kurzem Zwischenabstieg lichten sich die Bäume und der Weiterweg erscheint zuverlässiger. Bei den auffälligen Reflektoren auf ca. 2180 Metern kommt von rechts sogar eine Markierung dazu. Über den

Farbenfrohe Zwergstrauchheiden.

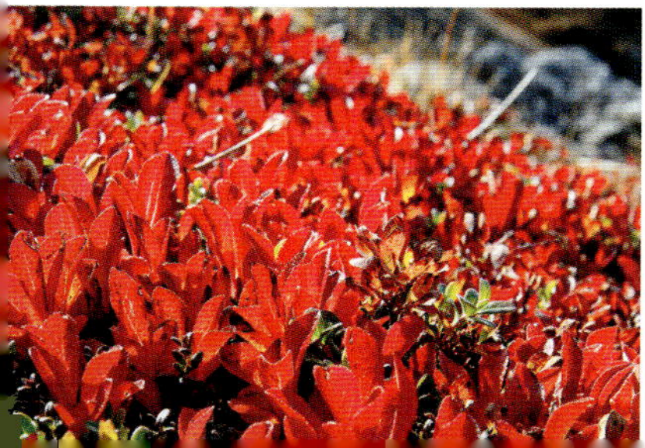

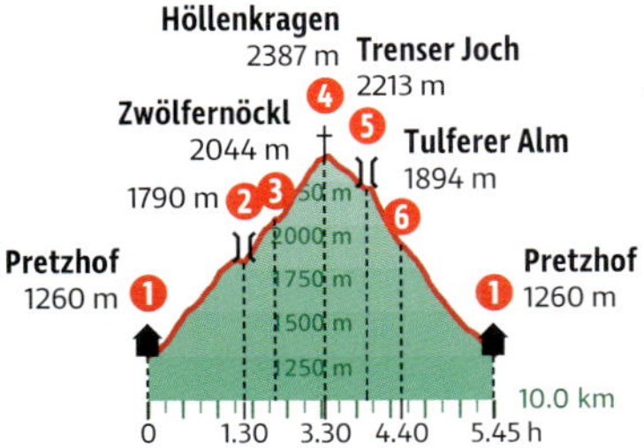

freien Gratrücken erreichen wir das vorgeschobene Kreuz und wenige Minuten später den höchsten Punkt am **Höllenkragen** 4, 2387 m.

Auf spärlicher Spur wird der Berg überschritten, und zwar nordwärts unweit zweier weiterer Kreuze vorbei. Gut dem Gelände angeschmiegt zum **Trenser Joch** 5, 2213 m, mit der Wegspinne beim Plerchstadel. Wir begeben uns mit Nr. 5 auf die Nordwestseite und dort windungsreich tiefer, allmählich in lichten Lärchenwald. Bei einer neuen Hütte auf der **Tulferer Alm** 6, 1894 m, weiterhin am Steig bleiben (nicht die Forststraße benutzen). Er zieht in wechselndem Gefälle zu den Höfen von Obertulfer hinunter. Zuletzt über einen Wiesenpfad zum Ausgangspunkt nahe dem **Pretzhof** 1.

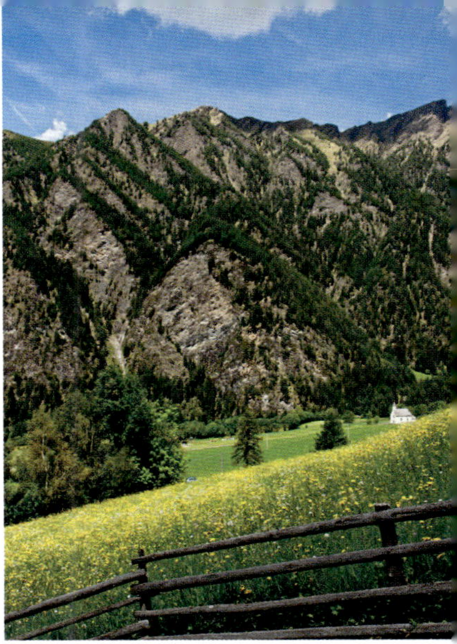

Frühjahrswiesen bei Obertulfer.

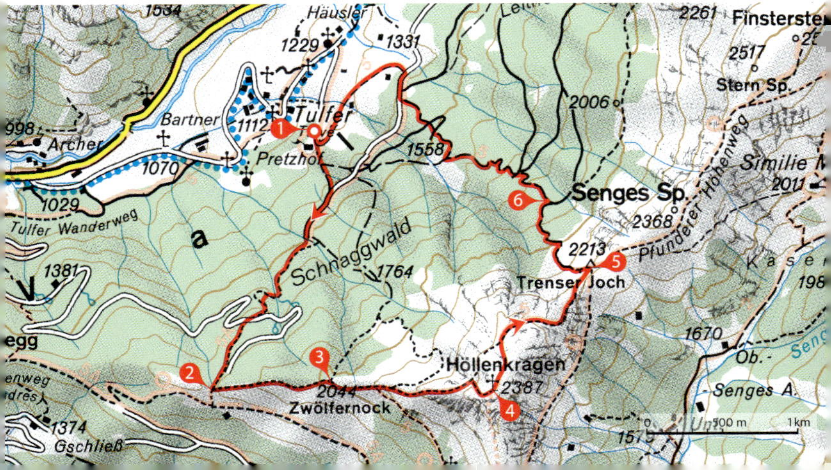

↗ 560 m | ↘ 560 m | 11.1 km

46 Lottersteig bei Trens

4.00 h

Bergbauernland über dem Eisack

Wenn es einmal nicht so hoch hinausgehen soll, ist der Lottersteig oberhalb von Trens (Freienfeld) eine gute Empfehlung. Man taucht ein in die typische Bergbauernszenerie über dem walddunklen Eisacktal und darf ein paar beschaulich stille Stunden genießen. Auch Kulturelles ist geboten: Maria Trens zählt zu den bedeutendsten Wallfahrtsorten Südtirols und im Weiler Valgenäun gibt es ein hübsches Kirchlein.

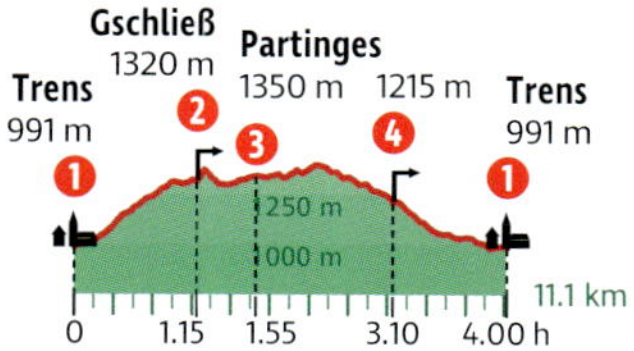

Ausgangspunkt: Trens, 991 m, Fraktion der Gemeinde Freienfeld im Eisacktal. Parkplatz im Ort, Bushaltestelle unten an der Brennerstraße, ebenso der Bahnhof der Brennerstrecke.

Anforderungen: T2+. Leichte und schmalere Wege wechseln, vor allem der Lottersteig selbst erfordert bei der Querung steiler Waldhänge etwas Trittsicherheit und Konzentration. Als talnahe Halbtagestour nicht sonderlich anstrengend.

Einkehr: Keine am Weg.

Beste Jahreszeit: Frühjahr bis Spätherbst.

In **Trens** ❶, 991 m, an der Wallfahrtskirche und mit Nr. 24 auch an den Höfen von Zingerle und Stanger vorbei. Dann am Waldsaum entlang aufwärts, bis man auf einen breiteren Forstweg trifft. Achtung, jetzt nicht weiter Richtung Burg Sprechenstein bzw. Wiesen, sondern unbeschildert scharf rechts und in Kürze auf die Bergstraße zum Streuweiler **Gschließ** ❷, der wir am Binderhof vorbei bis zu einer Linkskehre folgen! An dieser Stelle zweigt der **Lottersteig** (Markierung

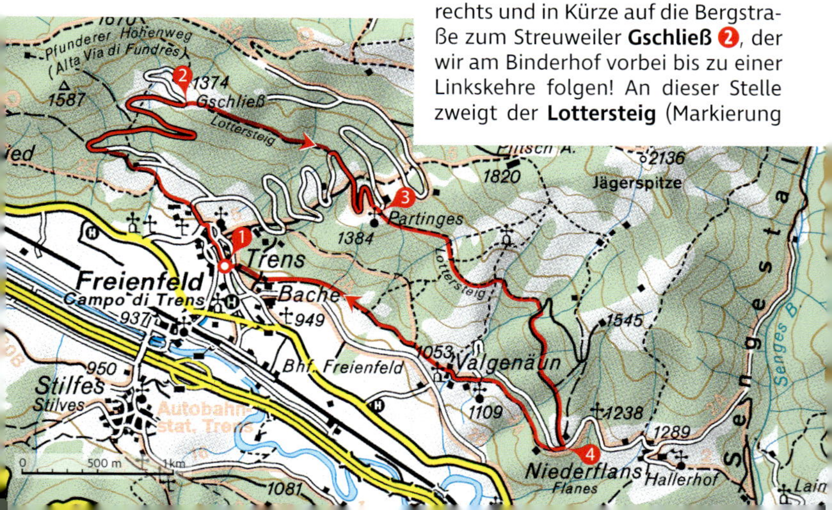

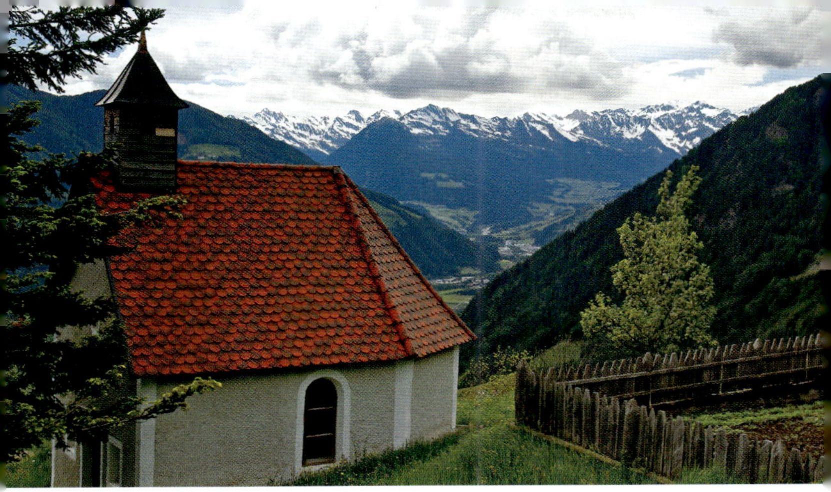

Kapelle bei Partinges.

Nr. 4) ab – anfangs sehr undeutlich am Rand der Wiese, wo der waldige Steilhang beginnt. Nach kurzem, aber knackigem Bergauf schneidet der schmale, aber nun bessere Pfad die abschüssigen Waldhänge. Kurz vor dem Streuweiler **Partinges** auf einen breiteren Forstweg und dann auf der Höfestraße bis zum verlassenen Moarhof ❸, ca. 1350 m (Kapelle). Hier setzt sich der Lottersteig mit einer Wiesenquerung fort. Anschließend wieder durch Wald, wobei mehrere Runsen ausgegangen werden. Der Steig mündet erneut in eine Forststraße, die allmählich abwärtsführt. Weil sie für uns günstiger verläuft, ziehen wir sie der Fortsetzung von Nr. 4 Richtung Niederflans vor. Wir stoßen ohnehin auf die Niederflanser Straße ❹, biegen dort rechts ein und wählen die Abkürzung Nr. 2A nach **Valgenäun**, 1053 m. Man durchwandert den Weiler mit der sehenswerten Kirche und gelangt unterhalb auf den schönen Hangweg, der als »Bienenweg« mit vielen lehrreichen Schautafeln ausgestattet ist. Damit direkt zurück nach **Trens** ❶.

Blick über die Gemeinde Freienfeld.

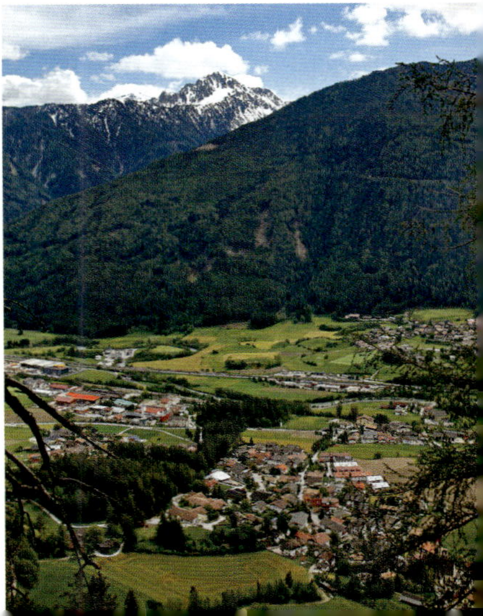

↗ 1300 m | ↘ 1300 m | 15.1 km

47 Simile Mahdalm, 2011 m, und Wilder See, 2532 m

6.15 h

Sagenumwobener See in den Pfunderer Bergen

Die Simile Mahdalm befindet sich zuhinterst im stillen Sengestal und ist manch einem vielleicht als erster Stützpunkt auf dem großartigen fünftägigen Pfunderer Höhenweg bekannt. Dieser macht auch eine Etage höher beim Wilden See Station, um den sich Sagen und Legenden ranken. Das stattliche Gewässer bettet sich direkt zu Füßen der Wilden Kreuzspitze in ein Hochkar und verströmt herben Zauber. Fast 50 Meter beträgt seine Tiefe, wie bereits 1834 (!) ausgelotet wurde.

Ausgangspunkt: Parkplatz im Sengestal, ca. 1370 m, bei der ehemaligen Flaner Säge. Zufahrt über Valgenäun und Niederflans, dahinter auf einem Natursträßchen. Keine Busanbindung.
Anforderungen: T2–3. Die Simile Mahdalm ist auf einem breiten Wirtschaftsweg zu erreichen (T1). Zum See abschnittsweise recht steiler Bergweg durch Matten-Alpenrosen-Gelände, aber ohne besondere Hürden. Nur das Pensum ist beachtlich, daher gute Ausdauer vonnöten.
Einkehr/Unterkunft: Simile Mahdalm, 2011 m, privat, Mitte Juni bis Ende September, Tel. +39 340 8868395.
Beste Jahreszeit: Juli bis September; im Frühsommer ist der See oft noch eisbedeckt.
Variante: Wer mit einer leichten 3-Stunden-Tour zufrieden ist, beschränkt sich auf die Simile Mahdalm, 640 Hm.

Ab Fahrverbot im **Sengestal** ❶ folgen wir stets dem Fahrweg taleinwärts, in Kürze an einem neuen Kleinkraftwerk vorbei. Teils kräftig ansteigend passiert man **Obersenges** ❷, 1670 m, und zweigt im Talschluss mit Markierung Nr. 2 rechts auf einen Steig ab ❸. Dieser zieht über die Almrodung namens **Kaserplatz**, 1986 m, zur Einmündung in den **Pfunderer Höhenweg** ❹, der von der Simile Mahdalm quer durch die Hänge kommt (P. 2118).

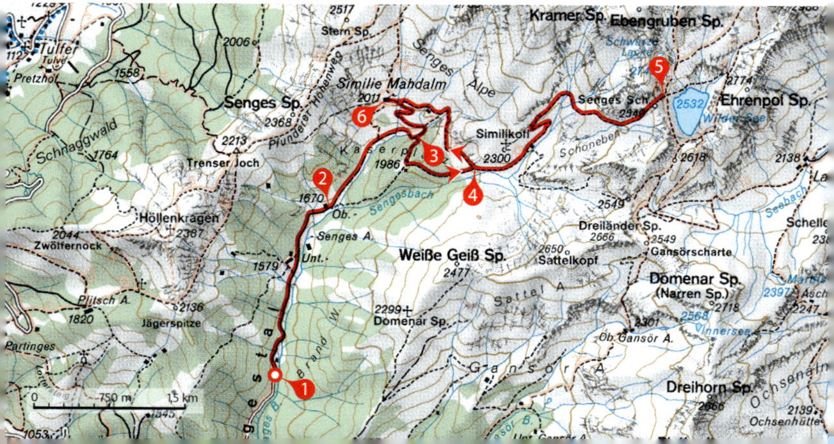

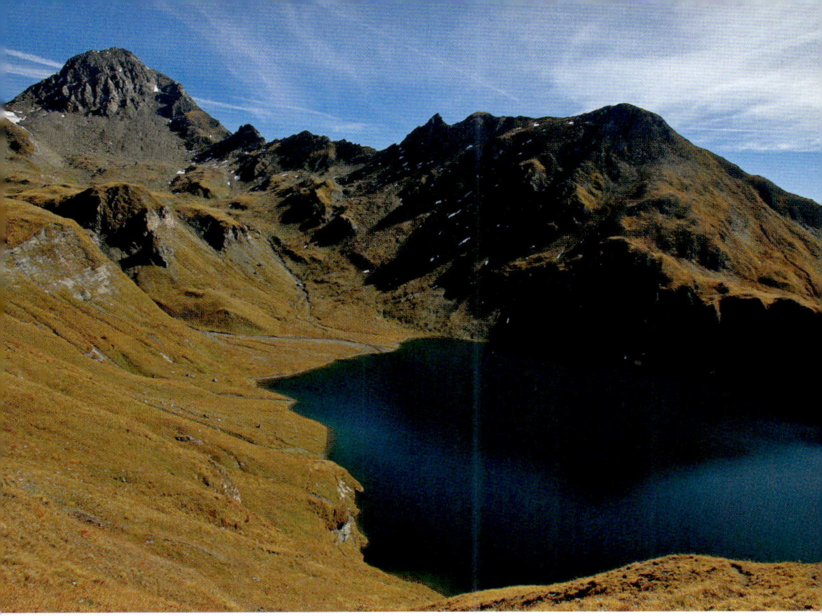

Der Wilde See ist der größte natürliche Bergsee in den Zillertaler Alpen.

Gemeinsam weiter via Ochsenalm in einen Hochtal-Einschnitt und später sich rechts haltend über karger werdende Mattenhänge bergauf. Auf der Schwelle des **Sengesjöchls** ❺, ca. 2610 m, stehen wir plötzlich direkt vor bzw. ein Stück weit über dem Wilden See, den wir so groß vielleicht nicht erwartet haben.

Für den Abstieg ist dieselbe Route vorgesehen, wobei man allerdings auf dem Pfunderer Höhenweg um den Similekofel herumquert, um zwecks gemütlicher Einkehr die **Simile Mahdalm** ❻, 2011 m, anzusteuern. Von dort auf dem Fahrweg zurück ins **Sengestal** ❶.

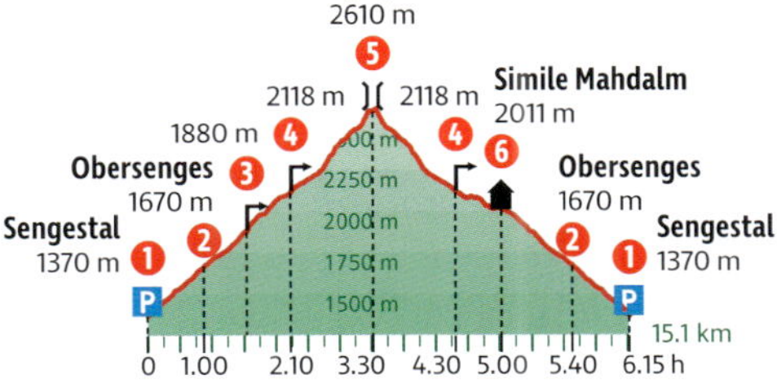

↗ 1150 m | ↘ 1150 m | 15.9 km

48 Planer Alm, 1938 m, und Valser Jöchl, 1920 m

6.30 h

Kleine Idyllen über dem Maulser Tal

Auf dieser Wanderung berühren wir eigentlich nur einen touristisch bedeutsamen Punkt: die Bergstation Jochtal, die von Vals aus erschlossen wurde. Der große Rest verläuft auf nachgerade urtümlichen Routen, vor allem am Nocksteig hinauf zur Planer Alm, der schon einen leidlich trittsicheren Berggeher verlangt. Schöne Pfade führen anschließend über die welligen, mit lichtem Wald und Zwergsträuchern bewachsenen Hochplateaus – eine Landschaft, wie man sie drunten im Eisacktal wohl kaum vermutet. Dass hier Menschen allerdings schon seit Jahrtausenden unterwegs waren, konnte die Archäologie mit der Entdeckung eines steinzeitlichen Lagerplatzes nachweisen.

Ausgangspunkt: Im Maulser Tal zwischen den Höfen Kropf und Talheimer, ca. 1100 m, wo Nr. 10B nach Flans abzweigt. Zufahrt von Mauls Richtung Bergweiler Ritzail. Mit Bus startet man unten im Ort.
Anforderungen: T3 am Nocksteig, sonst T2. Phasenweise steiler Waldsteig bis zum Kleinen Nock, anschließend angenehmeres Wandergelände über weitläufige Plateaurücken. Bergab teils Steig, teils Fahrwege, deren Abkürzungen mitunter verwachsen sind. Volle Tagestour, die Ausdauer und stellenweise Trittsicherheit verlangt.
Einkehr: Ochsenalm, ca. 2050 m, Tel. +39 348 2530954, ochsenalm.com. Restaurant Jochtal, 2006 m, Tel. +39 0472 671345, jochtal.info. Kaspererhof in Ritzail, 1449 m.
Beste Jahreszeit: Juni bis Oktober.
Variante: Am Stattmoos Abkürzungsmöglichkeit talwärts.

Aus dem **Maulser Tal** ❶ zunächst auf dem Karrenweg nach Flains, wo man Route Nr. 11 zur Planer Alm einschlägt. Bald auf steilem Steig zu einem Waldrücken, nochmals die Forststraße kreuzend und im weiteren Verlauf

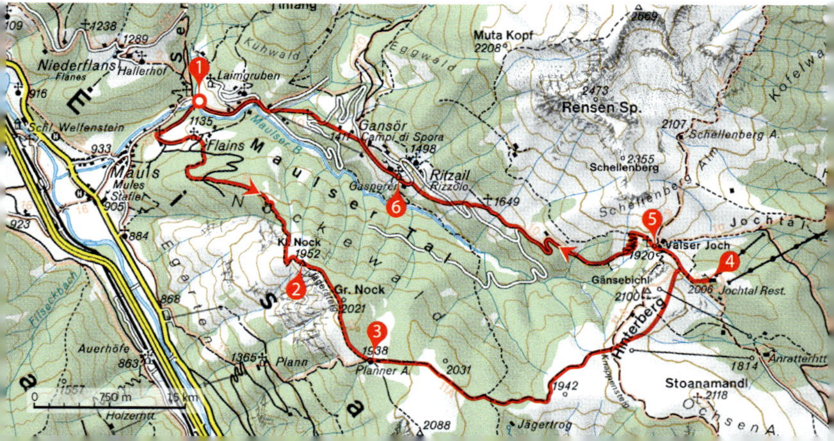

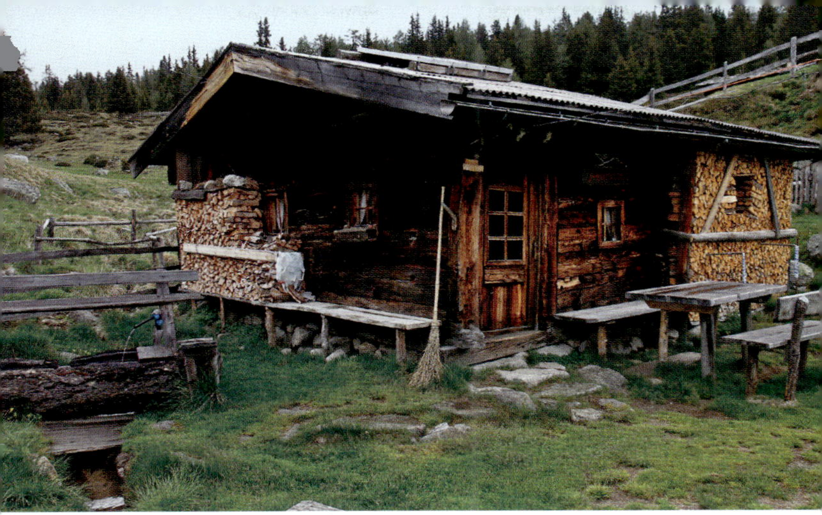

Die Planer Alm liegt auf der Hochfläche.

teils sehr kräftig bergauf. Im Zickzack wird die Schulter bei P. 1871 angesteuert, bevor wir moderater die Höhe des **Kleinen Nock** ❷, 1952 m, gewinnen. Ohne wesentlichen Zwischenabstieg passiert man seitlich den Großen Nock, wo sich das Gelände zu einem Plateaurücken weitet und auch die Aussicht ein bisschen offener wird. In sachtem Gefälle kommen wir zur Lichtung der **Planer Alm** ❸, 1938 m. Ostwärts eindrehend leicht auf und ab via Plattlböden und Stattmoos Richtung Ochsenboden. Der Gänsebichl wird entweder über die Ochsenalm erwandert oder rascher ostseitig auf Fahrweg umgangen, womit man sich der **Bergstation Jochtal** ❹, 2006 m, nähert (kurzer Stich). Am unweit gelegenen **Valser Jöchl** ❺, 1920 m, schlagen wir Route Nr. 10 nach Mauls ein. Nach einigen Kehren auf einen Karrenweg und damit in den Weiler **Ritzail** ❻ mit dem Kaspererhof, 1449 m. Im weiteren Abstieg lässt sich die Straße häufig abkürzen – allerdings ist der Steig manchmal undeutlich und verwachsen.

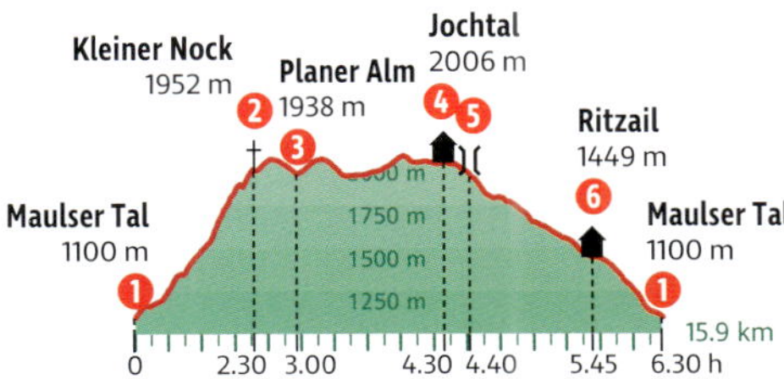

TOP

49 Puntleider See, 1847 m

↗ 1000 m | ↘ 1000 m | 11.4 km

5.30 h

Zu einem wahren Juwel von Bergsee

Auf der Suche nach landschaftlichen Kleinoden im Eisacktal – die sich hier ja oft etwas verstecken – stößt man früher oder später auf den hinreißenden Puntleider See. Die Wanderung dorthin ist nicht sehr lang und unkompliziert, es sei denn, man wählt die nachfolgend beschriebene Route. Sie bringt uns zunächst das benachbarte Bergltal nahe und wartet im Stile eines Höhenweges durchaus mit Raffinessen auf: ein deutliches Plus! Umso mehr lässt sich nachher in der Idylle des Puntleider Sees schwelgen und abschließend auf der Alm gebührend einkehren …

Ausgangspunkt: Parkplatz Puntleider Höfe beim Fischnaller, 1188 m. Zufahrt von Grasstein im Eisacktal über eine schmale Bergstraße. Bus nur bis zum Abzweig an der Brenner-Staatsstraße.
Anforderungen: T3. Anfangs Fahrweg, anschließend kleine, urwüchsige und damit recht ruppige Bergpfade, im oberen Teil mit Querung abschüssiger Hänge. Trittsicherheit wichtig, bei Nässe problematisch. Leichter ist der Abstieg vom Puntleider See (Normalweg). Durchschnittliches Tagespensum.
Einkehr: Seealm (Puntleider Alm), 1777 m, Tel. +39 349 6442391.
Beste Jahreszeit: Mitte Juni bis Oktober.
Variante: Bei Beschränkung auf den direkten Weg im Auf- und Abstieg Einstufung »blau«, 660 Hm, Gehzeit insgesamt 3.45 Std.

Vom **Parkplatz** ❶, 1188 m, folgen wir dem Fahrweg aufwärts und bei der Verzweigung der Bezeichnung Nr. 15 links ins Bergltal hinein. Am Rabler Boden über den Bach und nach gut einer Stunde zur **Berglalm** ❷, 1534 m. Das Erschließungssträßchen endet bei der Rolalm. Nun lotst uns die Markierung durch eine üppig mit Gras, Zwergsträuchern und Farnen, aber auch Latschen und Erlen bewachsene Hangbucht. Auf Höhe der verfallenen **Sulzenalm** ❸, 1931 m, heißt es aufpassen: Während Nr. 15 links zur Traminer Scharte zieht, müssen wir zu Nr. 14 wechseln. Auf ebenfalls verwachsener Spur kommt man zu einem kleinen Hochboden. Hier markant nach rechts

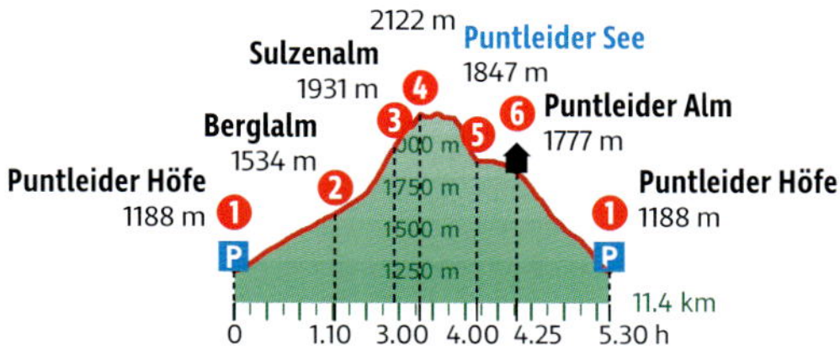

Der urwüchsige Übergang aus dem Bergltal lohnt eine Entdeckung.

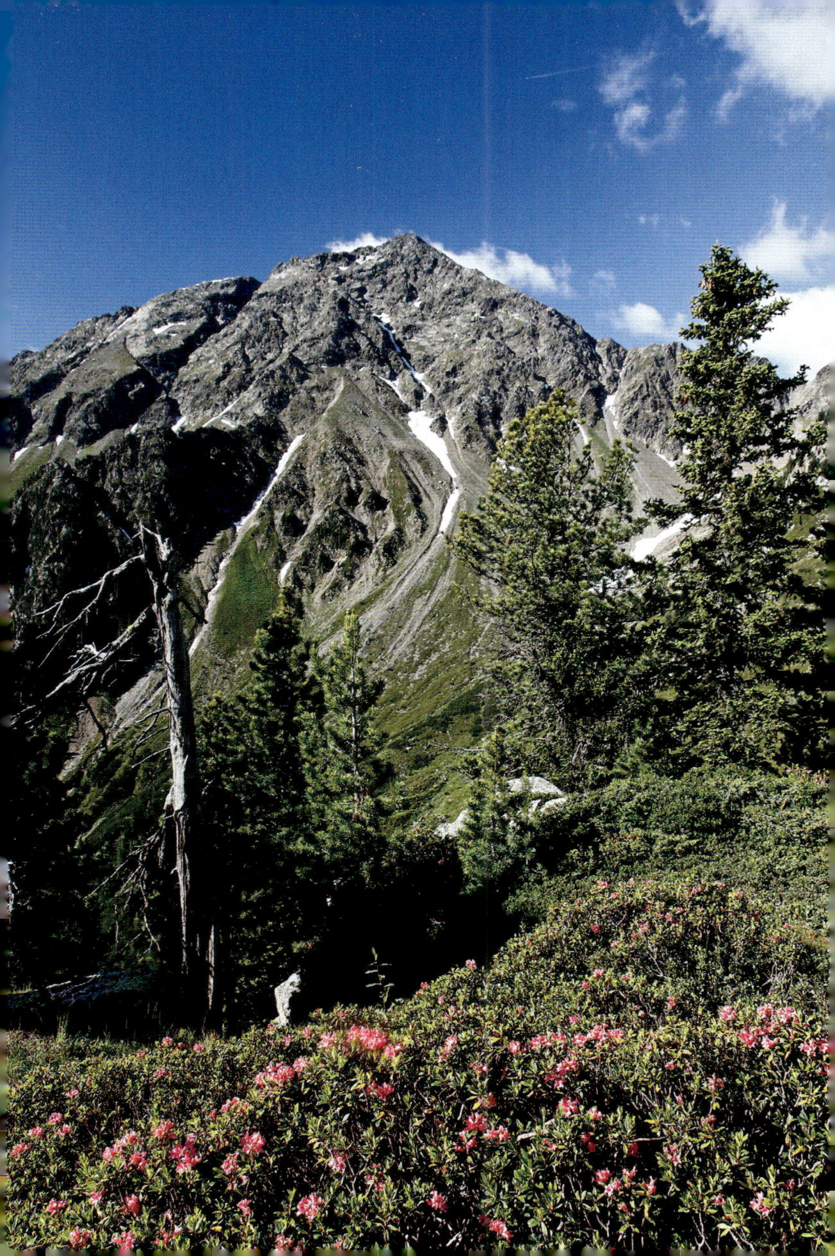

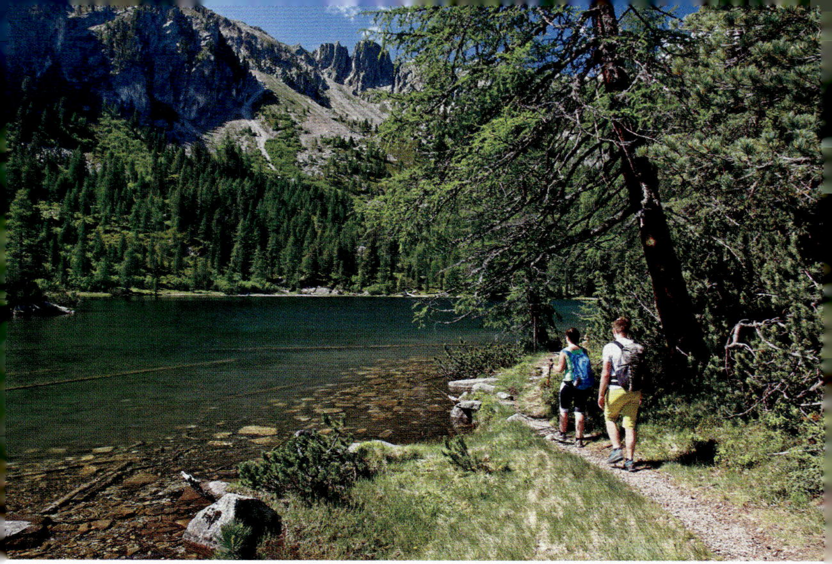

Ein Fleck zum Verweilen und Genießen: der malerische Puntleider See.

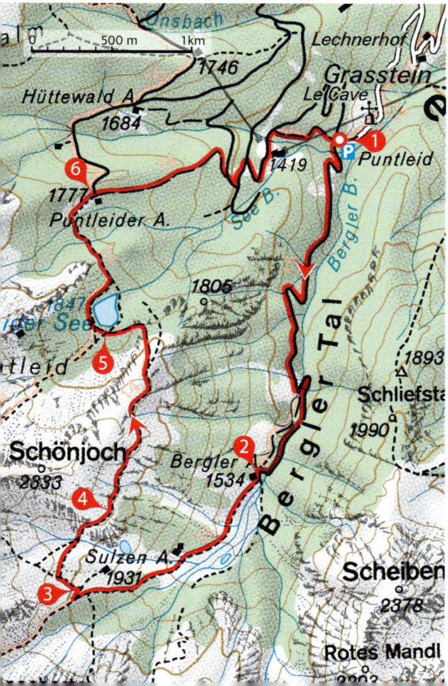

und in felsdurchsetztem Gelände zu **P. 2122** ❹. Im höchsten Bereich der Tour traversiert man in leichtem Auf und Ab die abschüssigen, mit einigen Zirben bestandenen Hänge hoch über dem Bergltal. Nach Überschreiten des Bergrückens geht es jenseits steil abwärts – wiederum in starker Vegetation und einmal durch eine Rinne. Erst der Auslauf Richtung **Puntleider See** ❺, 1847 m, gibt sich moderater. Wir wandern links um das Gewässer herum und von der Schwelle links weg zur bewirtschafteten **Puntleider Alm** ❻, 1777 m, die auch als Seealm bekannt ist. Ein stärker ausgetretener Bergweg führt von dort phasenweise relativ steil talwärts, tangiert manchmal auch die breite Forststraße und vollendet die Runde zurück zum **Parkplatz** ❶.

↗ 1680 m | ↘ 1680 m | 25.5 km

9.15 h

Marburger Hütte (Flaggerschartenhütte), 2481 m

50

Der ultralange Weg durchs Flaggertal

Das Schutzhaus nahe der Flaggerscharte – heute häufig wieder mit dem ursprünglichen Namen »Marburger Hütte« angesprochen – hatte ich im Laufe der Zeit schon öfters besucht, entweder von Durnholz herauf oder auf der Höhenroute des Sarntaler Hufeisens. Doch stets scheute ich den abschreckend langen Zustieg aus dem Eisacktal, der mit über fünf Stunden zu Buche schlägt. Ein Versäumnis, wie sich nun im Zuge der Recherchen für dieses Buch herausstellte. Das Flaggertal offenbart durchaus seine Reize, wenn man erst einmal den engen unteren Teil hinter sich hat. Abwechslungsreiche Bachstrecken, Hochböden mit Eselweiden und zuletzt auch ein sich weitendes Panorama warten auf den Entdeckungslustigen. Empfehlung: Man sollte sich in der urigen Hütte einquartieren, anderntags einen Gipfel (z.B. das Tagewaldhorn, siehe Tour 51) besteigen und dann ohne Zeitstress den Rückweg antreten.

Ausgangspunkt: Mittewald, 803 m, im Eisacktal. Bushaltestelle an der Brennerstraße (Linie Sterzing – Brixen), Parkplatz im Ort bzw. noch ca. 1 km weiter beim Fahrverbot der Forststraße.
Anforderungen: Wandertechnisch nur T2, wegen der Länge »rot« eingestuft. Im unteren Bereich teils steiler Fahrweg, ab Unterer Flaggeralm Bergweg durch Wald, über Weideböden und zuletzt karger im Schutt. Keine geländebedingten Schwierigkeiten, aber konditionell fordernd. Hin und zurück an einem Tag kaum zu schaffen.
Höhenmeter: Ab Mittewald 1680 Hm, ab Fahrverbot geringfügig weniger.
Einkehr/Unterkunft: Marburger Hütte (Flaggerschartenhütte), 2481 m, Autonome Provinz Südtirol, Mitte Juni bis Anfang Oktober, Tel. +39 347 8284867, forcellavallaga.it.
Beste Jahreszeit: Während der Hüttenöffnungszeit.
Variante: Prinzipiell ist ein Übergang nach Durnholz im Sarntal möglich. In diesem Fall muss man aber großräumige Verkehrsverbindungen (über Bozen) einbeziehen.

In **Mittewald** ❶, 803 m, durch den Ort und unter der Autobahn hindurch Richtung Erlerhof. Rechts

Die Wasserfallstufe zwischen Unterer und Innerer Flaggeralm.

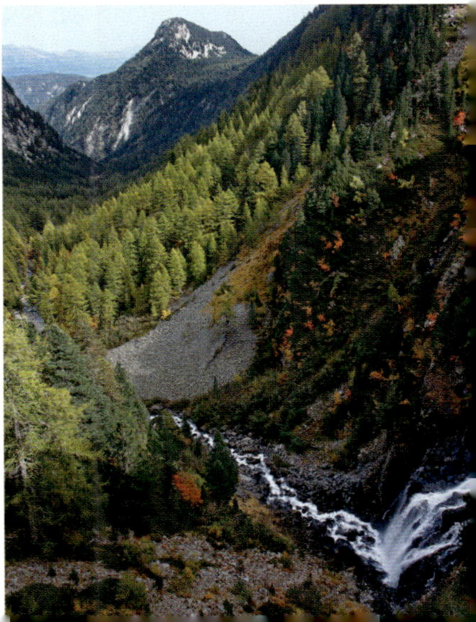

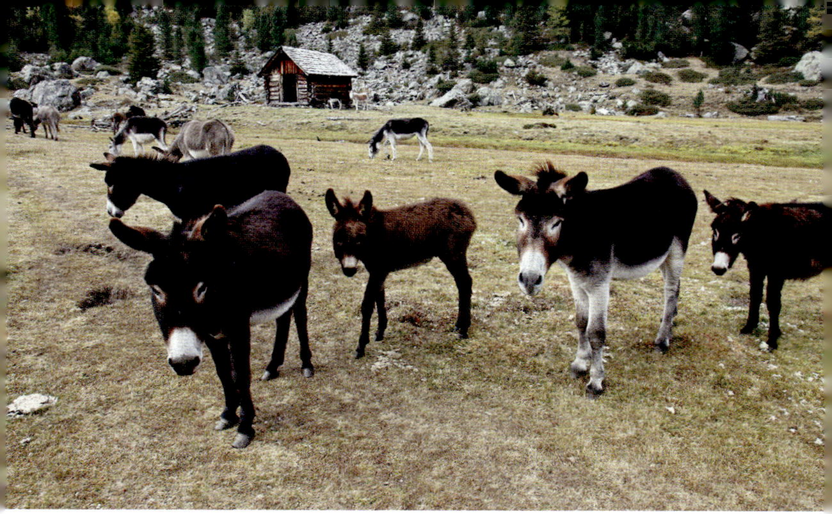

Auf den Hochböden weiden sommers Eselherden.

aufwärts beginnt Nr. 16 ins Flaggertal – etwas Parkraum findet man kurz vor der Schranke ❷. Die teils geschotterte, teils betonierte Trasse zieht in dem eng umschlossenen unteren Talabschnitt phasenweise kräftig an, relativ monoton und nur hin und wieder mit einer Serpentine dazwischen. Bis zur Lichtung der **Unteren Flaggeralm** ❸, 1605 m, ist man schon rund zweieinhalb Stunden unterwegs. Nun über die Wiese hinauf und rechts haltend durch lichten Wald an der Wasserfallstufe vorbei. Ein Gatter öffnet den Eintritt auf den oberhalb gelegenen schönen Weideboden. Etwas höher erreichen wir den noch ausgedehnteren Möslboden mit der **Inneren Flaggeralm** ❹, 1939 m. Hier zweigen die Routen Nr. 19 und 21 ab, also hinüber ins Schalderer Tal einerseits und zum Kreuzjoch andererseits. Man

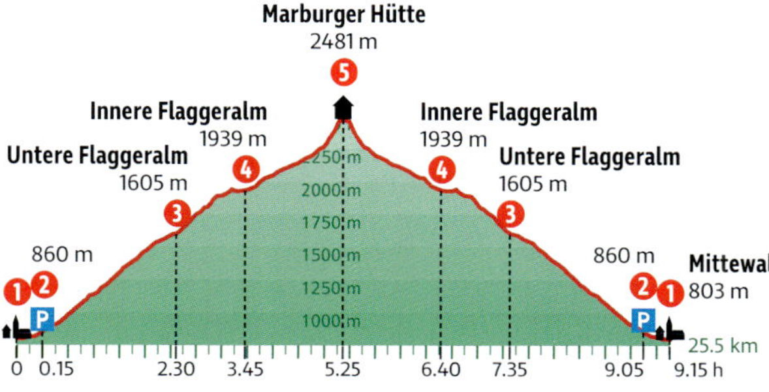

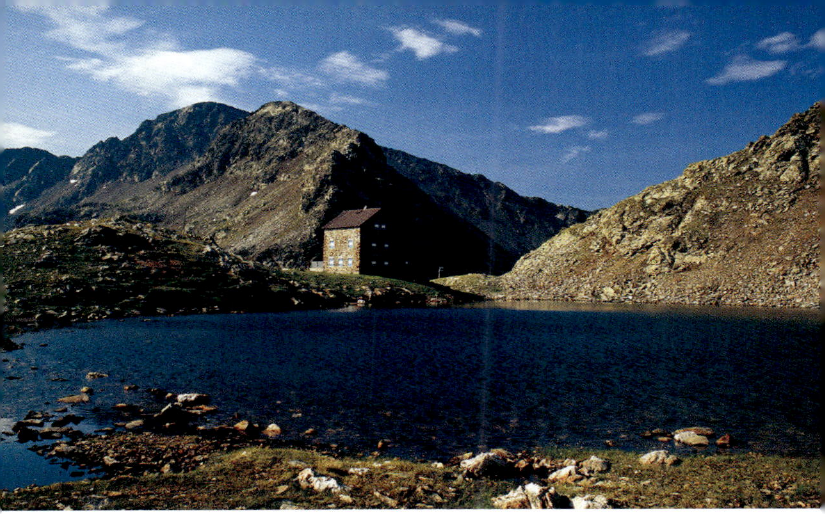

Die Marburger Hütte (Flaggerschartenhütte) liegt einen ganzen Tagesmarsch vom Eisacktal entfernt.

wandert weiter durch eine Talenge, ehe sich die Szenerie wieder weitet. Relativ sachte über Matten aufwärts in den Talhintergrund, wo wir einem felsdurchsetzten Riegel links ausweichen und durch einen schuttgefüllten Einschnitt die Flaggerscharte gewinnen. Von dort sind es nur noch wenige Schritte nach rechts hinauf zur **Marburger Hütte** 5, 2481 m. Zurück auf derselben Route.

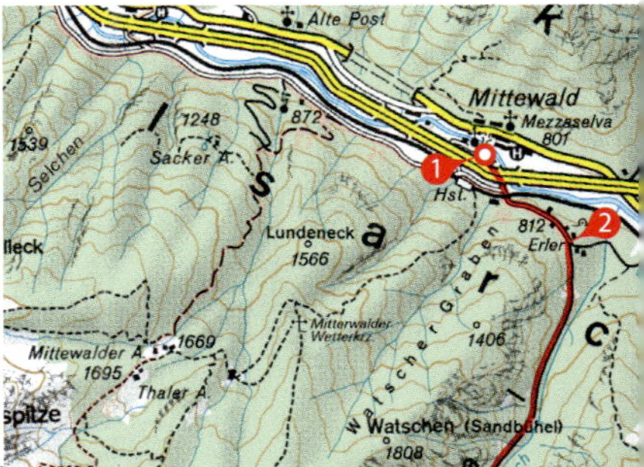

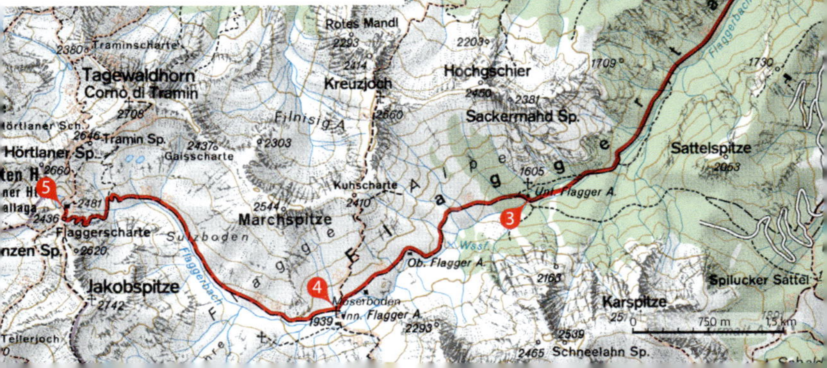

↗ 350 m | ↘ 350 m | 3.6 km

51 Tagewaldhorn, 2708 m

2.00 h

Hoch am Sarner Ostkamm

Dieser Gipfel ist als Zugabe für die lange Wanderung zur Flaggerschartenhütte (Marburger Hütte) gedacht, denn dort hat man das weitaus größte Pensum bis ins Gipfelstockwerk ja schon geschafft. Und das Tagewaldhorn gehört immerhin zur 2700er-Riege der Sarntaler Alpen, also jenem halben Dutzend Gipfel, die hier die Spitzenplätze belegen. Entsprechend weitreichend ist die Aussicht, nordwärts zum eisverzierten Alpenhauptkamm, gen Südosten in die vielgezackten Dolomiten sowie über das Sarntal hinweg in die Meraner und Vinschgauer Bergwelt.

Ausgangspunkt: Marburger Hütte (Flaggerschartenhütte), 2481 m. Zustieg siehe Tour 50.

Anforderungen: T3–4. Markierter Bergsteig, der zumeist durch abschüssiges, eher unsolides Schuttgelände führt und daher gute Trittsicherheit verlangt. Anfangs eine Passage gesichert und auch nach oben etwas Händeunterstützung, aber keine eigentliche Kletterei (Bewertung an der Grenze rot/schwarz). Besteigung ab Mittewald im Rahmen einer Zweitagetour.

Einkehr/Unterkunft: Marburger Hütte, 2481 m, Autonome Provinz Südtirol, Mitte Juni bis Anfang Oktober, Tel. +39 347 8284867, forcellavallaga.it.

Beste Jahreszeit: Während der Hüttenöffnungszeit.

Variante: Auf der anderen Seite der Flaggerscharte kann die Jakobspitze, 2742 m, mit leichter Kraxelei über ihren Nordgrat bestiegen werden (rechts an der vorgelagrten Lorenzenspitze vorbei). Bewertung ebenfalls knapp »schwarz«, Aufstieg ab Hütte ca. 1 Std.

Das Tagewaldhorn zeigt sich markant zugespitzt.

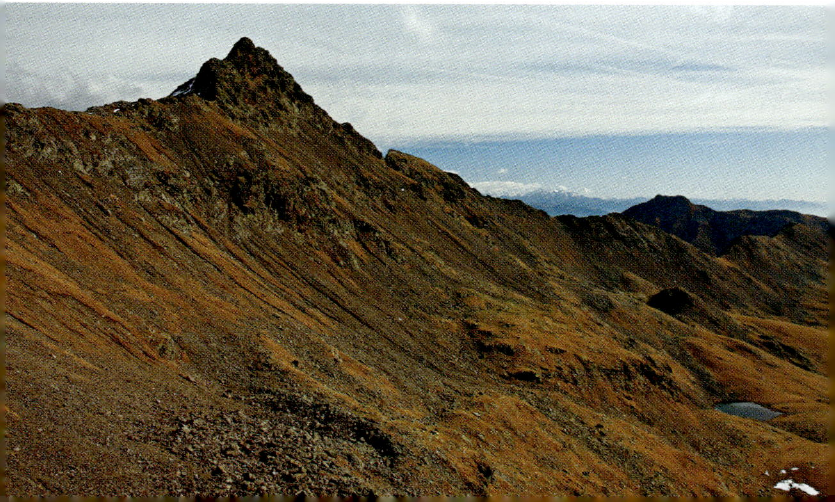

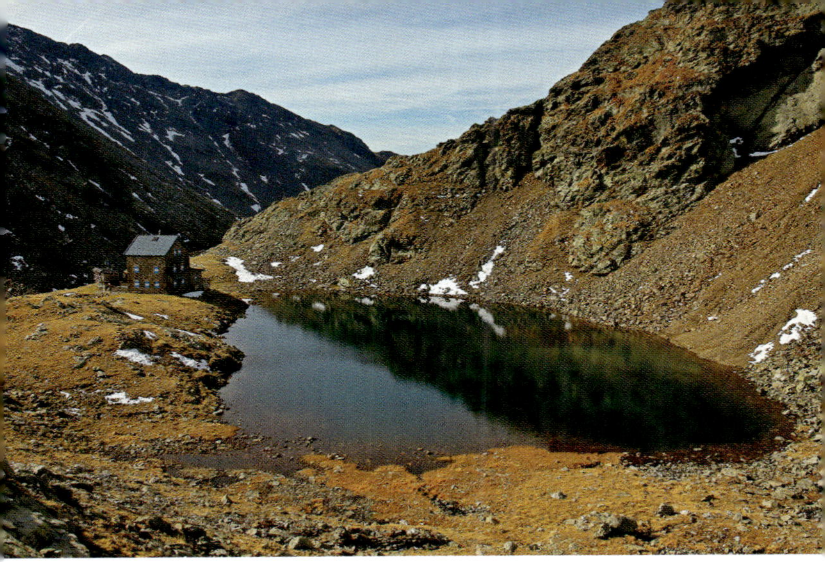

Der Flaggersee mit der Marburger Hütte an seinem Ufer.

Von der **Marburger Hütte** ❶, 2481 m, mit dem Weg der Hufeisentour rechts vom Flaggersee gegen Norden aufwärts. Hinter einer Anhöhe leitet eine bandartige Rampe (Drahtseile) kurz abwärts zur Verzweigung der Routen Nr. 13 und 15A. Wir bleiben diesseits der Hörtlahner Scharte, queren rechts in die Südflanke hinein und verlieren in den Schutthängen mit einzelnen kleinen Rüfen sogar noch ein paar Meter. Später wieder deutlich ansteigend um ein Eck und im Zickzack sehr steil hinauf und leicht felsdurchsetzt zum obersten Südostgrat, wo die letzten Schritte zum **Tagewaldhorn** ❷, 2708 m, absolviert werden. Zurück zur Hütte auf derselben Route.

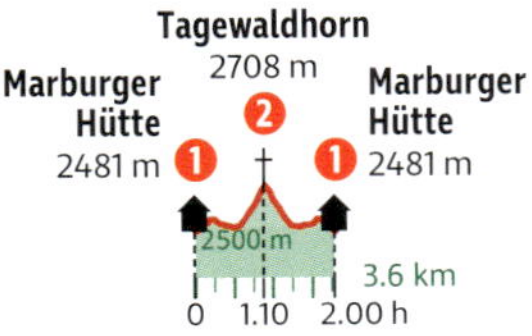

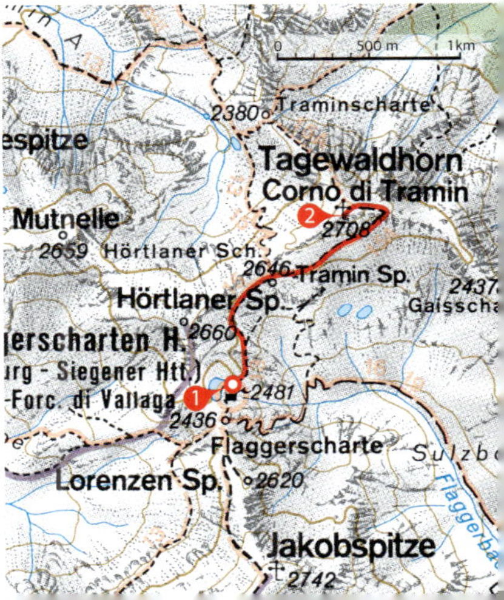

↗ 800 m | ↘ 800 m | 13.1 km

52 Altes Karl, 2031 m, und Stoanamandl, 2118 m

4.30 h

Kleine Gipfelziele mit überraschender Perspektive

Im Zwickel zwischen Eisack- und Pustertal liegt das hübsche Bergdorf Spinges mit seinem waldreichen Hinterland. Dort können die Bergkuppen des Alten Karl und Stoanamandl erwandert werden. Sicher keine spektakuläre Tour, aber prima für Ruhesuchende. Mehr Trubel herrscht erst dahinter im Liftgebiet von Jochtal.

Ausgangspunkt: Parkplatz Bild-Wetterkreuz, 1357 m. Zufahrt von Schabs über Spinges; Weiterfahrt auf Forststraßen untersagt. Per Bus muss man in Spinges, 1100 m, starten.
Anforderungen: Kurzfristig T2–3, sonst leichter. Weithin völlig unproblematisch auf breiten Wirtschaftswegen oder harmlosen Wanderwegen in oft bewaldeter Umgebung. Eine Ausnahme bildet der steile nordseitige Abstieg vom Alten Karl in den Sattel. Gemäßigte Tagestour.
Einkehr: Keine am Weg, allenfalls im Seilbahngebiet Jochtal.
Beste Jahreszeit: Von Ende Mai bis in den Spätherbst.
Variante: Vom Stoanamandl weiter ins Liftgebiet Jochtal; hier gibt es mehrere Einkehrmöglichkeiten, z.B. das Seilbahnrestaurant, Linderalm und Anratter Hütte.

Lauschiger Rastplatz am Alten Karl.

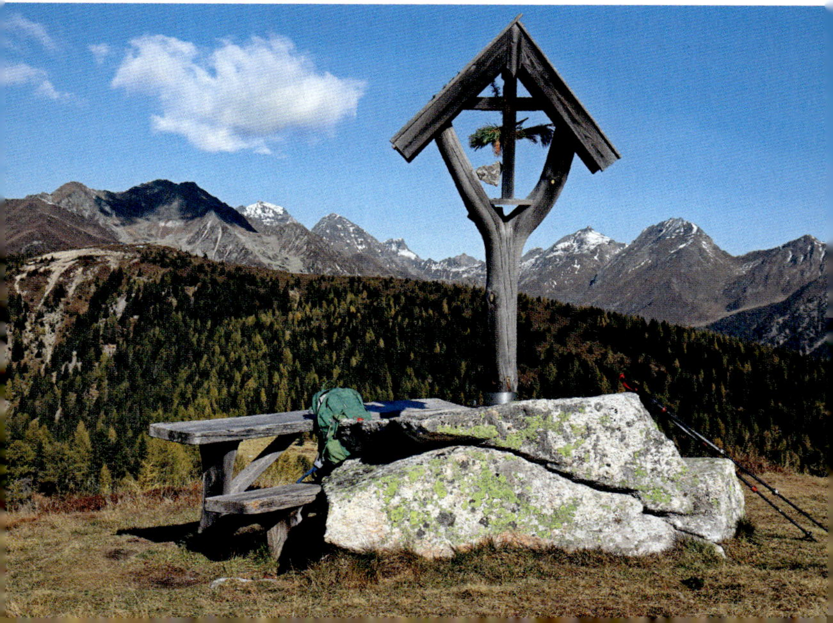

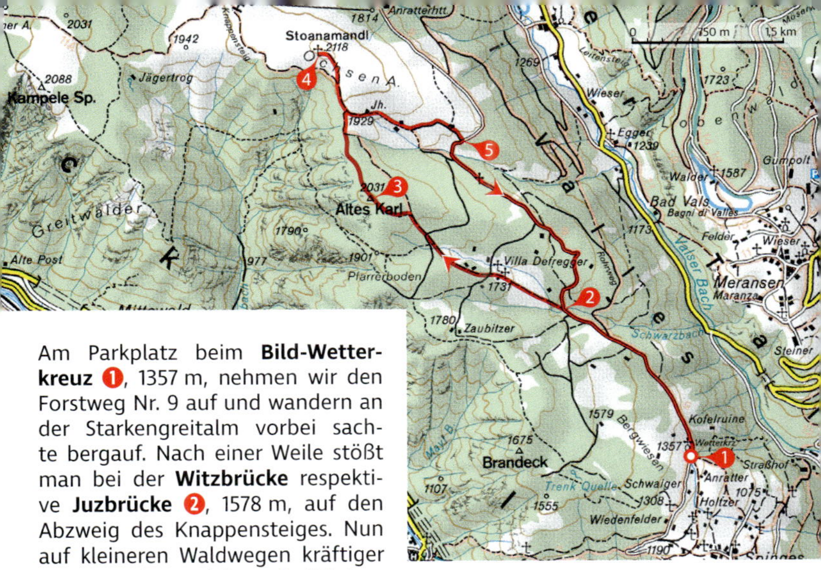

Am Parkplatz beim **Bild-Wetterkreuz** ❶, 1357 m, nehmen wir den Forstweg Nr. 9 auf und wandern an der Starkengreitalm vorbei sachte bergauf. Nach einer Weile stößt man bei der **Witzbrücke** respektive **Juzbrücke** ❷, 1578 m, auf den Abzweig des Knappensteiges. Nun auf kleineren Waldwegen kräftiger ansteigend, an einigen Freiflächen sowie der Jagdhütte »Villa Defregger« vorbei zum sogenannten Tonich, 1963 m. Hier achten wir auf die Bezeichnung Nr. 1A, die sich als schmaler Pfad durch Zwergstrauchbewuchs und lichten Wald zum Höhenrücken des **Alten Karl** ❸, 2031 m, hinaufwindet. In welligem Gelände nordwärts bis zum Aussichtspunkt.

Der Weiterweg leitet nordwärts in den Steilabfall hinein, laviert geschickt um ein Felshindernis und führt teilweise recht abschüssig in die breite Senke, wo wir uns schon mal den Abstieg Richtung Hinterleitner- und Weberalm vormerken. Zuvor geht es aber noch zum **Stoanamandl** ❹, 2118 m, hinauf: den Knappensteig verlassend und auf breit ausgetretenem Weg bis auf die Gipfelkuppe. Nach dem Abstecher orientieren wir vom Sattel südostwärts hinab zur Forststraße, die unweit der **Weberalm** ❺, erreicht wird. Mit Nr. 9 zur **Witzbrücke** ❷ und zurück zum **Bild-Wetterkreuz** ❶.

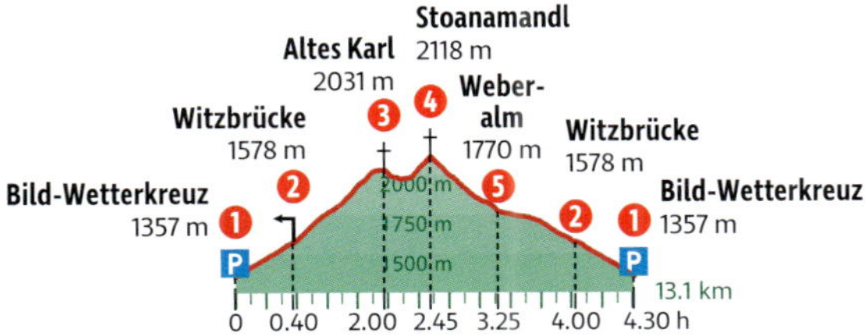

↗ 750 m | ↘ 750 m | 8.6 km

53 Scheibenberg, 1925 m, und Zirmaitalm

4.00 h

Verschwiegene Waldpfade zu einer urigen Alm

Es gibt durchaus Bereiche in Südtirol, die vom Tourismus noch kaum entdeckt worden sind. Eine traditionelle Koexistenz von Naturräumen und bergbäuerlicher Kulturlandschaft vermittelt zum Beispiel das Schalderer Tal nördlich von Brixen. Wer einen Streifzug über den Scheibenberg unternimmt, kommt einerseits zu einem wunderbaren Aussichtspunkt und erlebt andererseits die Erholsamkeit der tiefen Bergwälder. Plötzlich taucht dann die urige Zirmaitalm auf …

Ausgangspunkt: Spiluck, an der Kehre, wo Weg Nr. 2B beginnt (etwas Parkraum vorhanden), ca. 1360 m. Zufahrt von Vahrn und im Schalderer Tal dann rechts abzweigend. Das Sträßchen kann noch weiter bis zum Parkplatz beim Gostnerhof, ca. 1440 m, befahren werden. Oder man startet direkt in Spiluck.
Anforderungen: Maximal T2–3. Über weite Strecken eher kleinere Waldwege, steilere Abschnitte vor allem bis zum Scheibenberg, danach meist gemäßigter und gegen Ende Fahrwege. Kaum Absturzgefahr, aber etwas Trittsicherheit vorteilhaft; konditionell relativ moderate Tour.
Einkehr: Zirmaitalm, 1891 m, Tel. +39 338 2613114. Hofschänke Gostner, Tel. +39 0472 830250, gostnerhofspiluck.it.
Beste Jahreszeit: Juni bis Oktober, falls schneefrei sogar noch im Spätherbst.

Wir starten in der Linkskehre oberhalb von **Spiluck** ❶ mit Bezeichnung Nr. 2B und werden nach kurzer Zeit nach rechts auf einen kleinen Steig gelotst (dieser trifft mit Nr. 2A zusammen). Man kann aber auch der breiten Trasse folgen und kürzt damit sogar etwas ab. Bei einem quer verlaufenden Forstweg vereinigen sich die beiden Varianten ohnehin wieder. Bald darauf zu einer Blöße und hinauf in den steilen Waldhang. Die Route holt ein Stück weit nach rechts aus und gewinnt stets gut gepfadet das Aussichtskreuz am **Scheibenberg** ❷, 1925 m, knapp unterhalb der höchsten Erhebung.

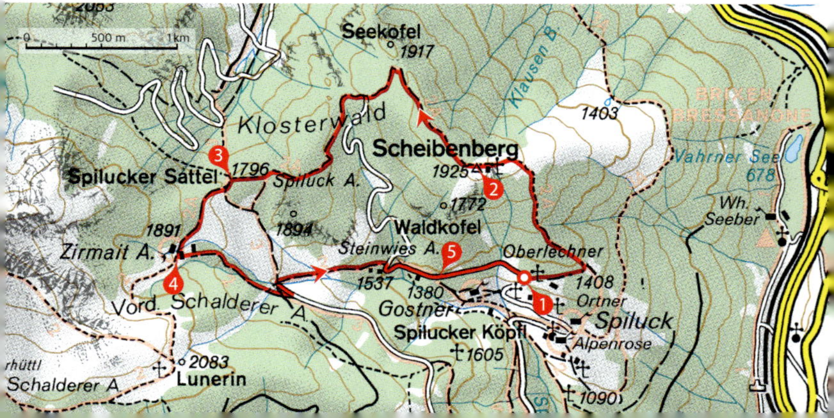

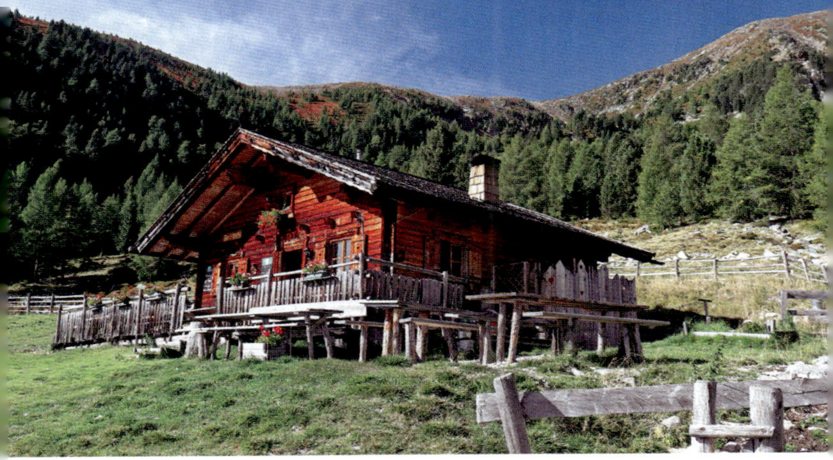

Uriges Ambiente: die Zirmaitalm.

Über den Waldrücken hinweg folgen wir nun dem kammnahen Pfad (weiterhin Nr. 2A), der sich allmählich absenkt, zweimal Forstwege kreuzt und am Lufiskofel vorbei die **Spilucker Scharte** 3, 1796 m, ansteuert (vor Ort als »Jöchl« bezeichnet). Von dort bringt uns der Güterweg in 15-minütiger Gegensteigung zur großen Lichtung der **Zirmaitalm** 4, 1891 m. Über die Weide geht es mit Nr. 2 bergab in lichten Wald, stets den bezeichneten Abkürzungen folgend in einen Grabeneinschnitt und nahe der Steinwiesalm auf eine Forststraße. Diese führt schließlich abwärts zum Wanderparkplatz beim **Gostnerhof** 5, wo uns noch 10 Minuten vom Startpunkt 1 trennen.

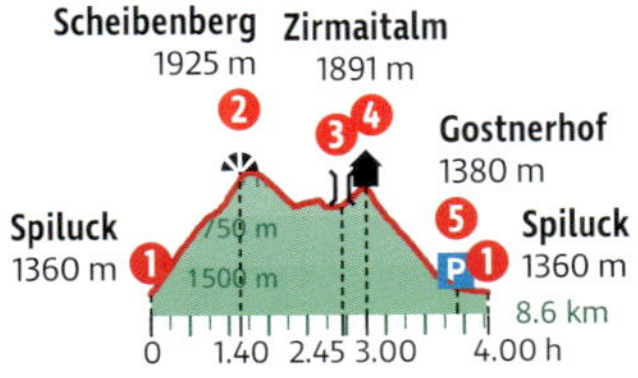

Im Schalderer Tal herrscht noch Ruhe und Beschaulichkeit.

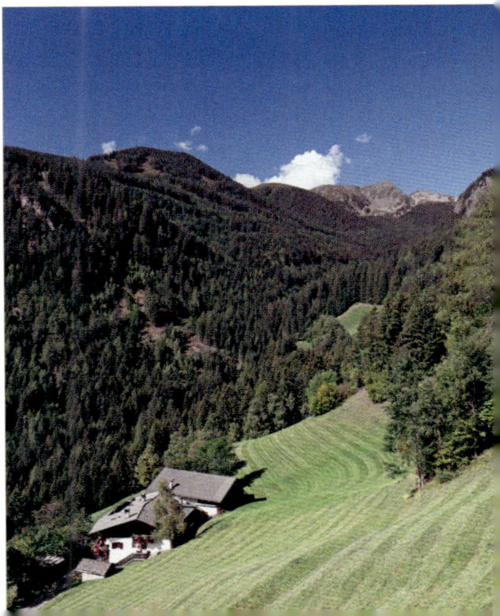

↗ 1300 m | ↘ 1300 m | 15.3 km

54 Karspitze, 2517 m, und Kasebacher Hörndl, 2578 m

6.30 h

Stille Kammtour über dem Schalderer Tal

Diese aussichtsreiche Tour am Gipfelzug nördlich des Schalderer Tals war seinerzeit eine echte Entdeckung für mich. Nach einem eher gewöhnlichen Aufstieg zur Karspitze trieb mich die Neugier einfach weiter ... Wer sich pfadloses Gelände zutraut, kann sich im Verlauf über Schneelahnspitze, Kase(r)-bacher Hörndl und Märzenhörndl richtig austoben. Naturgemäß ist eine solche Tour auch ziemlich einsam.

Ausgangspunkt: Parkplatz beim Wieserhof, 1535 m, oberhalb von Schalders. Anfahrt vom Ort aus (dort letzte Bushaltestelle der Linie von Brixen/Vahrn) über die Schleifen der Höfestraße.

Anforderungen: T4. Unbezeichnete und weglose Kammüberschreitung in Gras, Schutt und einzelnen Felspassagen (I), auch wenn ansatzweise Spuren erkennbar sind. Bis zur Karspitze und dann wieder ab Kaserscharte markierte Bergwege. Trittsicherheit und alpine Erfahrung erforderlich, zudem Ausdauer für eine relativ lange Tagestour.

Einkehr: Keine am Weg.

Beste Jahreszeit: Juni bis Oktober.

Variante: Von der Karspitze Abstieg zur bewirtschafteten Zirmaitalm, 1891 m, und im Bogen via Spilucker Köpfl zurück zum Wieserhof. Bewertung »rot«, ca. 5.15 Std.

Von der Karspitze überblickt man den weiteren Kammverlauf.

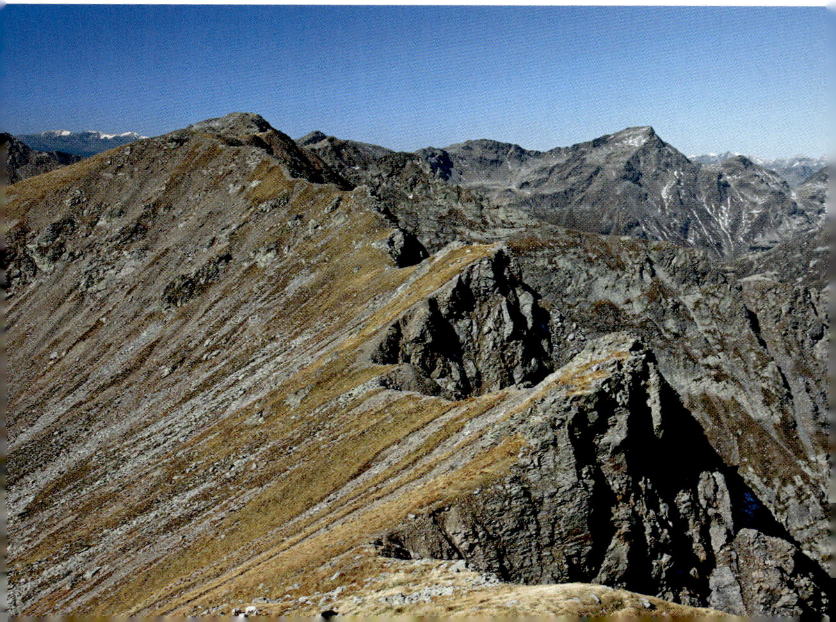

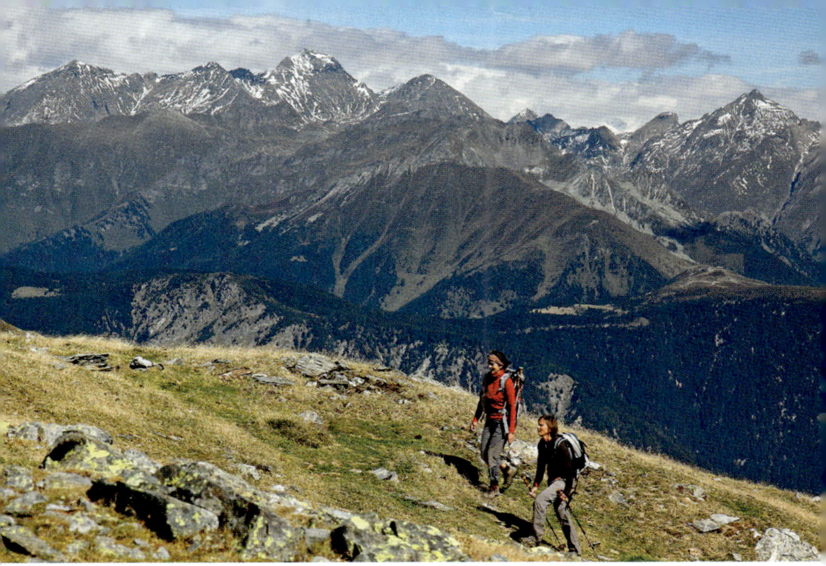

Freies Höhenwandern am Kasebacher Hörndl.

Vom **Wieserhof** ①, 1535 m, folgen wir der Markierung Nr. 2 in den Wald, wechseln bald von einer Forststraße auf einen Steig und gewinnen kräftig an Höhe. Oberhalb der Waldgrenze in die Hangmulde beim **Kaserhüttl** ②, 2068 m, und hier scharf rechts auf einen Wirtschaftsweg. Bei einem Stall orientieren wir uns mit Vorteil über die Wiesen weitgehend weglos aufwärts, bis wir am Südostrücken wieder auf eine markierte Route treffen. Diese führt hindernislos auf den Gipfel der **Karspitze** ③, 2517 m.

Nun am Grat westwärts. Erste Felshürden können südseitig umgangen werden. Der Gegenanstieg zur **Schneelahnspitze** ④, 2539 m, geht relativ leicht und flott vonstatten. Dahinter legt sich ein Felskopf in den Weg,

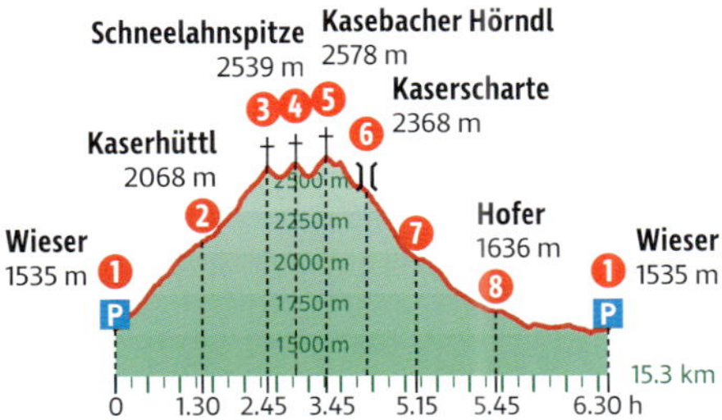

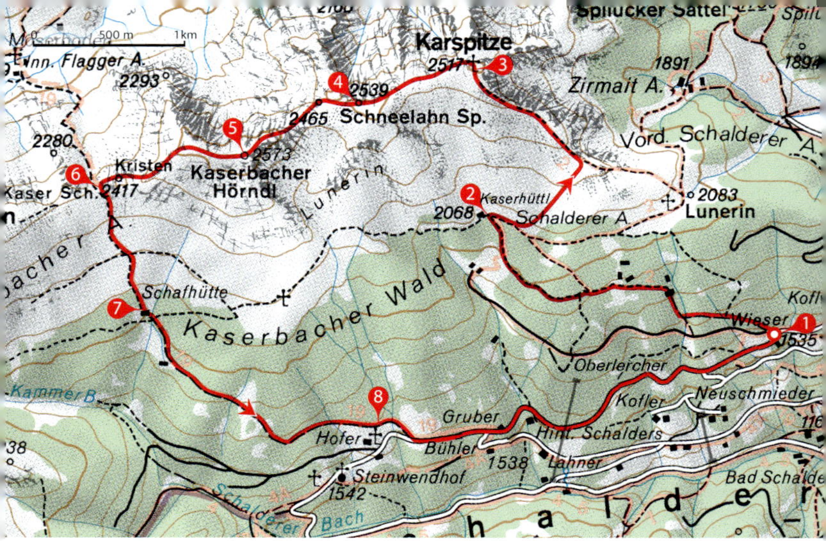

der mit Augenmaß wiederum südlich umgangen werden kann oder aber mit etwas mehr Kletterei (I) direkt überstiegen. Aus der folgenden Senke in wechselnder Steilheit, oft unschwierig, aber nochmals mit Händeunterstützung an einem Aufschwung (I), auf den grasigen Gipfel des **Kasebacher Hörndls** ❺, 2578 m. Vom Kulminationspunkt der Tour wird anschließend noch das wenig eigenständige **Märzenhörndl**, 2552 m, überschritten und am Kammrücken abwärts – zuletzt über eine kleine Kuppe hinweg – bis zur **Kaserscharte** ❻, 2368 m, gewandert.
Hier stoßen wir auf die Verbindung (Nr. 19) zwischen Schalderer- und Flaggertal, wenden uns auf die Südseite und steigen dort über gebietstypische Matten ab. Später links haltend über einen Bach und zur **Schafhütte** ❼, 1959 m, wo mitunter der Senn zugegen ist. Abwechselnd auf Forststraßen und Steigen geht es hinab zur Höfestraße und vom **Hofer** ❽, 1636 m etwas langwierig zurück zum Ausgangspunkt ❶.

Die letzten Meter zur Karspitze.

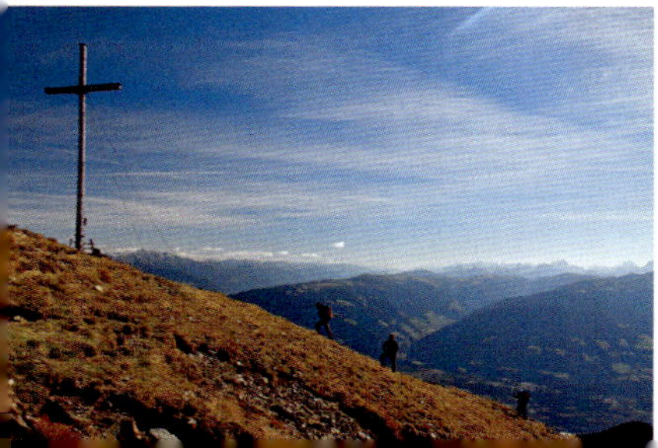

Berghöfe oberhalb von Schalders.

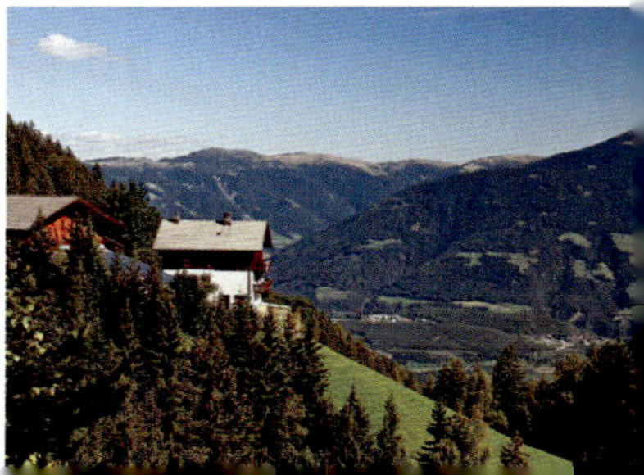

↗ 1230 m | ↘ 1230 m | 15.5 km

6.30 h

Schrotthorn, 2590 m

55

Höchster Gipfel der Schalderer Bergumrahmung

Das Schalderer Tal gehört definitiv zu den stilleren Winkeln Südtirols. Der Erschließungsgrad ist hier gering – es locken keine Hütten oder Einkehrstationen, von Skipisten ganz zu schweigen, und auch keine namhaften Gipfel. Am bekanntesten ist vielleicht noch das Schrotthorn, das den Talschluss dominiert. Der Normalweg über die Schalderer Scharte ist weitgehend problemlos. Etwas mehr Pep bekommt die Tour allerdings als Überschreitung. Durch ziemlich urwüchsige Gefilde wandern wir bis zur Schafhütte; nur der Schlussabstieg ist leider ein wenig umständlich.

Ausgangspunkt: Parkplatz Steinwend, ca. 1460 m, im inneren Schalderer Tal. Zufahrt über Schalders sowie – nach Linksabzweig oberhalb – auf einer Höfe- und Forststraße. Busanbindung nur bis ins Dorf.

Anforderungen: Kurzzeitig T3+. Normalweg höchstens T2–3. Gute Bergwege beim Anstieg über die Schalderer Scharte, etwas anspruchsvoller und länger, teilweise steiler und auch urwüchsiger beim Abstieg via Pfannscharte. Vor allem hier erhöhte Trittsicherheit nötig. Volle Tagestour.

Einkehr: Nominell keine.

Beste Jahreszeit: Mitte Juni bis Mitte Oktober.

Variante: Beim Zustieg zur Schalderer Scharte ließe sich der Wasserfallweg einbeziehen.

Steinbaukunst am Weg zur Schalderer Scharte.

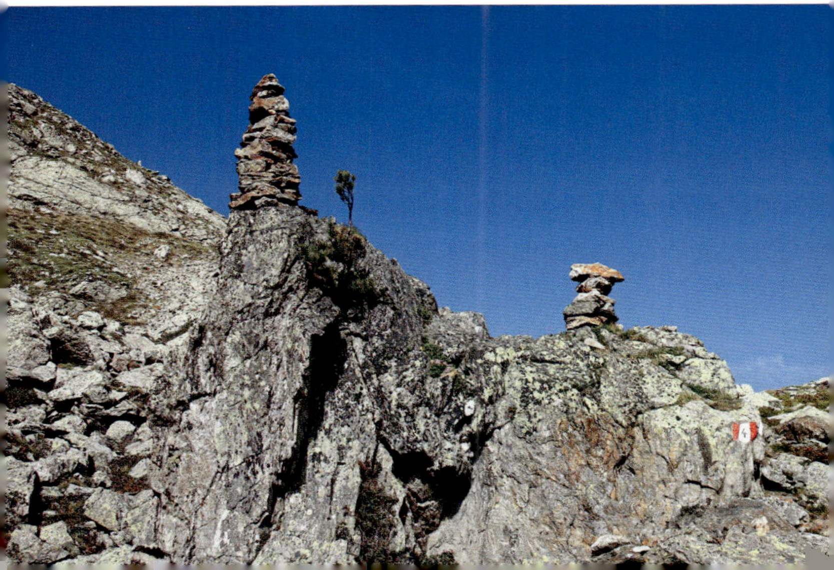

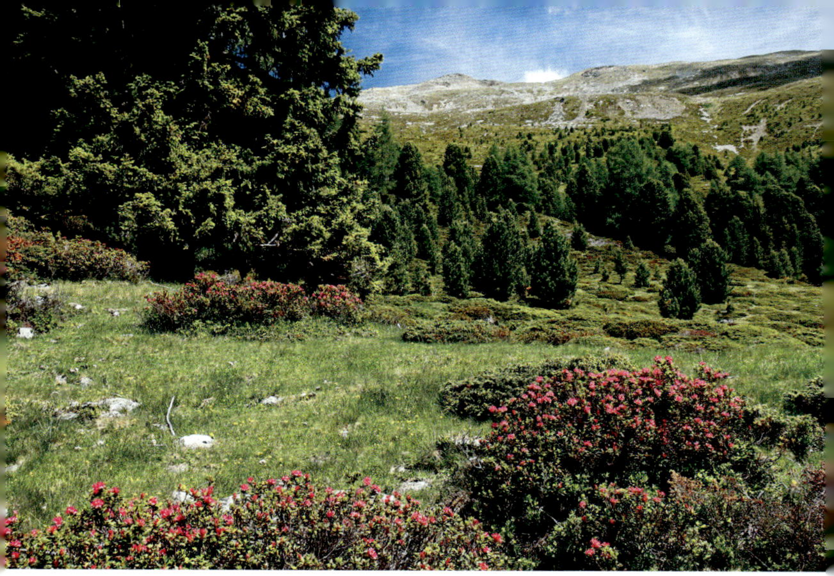

Almboden unweit der Schafhütte.

Vom **Parkplatz 1** folgen wir anfangs einem Steig (Nr. 4) am Schaldererbach entlang, setzen nach rechts über und kommen anschließend auf einen Forstweg. Dieser wird nach einer Weile rechts verlassen. Auf schönem Waldsteig sammeln wir Höhenmeter und gelangen oberhalb der 2000-Meter-Linie allmählich in freies Gelände. Dort über einen kleinen Boden und hinauf zur **Schalderer Scharte 2**, 2324 m. Man ersteigt nun die unspektakulären Hänge der Süd- und Südwestseite und erreicht ohne Schwierigkeiten das große Gipfelkreuz auf dem **Schrotthorn 3**, 2590 m.
Die Fortsetzung führt am Kamm gegen Nordwesten weiter. Das Gelände ist jetzt felsdurchsetzt und verlangt etwas mehr Konzentration. Mit einem kurzen Gegenanstieg über die unbedeutende **Leierspitze 4**, 2542 m, und

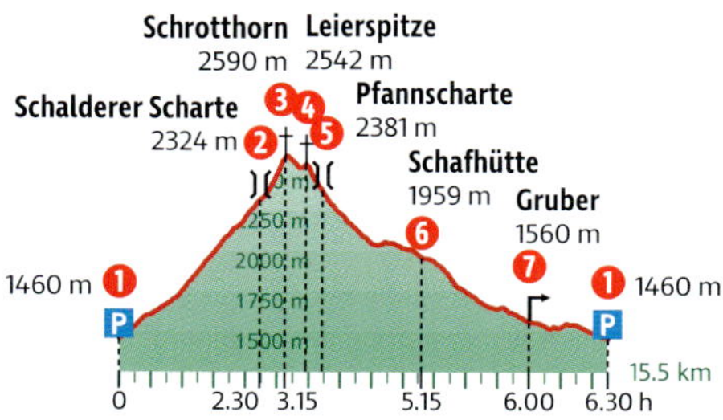

dahinter steiler sowie ganz vereinzelt mit etwas Händeunterstützung hinab in die **Pfannscharte** 5, 2381 m. Hier wendet man sich auf die Ostseite, bewegt sich vorerst im rechten Bereich und zieht dann im Bogen durch Latschenfelder nach links hinüber. Der Pfad taucht wieder in licht bewaldetes und mit Zwergsträuchern bewachsenes Gebiet ein. Mittels längerer Hangtraverse auf die Wiese der Inneren Kaseralm, wo Nr. 19 von oben dazukommt. 10 Minuten unterhalb wird die **Schafhütte** 6, 1959 m, erreicht. Wir folgen ein Stück weit der Zufahrt, gehen dann rechts hinunter und wieder auf Forstwegen Richtung Hofer. Am günstigsten wäre nun der unmittelbare Schrägabstieg zum Steinwendhof, doch ist die Wiese eingezäunt und der Bewuchs eventuell hoch. Somit müssen wir wohl ostwärts bis zum **Gruber** 7, ca. 1560 m, ausholen, um dann über den teils verwachsenen Weg Nr. 4A nach Steinwend zu gelangen oder tun dies in westlicher Richtung über Waldwege. Zuletzt auf der Höfezufahrt hinab zum Schaldererbach und zum **Parkplatz** 1.

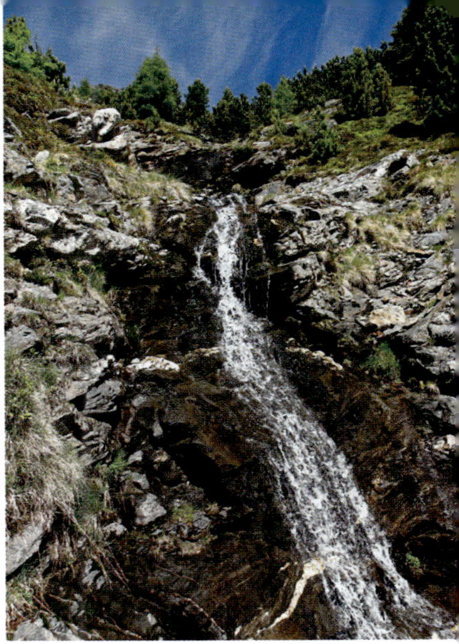

Ein Wildbach schießt durch die Flanken.

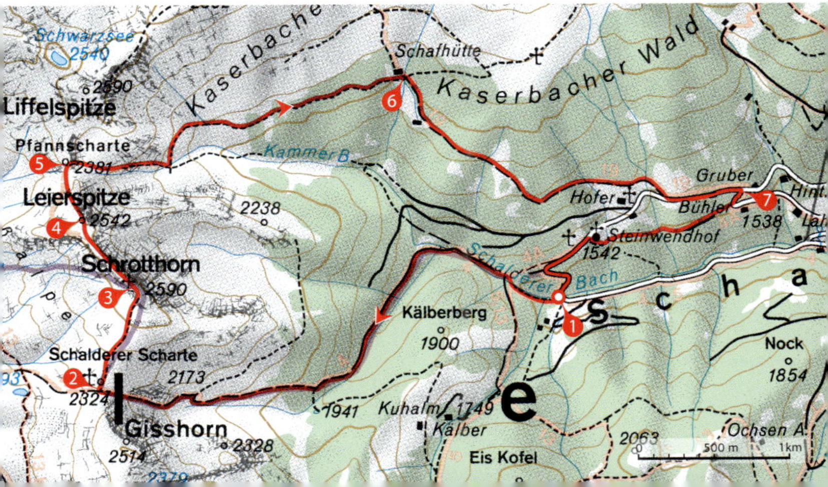

↗ 1500 m | ↘ 1500 m | 16.4 km

56 Königsanger, 2436 m, und Schrüttenseen

7.30 h

Von Schalders auf den Hausberg der Radlseehütte

Eine weitere interessante Tour im Bereich des Schalderer Tals soll uns auf dessen Südseite führen. Dort befinden sich die verwunschenen Schrüttenseen und weit oben der Kamm der Königsangerspitze, in deren Nähe die viel besuchte Radlseehütte lockt. Von Schalders herauf kommen aber nur wenige Wanderer, weshalb es um diese Route stets still und einsam bleibt. Sie eignet sich also für Tüchtige mit Hang zu wilder Ursprünglichkeit.

Ausgangspunkt: Bad Schalders, ca. 1100 m, in der Talsohle am Beginn des Weges Nr. 18. Zufahrt von der Rechtskehre unterhalb von Schalders; wenig Parkraum. Mit Öffis muss man zunächst vom Ort dorthin absteigen und später wieder hinauf (daher suboptimal).
Anforderungen: T3. Lange und etwas beschwerliche Wege durch die häufig stark bewachsenen Nordhänge. Besonders Route Nr. 18 ist im Mittelteil ziemlich verwachsen und nur blass markiert. Als Tagestour anstrengend, besser mit Übernachtung.
Einkehr/Unterkunft: Radlseehütte, 2284 m, AVS, Mitte Mai bis Anfang November, Tel. +39 0472 855230 oder 39 349 3230331, radlseehuette.it.
Beste Jahreszeit: Mitte Juni bis Mitte Oktober.

Bei **Bad Schalders** ❶, ca. 1100 m, mit Nr. 18 über den Bach und an der Waldlehne steil aufwärts. Eine quer verlaufende Forststraße wird gekreuzt; der zweiten müssen wir dann ein Stück nach rechts folgen, um den Aufstieg

Aussichtsreiche Überschreitung der Königsangerspitze.

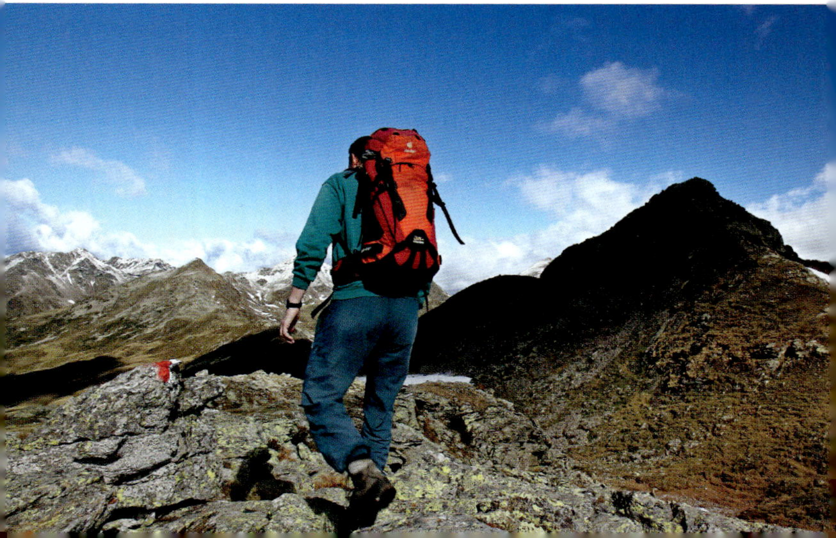

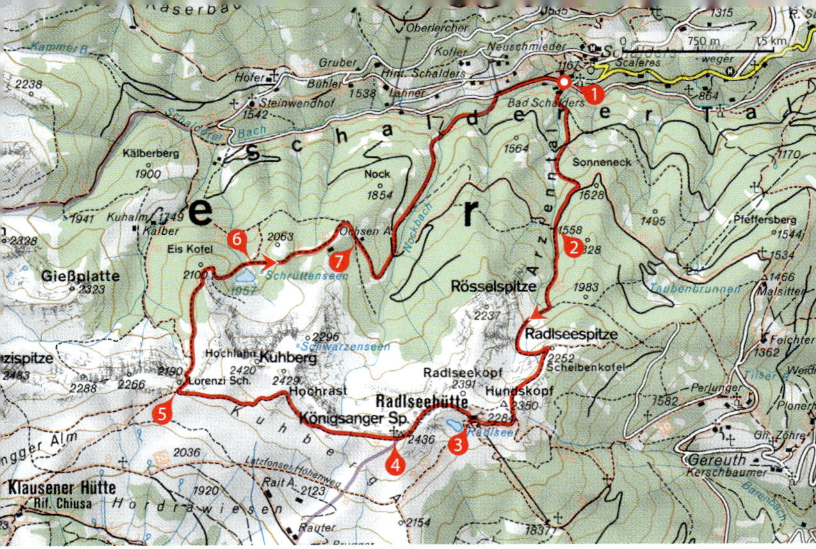

unmittelbar im **Arzvenntal** ❷ fortzusetzen. Hier wird es etwas unerquicklich, denn der Steig präsentiert sich zwischen rund 1600 und 1900 Meter Höhe ziemlich verwachsen. Nach einem links ausholenden Bogen bessert sich die Situation wieder. Man kommt in eine erste Hochmulde voran und über Alpenrosenhänge in eine weitere. Hier zuerst rechts haltend, dann schräg links über Schrofen aufwärts und östlich um den Hundskopf herum zu einem Aussichtspunkt mit Bildstock. Mit einer kurzen Abwärtstraverse laufen wir bei der **Radlseehütte** ❸, 2284 m, ein.

Route Nr. 7 trägt den Weiterweg hinauf zum Kamm, der rasch zum **Königsanger** ❹, 2436 m, führt. Wunderbar übrigens, auf diesem Gipfel die Abend- oder Morgenstimmungen zu erleben. Wir folgen dem Kammrücken weiter gen Westen, allmählich etwas südseitig ausbiegend, und kom-

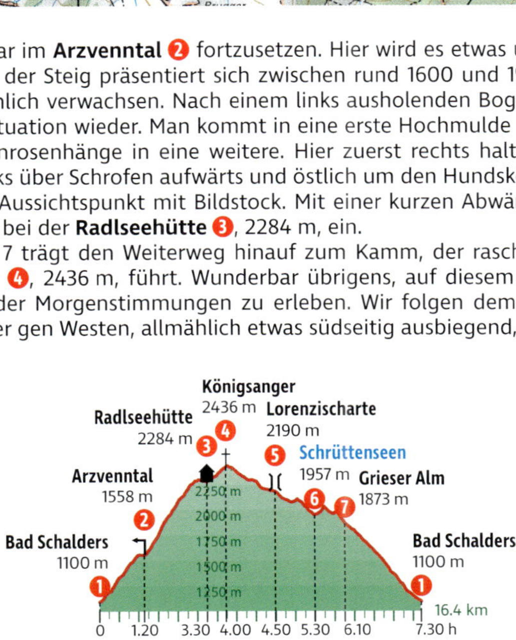

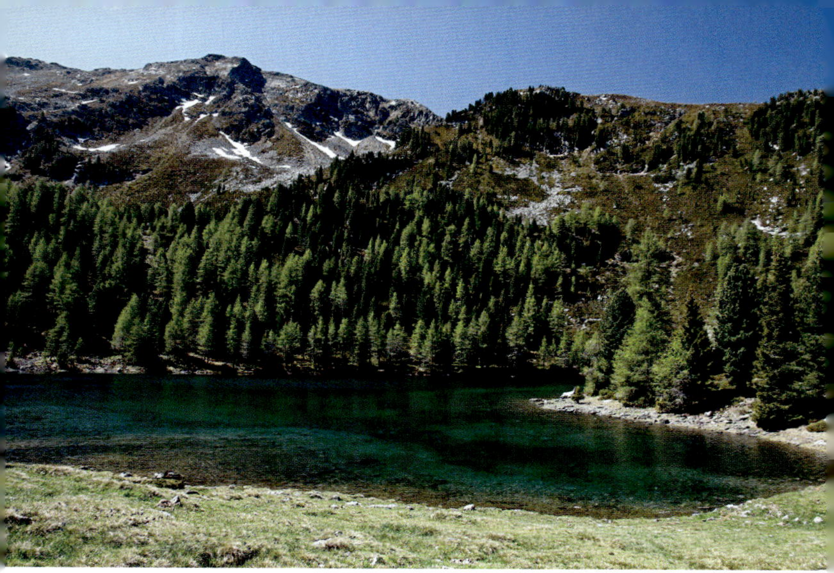

Der Schrüttensee wäre auch ein lohnendes Ziel für sich.

Beim einsamen Nordanstieg aus dem Schalderer Tal zur Radlseehütte.

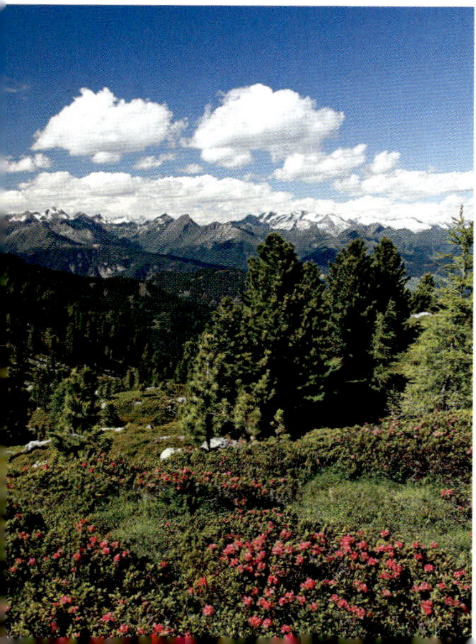

men damit abwärts Richtung **Lorenzischarte** ❺, 2190 m, voran. Hier mit Nr. 7 auf die Nordseite wechseln und bei der baldigen Gabelung rechts. Man quert insgesamt leicht absteigend die Flanke und überwindet noch einen sekundären Rücken in die dahinterliegende Mulde mit den **Schrüttenseen** ❻, 1957 m. Mittels 100 Meter Gegensteigung über den nächsten Geländerücken hinweg und einen weiteren umkurvend, dann über Wiesen abwärts zur **Grieser Alm** ❼, 1873 m (bei F&B Ochsenalm). Rechts haltend treffen wir kurzfristig auf einen Fahrweg und steigen jetzt am besten geradewegs durch das Bachtälchen ab. Erst weit unten nach rechts hinaus und zu einer Forststraße im Schalderer Tal, die zurück zum Ausgangspunkt ❶ führt.

↗ 900 m | ↘ 900 m | 9.9 km

4.15 h

Radlseehütte, 2284 m, vom Perlunger 57

Genusswanderung vom Weiler Gereuth

Radlseehütte und Königsanger können auch deutlich bequemer erreicht werden als es aus dem Schalderer Tal der Fall ist. So bieten sich Zustiege vom Kühhof bei Latzfons, vom Garner Wetterkreuz, von Oberschnauders oder vom Perlungerhof in Gereuth an. Die Gehzeiten liegen jeweils zwischen zwei und zweidreiviertel Stunden bis zur Hütte, wo sich in einem großartigen Panorama des Eisacktals und der Dolomiten schwelgen lässt. Aus Brixner Perspektive beschreibe ich hier den Weg Nr. 8 vom Perlunger.

Ausgangspunkt: Parkplatz beim Perlunger, ca. 1390 m, im Höfeweiler Gereuth. Zufahrt von Brixen über Pinzagen und Tils (werktags Bus bis dort).
Anforderungen: T2. Problemlose Bergwanderwege und teils auch Forststraßen, die meiste Zeit bewaldetes Gelände, oben aber sehr aussichtsreich. Konditionell gemäßigte Tagesleistung.
Einkehr/Unterkunft: Radlseehütte, 2284 m, AVS, Mitte Mai bis Anfang November, Tel. +39 0472 855230 oder +39 349 3230331, radlseehuette.it.
Beste Jahreszeit: Während der Hüttenöffnungszeit.
Variante: Als Gipfelextra ist der Königsanger, 2436 m, fast obligatorisch (siehe Tour 56). Ab Hütte in 0.30 Std. über den Nordostkamm, 150 Hm.

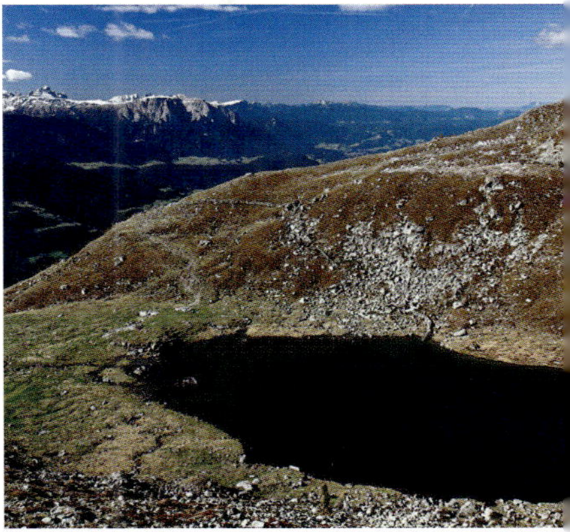

Kleinod in Hüttennähe: der Radlsee.

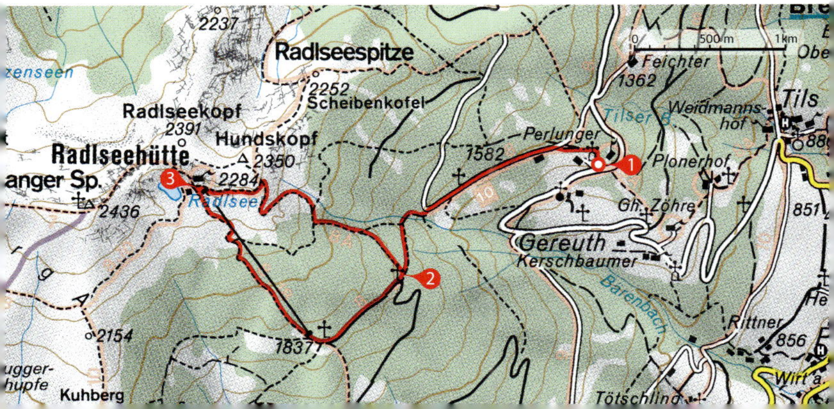

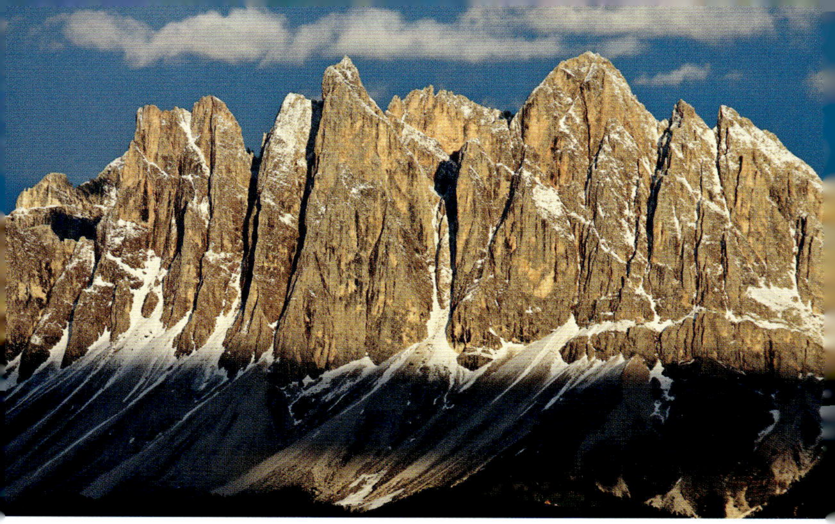

Oben: Beeindruckende Lichtstimmung an den Geislerspitzen, die als Dolomitenszenerie die Blicke unweigerlich auf sich ziehen (Tele-Aufnahme).
Rechts: Die Radlseehütte als herrlicher Logenplatz hoch über dem Eisacktal.

Vom Parkplatz **Perlunger** ❶ gehen wir an Kapelle und Hof vorbei, nehmen die Markierung Nr. 8 auf, vorerst auf einer Forststraße. Diese wird in einer Kehre verlassen, um über den Bärengraben hinweg nach **Tannefried** ❷, 1771 m, zu gelangen (Bildstock). Nun haben wir zwei Möglichkeiten: Entweder kurz hinüber zur Fortsetzung auf einem Fahrweg, später einige Abkürzungen nutzend zur Materialseilbahn und erst ganz zuletzt in offenem Gelände zur **Radlseehütte** ❸, 2284 m, empor. Oder mit der Variante Nr. 8B direkter bergauf, an einem Almhüttchen vorbei und nochmals an den Bärengraben heran. Danach links haltend zu einem freien Geländerücken beim Hundskopf und mit einer Hangquerung das letzte Stück hinüber zum Ziel. Der See befindet sich knapp unterhalb in einer Mulde. Zurück auf derselben Route.

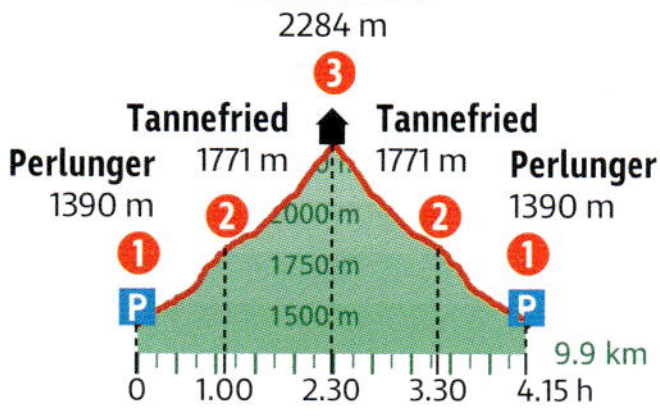

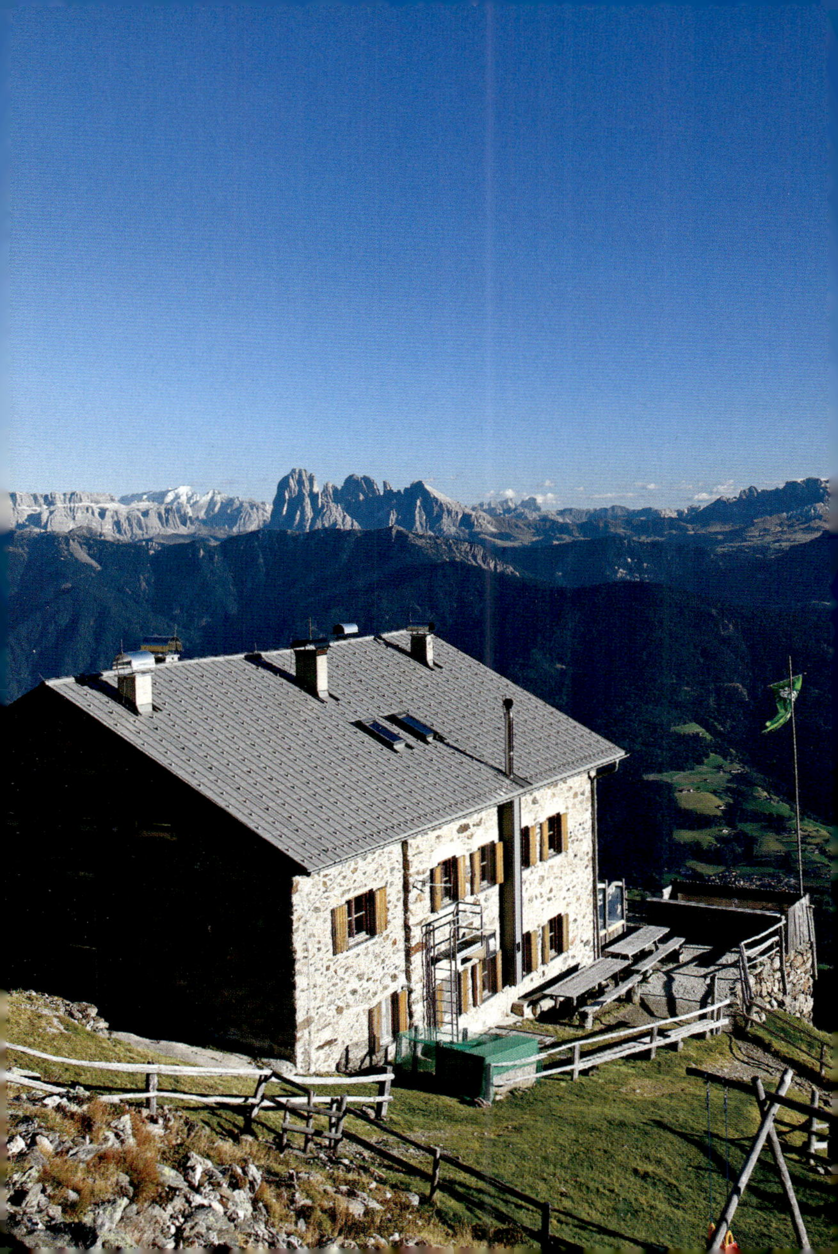

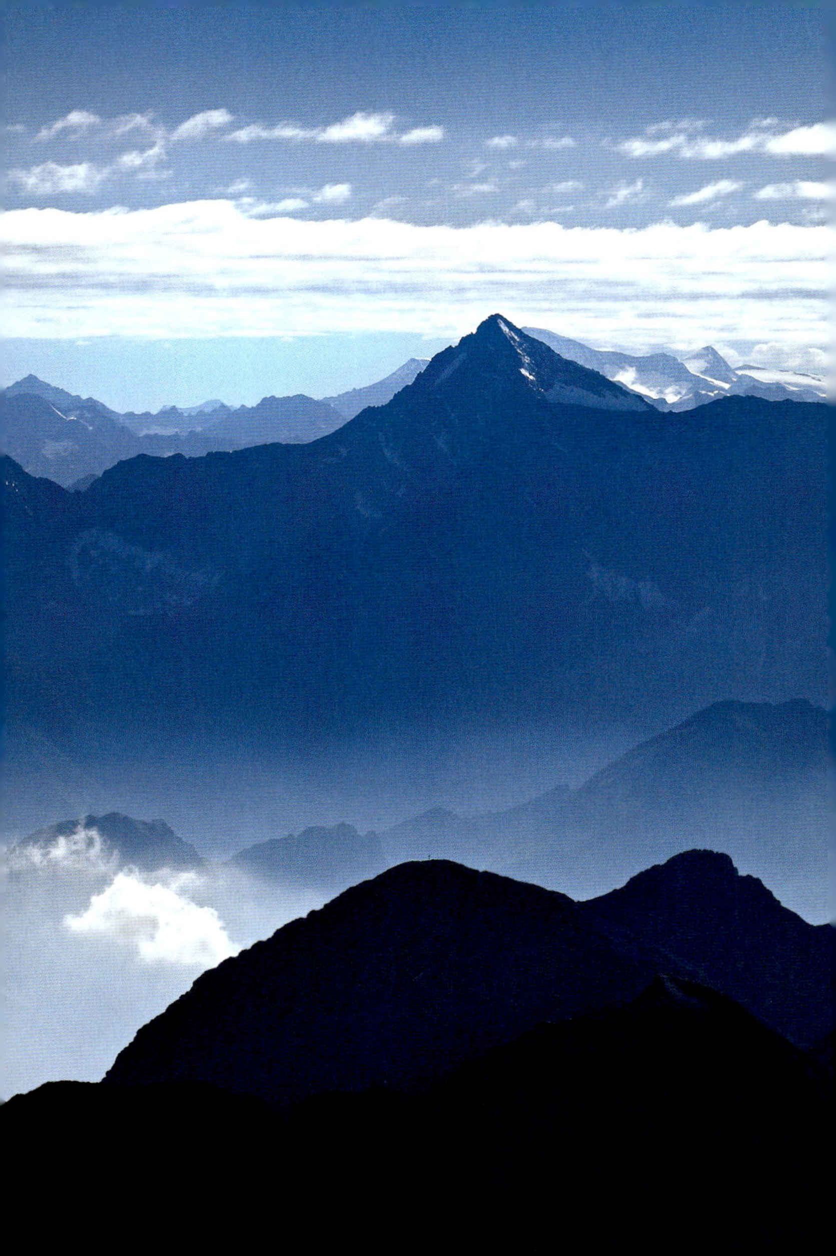

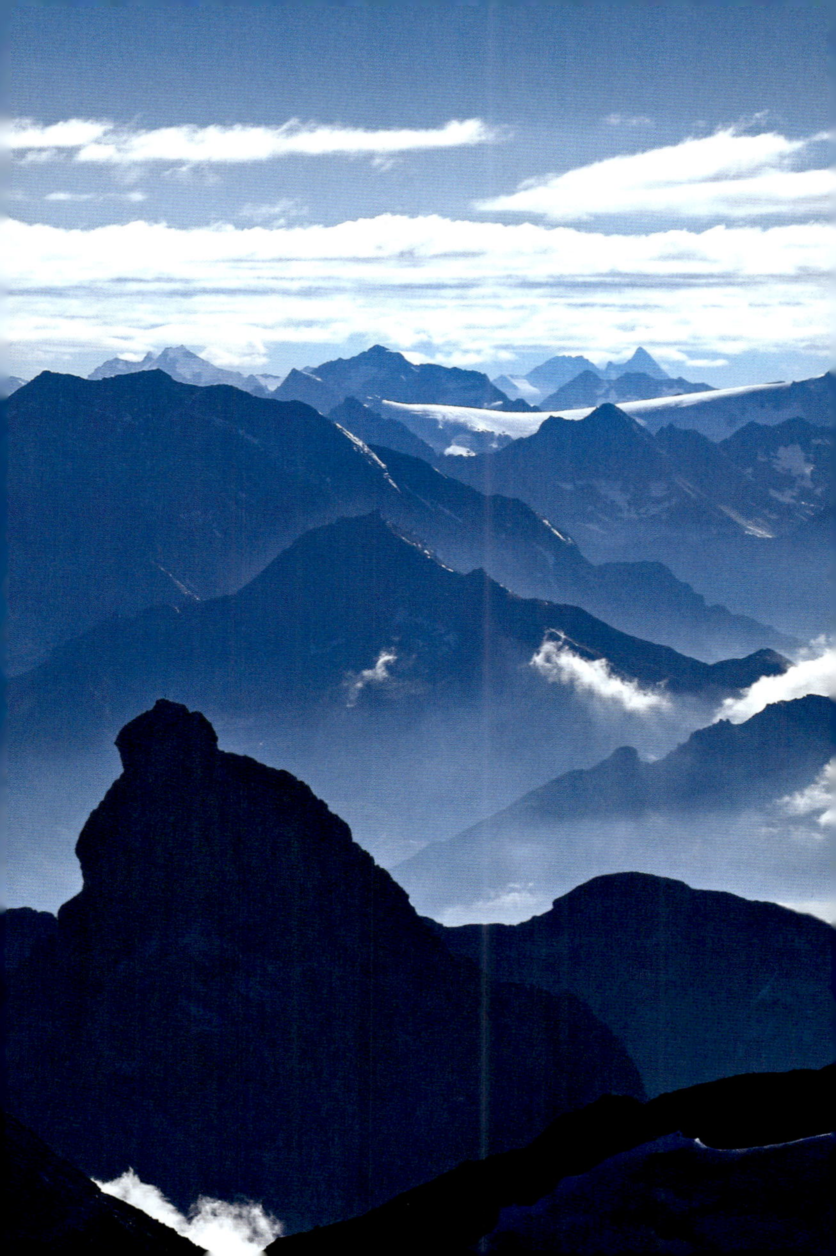

STICHWORTVERZEICHNIS

Umschlagbild: Beim Pfurnsee im inneren Ridnauntal.

Bild im Innentitel: Am Gipfel der Schwarzen Wand in fast 3000 Meter Höhe.

Bild Seiten 30/31: Traumhafte Abendstimmung beim Becherhaus.

Bild Seiten 186/187: Panorama vom Wilden Freiger gen Osten.

Alle 187 Fotos stammen vom Autor.

Kartografie:
57 Wanderkärtchen im Maßstab 1:50.000 / 1:75.000
sowie zwei Übersichtskärtchen im Maßstab 1:250.000 und 1:500.000

4., komplett überarbeitete Auflage 2023

ISBN 978-3-7633-4647-9

FSC www.fsc.org MIX Papier aus verantwortungsvollen Quellen FSC® C021956

Wir freuen uns über jeden Korrekturhinweis zu diesem Wanderführer!
Bitte per E-Mail an: leserzuschrift@rother.de

ROTHER BERGVERLAG · Keltenring 17 · D-82041 Oberhaching
Tel. +49 89 608669-0 · www.rother.de